三井財閥による工業支配

―日本優越史観からみた商人の競争力―

武居 奈緒子 著

五絃舎

はじめに

　イギリスの産業革命に始まるとされる工業化が，日本でなぜ定着したのであろうか。この問題を解く鍵は，江戸時代の三井越後屋にある。日本優越史観に立脚すると，日本の工業化は，江戸時代の三井越後屋という大商人にその源流を求めることができる。

　三井高利は，延宝元（1673）年8月，江戸本町一丁目に三井越後屋呉服店を開業した。開店当初は，間口9尺，奉公人数10人ほどの小規模なスタートであった。明治時代，大正時代，昭和前期には，三井財閥を形成し，戦後には三井グループとなり，2023年時点でみると，売上高約80兆円，従業員89万人となる日本を代表する巨大グループとして成長・発展を遂げている[1]。このうち，三井住友フィナンシャルグループの売上高は6,142,155百万円，従業員109,434人，三井物産の売上高は14,306,402百万円，従業員46,811人，三井不動産の売上高は2,269,103百万円，従業員24,706人となっている[2]。

　三井グループの月曜会が発足したのは，昭和25（1950）年2月である。発足した日が月曜日であったことから月曜会という名称となり，常務取締役以上の親睦会や講演会として機能している[3]。月曜会の幹事会は，三井住友銀行，三井物産，三井不動産，東レ，三井E&Sホールディングス，三井化学，三井金属鉱業，三井住友信託銀行からなり，参加資格は常務以上，入会の条件の一つに資本金10億円以上がある[4]。

　昭和36（1961）年10月，二木会が三井グループの社長会として発足した。情報交換や相互の親睦を図ることを目的として，第2木曜日に会合がもたれている。二木会は，三井住友銀行，三井住友信託銀行，三井住友海上火災保険，三井不動産，三井住友建設，三機工業，東芝，IHI，三井E&Sホールディングス，トヨタ自動車，富士フイルムホールディングス，東レ，三井化学，デンカ，三

iv

井金属鉱業，太平洋セメント，日本製鋼所，王子ホールディングス，日本製紙，ニッブン，三越伊勢丹ホールディングス，三井物産，商船三井，三井倉庫ホールディングス，TBSホールディングスの25社から構成され，三井高利の意思を継承する三井グループとして情報共有が図られている[5]。

三井八郎右衛門が代表理事を務める明治26（1893）年に設立された三井家同族会，昭和26（1951）年に設置された三井商号商標保全会，昭和47（1972）年に設立した三井広報委員会，週間で発行される「三友新聞」もまた，グループ力の発揮に貢献している[6]。

通説によると，日本の工業化は製造企業を中心に成し遂げられたと考えられてきた。たしかに，製造企業の日本の工業化に果たした役割は大きい。しかしながら，日本優越史観に立脚すると，製造企業のイノベーションのみで日本の工業化は推進できたのかという問題意識が生じる。大商人から大規模製造企業に主導権が転換するプロセスの説明が必要になってくる。それゆえ，本書では産業としては成立していたが工業化していなかった側面を重視し，三井財閥による工業支配のプロセスについて考察する。このことは，日本の工業化の全体像を把握することでもある。

本書の作成にあたり，『関西ベンチャー学会誌』に掲載された「三井工業部が果たした役割と日本の工業化」（2022年，第14号）を加筆・修正し，第6章とした。2022年2月，関西ベンチャー学会第21回年次大会で，「三井工業部のイノベーションと日本の工業化」，2023年3月，関西ベンチャー学会第22回年次大会で，「三井物産のコーディネーション—三国間貿易と投資・企画戦略—」，2023年3月，関西ベンチャー学会第13回ビジネスモデルとベンチャー研究部会で，「三越と三井物産の義理人情型ビジネス・モデル—日本は，信用社会—」，新しく立ち上げた関西ベンチャー学会マーケティングと企業家研究部会では，2023年10月の第1回部会において，「三井財閥の競争力—団琢磨，中上川彦次郎，益田孝の経営才覚—」で，それぞれ発表・基調講演させていただいた。これらの内容についても，本書に反映させている。

はじめに　v

　大阪経済大学の井形浩治先生には，言葉では語り尽くせないほどお世話に
なっており，深く感謝を申し上げたい。本書についても，さわやかな笑顔で御
指導賜ったことは，私への励ましであると受け取っている。小西一彦先生（兵
庫県立大学名誉教授）には，マーケティングの歴史的側面について御教示賜っ
ており，感謝の意を表したい。

　吉野忠男先生（大阪経済大学），大野長八先生（大野アソシェーツ代表），陶山計
介先生（関西大学名誉教授）にも，日常的に激励いただいていることに御礼を申
し上げる。

　資料収集にあたっては，武田晴人先生（三井文庫文庫長），由井常彦先生（前
三井文庫文庫長），賀川隆行先生（三井文庫特任研究員），下向井紀彦先生（三井文
庫主任研究員），小島由記子氏（三井文庫司書），永井判子氏（元三井文庫司書），大
塚陽子氏（元三井文庫司書）をはじめとする三井文庫の皆様に厚く御礼を申し上
げたい。三井家同族会様におかれましては，史料掲載のお認めをいただきまし
たことに感謝を申し上げる。

　出版にあたって，五絃舎代表取締役の長谷雅春氏という敏腕編集者により，
きめ細やかで的確なアドバイスを頂戴した。御礼を申し上げる。

　三井財閥における歴史的考察が，現代日本企業の競争力強化の手がかりにな
ることを願っている。

2024年秋

武居　奈緒子

(1)　『日本の企業グループ』（2024年版，東洋経済新報社）に基づき，二木会の上場企業
　　を中心に算出した。
(2)　『日本の企業グループ』2024年版，東洋経済新報社。
(3)　三井グループの月曜会と二木会については，三友新聞社（2009），p.122。
(4)　『週間ダイヤモンド』2021年第109巻第44号，pp.46-47。
(5)　『週間ダイヤモンド』2021年第109巻第44号，pp.24-25。
(6)　『週間ダイヤモンド』2021年第109巻第44号，p.47，『週間ダイヤモンド』2019年第
　　107巻第28号，p.29。

目　次

はじめに

第1章　グローバルヒストリーからみた日本優越史観の展開 ……………… 1

第1節　グローバルヒストリーと江戸時代における工業発展の可能性 ……… 1

第2節　既存研究と本研究の位置づけ ……………………………………… 7

第2章　三井高利が確立した三井越後屋の暖簾の競争力

　　　　―日本優越史観にみる工業の萌芽― ………………………… 23

第1節　三井高利の商人観と丸に井桁三の暖簾の信用 ………………… 23

第2節　三井越後屋の組織文化 …………………………………………… 30

第3章　三井家と専門経営者―所有と経営の実質的分離― ……………… 35

第1節　三井家と専門経営者の誓約 ……………………………………… 35

第2節　秘密会・三井家同族会の機能 …………………………………… 44

第3節　三井銀行，三井鉱山，三井物産，三井合名における

　　　　所有と経営の実質的分離 ………………………………………… 50

第4章　三井銀行の信用と三井財閥 ……………………………………… 67

第1節　三井銀行における丸に井桁三の暖簾に基づく

　　　　三井越後屋の組織文化の継承 …………………………………… 67

第2節　中上川彦次郎のイノベーションと工業への投資 ……………… 77

viii

第5章　三井財閥の鉱業投資と三井鉱山の重化学工業化 ⋯⋯⋯⋯⋯ 81
第1節　三井財閥の鉱業投資 ⋯⋯⋯⋯⋯⋯⋯⋯⋯⋯⋯⋯⋯⋯⋯ 81
第2節　三井鉱山における丸に井桁三の暖簾に基づく
　　　　三井越後屋の組織文化の継承 ⋯⋯⋯⋯⋯⋯⋯⋯⋯⋯ 83
第3節　石炭化学工業への経営多角化 ⋯⋯⋯⋯⋯⋯⋯⋯⋯⋯⋯ 94

第6章　三井財閥による三井工業部の育成と展開 ⋯⋯⋯⋯⋯⋯⋯⋯ 99
第1節　三井財閥による三井工業部の育成 ⋯⋯⋯⋯⋯⋯⋯⋯⋯ 99
第2節　三井工業部と三井呉服店の合併 ⋯⋯⋯⋯⋯⋯⋯⋯⋯⋯ 109
第3節　三井工業部における日本の工業化への貢献 ⋯⋯⋯⋯⋯ 120

第7章　三井物産と三井財閥による工業支配 ⋯⋯⋯⋯⋯⋯⋯⋯⋯⋯ 123
第1節　三井物産における丸に井桁三の暖簾に基づく
　　　　三井越後屋の組織文化の継承と信用調査 ⋯⋯⋯⋯⋯ 123
第2節　一手販売契約による製造企業へのコミットメント ⋯⋯⋯ 132
第3節　貸金による影響力の強化 ⋯⋯⋯⋯⋯⋯⋯⋯⋯⋯⋯⋯⋯ 136
第4節　役員の就任による製造企業の経営支配 ⋯⋯⋯⋯⋯⋯⋯ 138
第5節　投資による製造企業の掌握 ⋯⋯⋯⋯⋯⋯⋯⋯⋯⋯⋯⋯ 139
第6節　三井財閥の垂直統合と多角化による工業支配 ⋯⋯⋯⋯ 144

第8章　三井財閥による大規模製造企業の育成と掌握 ⋯⋯⋯⋯⋯⋯ 149
第1節　三井財閥による芝浦製作所の育成と掌握 ⋯⋯⋯⋯⋯⋯ 149
第2節　三井財閥による豊田自動織機の育成と掌握 ⋯⋯⋯⋯⋯ 156
第3節　三井財閥による鐘淵紡績の育成と掌握 ⋯⋯⋯⋯⋯⋯⋯ 165
第4節　三井財閥による小野田セメントの育成と掌握 ⋯⋯⋯⋯ 170

第9章　三井物産のコーディネーションと

　　　三井財閥による工業支配 …………………………………………… 181

　第1節　三井物産の三国間貿易 ………………………………………… 181

　第2節　三井合名と三井物産の合併 …………………………………… 184

　第3節　三井物産のコーディネーション ……………………………… 195

　第4節　三井財閥による重化学工業支配 ……………………………… 200

　第5節　三井化学の設立 ………………………………………………… 208

　第6節　三井財閥による工業支配と日本の優位性 …………………… 212

参考文献 ………………………………………………………………………… 214

第1章　グローバルヒストリーからみた
　　　日本優越史観の展開

第1節　グローバルヒストリーと江戸時代における
　　　工業発展の可能性

　三井越後屋をはじめとする商人が江戸市場でイニシアティブを発揮する中，マネジメントの連続性の視角から生産者の大規模化に着目すると，日本の工業発展の可能性として，3つに類型化して捉えることができる。第1の類型は江戸時代の生産者であり，第2の類型はプロト工業化であり，第3の類型はグローバルヒストリーにみる三井越後屋の生産へのコミットメントである。この3類型について，考察していくことにしよう。

(1) 江戸時代の生産者

　第1の類型は，江戸時代の生産者である。桐生地域でみると，染色法として，享保8，9（1723，1724）年頃，京都の張屋久兵衛から白張法がもたらされた（桐生織物史編纂会編，1935，p.115）。紅染法については，紅染師・瀬兵衛，佐兵衛によってもたらされた（桐生織物史編纂会編，1935，pp.116-117）。織機については，高機が導入され，これまでの平織白生地のみならず，新しい紗綾織，縮緬，飛紗綾，常引総紋，踏掛繻珍，綩織，市松綸子，吾妻純子，綸子，綾物，七子，紗綾八丈，花紗綾，七子龍紋といった織物が織り出せるようになったとされる（桐生織物史編纂会編，1935，p.149）[1]。画期的な織機の導入は，織物の多様化をもたらしており，生産者も技術の向上に努力していることが，理解できるだろう。

　生産者の中には，仲間を結成するものもあった。文政7（1824）年の「桐生

2

織屋仲間掟」によると，さまざまな内容が約束事として交わされている（史料
1－1）。また，個別の経営活動について厳しく規制されており，そのことは，
生産者の工夫や大規模化の制約要因になったと言えるだろう。仲間として行動
をとることは，生産者が仲間としての技術の水準を越えてより良質なものを生
産することには，マイナスに働いた。このことは，生産者が技術革新を起こす
時の阻害要因となった。

史料1－1

文政七申年二月改桐生織屋仲間掟

一，御公儀様御法度之儀堅相守可申事。

一，注文之品は不及申凡絹たり共念入織立，短尺，疵，しみ等無之品のみ細
吟いたし売渡し可申尤難事の品は，買方得心之上，直引致し，うり渡可申
事。

一，其月行事に当り候はゝ，仲間衆中之内，家業躰之儀に付，如何様之儀有
之，申出候共，一同打寄相談之上，何れとも世話可仕事。

一，賃機屋へ出機差出し候節は，新規之賃機屋は格別，仲間内之機，織来候
はゝ，元織屋へ懸合，子細無之候はゝ差出可申，せり合之儀は，決而いたし
申間敷事。

一，奉公人召抱申さは，元主人方へ相断，否無之趣に候はゝ，召抱可申，迫
合は勿論相成不申候事。

一，端究之機織は，一切召抱申間敷事。

一，織賃・績賃・たて繰代等は，別紙定書之通りに勘定いたし遣可申事。

一，績屋・賃機屋共に，糸目格別にきれ候節は，右目，ぎれ之糸代，よりち
ん，織賃之内ニ而，急度引可申，扨怪しき躰に候與，惣而不埒之儀有之候
ハゝ，月行事へ申出べし，仲間一同糸機一切差出申間敷事。

一，男女奉公人，并，日手間取之糸張機拵等，惣而不埒成儀ニ而も，為出し
候而，差置難相成筋ニ候ハゝ，早速行事へ可申出，品により名前下ケ札ニ
致，一同召遣申間敷事。

一，仲間之内，相談議定相背，私之勝手合を以，家業致候者有之候ハヽ，早速月行事へ可申出，年行事へ申達し，仲間之規定通りに執計らひ可申，若し内々に捨置，外より顯候節は，其隣家近所迄之不燃たるべき事。

右之條々仲間一統相談之上，厳敷取極候上者，急度相心得，聊相洩申間舗候，以上，

　　　文政七年申二月改　　　　　　　　　　　　　織屋仲間行事　　印

（桐生織物史編纂会編（1935），pp.368-369）

　張物屋仲間についてみると，張物屋仲間から絹買仲間に，史料1－2にみられるような一札を提出している。張物屋も仲間として団結して活動していて，染物の価格上げについて懇願している。張物屋が生業を営んでいく中，価格引き上げについて仲間として行動していることが理解できる。

史料1－2

安永三年染代値上請求文書及同値上ケ覚

口上

先達而御願申候，染直上之儀，盆後に被遣候染之分も，明日御渡申候染物も，御直上ケ被下，御請取可被下候。染艸，三又倍五双倍之上りニ而，渡世一向相立不申候，此段御聞済，盆後御渡被下候染物も，御直上奉願候。御得意様方御聞合之内，染延引にも相成，御不手廻しにも相成候而者，如何に奉存候。何卒明日御渡申上候染物も，御直上被下，先方御得意様方御手廻能々仕度奉存候。何分御聞済被下右之通に奉願候。以上。

　　　　　　　　　　　　　　　　　　　　　　　　　　　　張物屋仲間

　　午八月二十五日

　　　　　　　　　　　　　　　　行司　新宿村　嘉兵衛

　　　　　　　　　　　　　　　　　　今泉　　久右衛門

　　　　　　　　　　　　　　　　　　四丁目　忠蔵

　　　　　　　　　　　　　　　　　　同　　　茂七

伊勢屋八之亟様

佐羽清右衛門様

同　吉右衛門様

長澤新助様

玉上甚右衛門様

（桐生織物史編纂会編（1935），pp.156-157）

また，史料1－3にみられるように，機工師も連名を組んで活動している。

史料1－3

嘉永七甲寅年七月改

当町機工師連名

一丁目	庄兵衛	印	栄次郎	印	助三郎	印
四丁目	為蔵	印	源助	印	嘉兵衛	印
五丁目	良助	印	和助	印	友次郎	印
	直蔵	印	静蔵	印	吉左衛門	印
六丁目	甚五郎	印	新兵衛	印		

（桐生織物史編纂会編（1935），pp.378-379）

　このように，生産者は仲間に加入できるかどうかによって，生産活動が大きく左右されていたと言えるだろう。生産者が生業を営んでいく中でマイナスの事象が生じた場合には，仲間として行動することのメリットがあった。その反面，仲間で規制をかけることは，生産者を小規模零細なものにとどまらせ，個別生産者の単独での技術革新の阻害要因になった。

　また，生産者が商品化して市場に送り出すためには，問屋を介するのが一般的であった。そのため生産者は，製品の販売先や販売量は問屋に左右され，いくら製品を生産しても市場で販売することは難しかった。そのことも，小規模零細にとどまらざるを得なかった理由として指摘できるだろう。

次第に，江戸時代の生産者の中には，工場制手工業に乗り出すものもあらわれるようになる。工場制手工業では，農家の副業的生産方法から工場での共同作業を行うようになった。これによって，専門的工場労働者が形成され，分業による専門化の利益を追求することによる生産能力の向上が見込まれるようになる。

(2) プロト工業化

第2の工業化の担い手の候補として，プロト工業化がある。日本では，江戸時代の織物業でプロト工業化がみられたとされる（斎藤，1985，pp.183-193）。斎藤（1985）は，プロト工業化について，メンデルスとデーヨンの定義を次のように紹介している。

「（イ）域外市場向手工業生産—それは自給自足的な経済活動ではもはやなく，またたんに地域内の市場のための生産でもない，域外の，とりわけ国際貿易市場に向かって行われる生産活動である。

（ロ）農村立地—その生産活動は，農村において小農によって営まれる家内手工業である。多くの場合（しかしつねにというわけではない）それは，都市の問屋商人によって組織される，問屋制家内工業の形態をとった。それゆえ，第二局面への移行は，工場制工業への転換として特徴づけられることになる。

（ハ）同一地方経済内における商業的農業地域の内包—この現象は通常，一方では農村工業，他方では生産性の高い大規模な主穀生産へと特化する，二つの地域間における分業というかたちで進展する。」（斎藤，1985，pp.52-53）

そして，メンデルスの主張も紹介されており，個々の農家による生産→問屋における管理の範囲の拡大→生産による手ぬき等の増加→一カ所に集まって作業所での生産というロジックで説明され，「問屋制収益逓減説」と呼んでいる（斎藤，1985，p.264）。この場合，一カ所に集まっての生産とは言うものの，小規模な生産にとどまり，大量生産にはつながらなかった。

いずれにしても，第1の類型，第2の類型に属する生産者・商人は，手工業の範囲内に留まるとともに販路が開拓できず，大規模化するだけの資金的余裕

もなかったと考えられる。その限りにおいて技術革新を起こすようなインフラストラクチャーが整備されていなかったと言えよう。そのため，これらの生産者・商人は，日本の産業化には貢献できても，工業化には結びついていかなかったという点で限界があった。大量生産体制の確立は，産業革命を待つことになる。なお，これらの生産者・商人は，衰退したり中小企業として生き残っていった。このことは，生産の二重構造を生じさせることになる。

(3) グローバルヒストリーにみる三井越後屋の生産へのコミットメント

第3の類型は，グローバルヒストリーの中にみる三井越後屋である。K. ポメランツ（川北稔監訳）(2015，原書は2000年刊行）は，これまでのヨーロッパ中心史観に疑問を投げかけている。K. ポメランツ（川北稔監訳）(2015) によれば，ヨーロッパ中心史観の問題点として，第1に，ヨーロッパだけが工業化が可能で，他地域ではそうではなかったとは言い切れないこと，第2に，1860年までは，工業化はヨーロッパの限定的地域でみられたことをあげている（K. ポメランツ（川北稔監訳），2015，pp.30-31)。そして，1750年代の日本，中国では，機械化されていない工業により発展していたことを根拠に，ヨーロッパ中心史観にアンティテーゼを唱えている。

K. ポメランツ（川北稔監訳）(2015) の考え方を受け継いだ中に，秋田・桃木編 (2008)，秋田・桃木編 (2013) がある。秋田・桃木編 (2008) は，グローバルヒストリーでは，「従来の一国史的な歴史研究の枠組みを相対化する」（秋田・桃木編，2008，p.13) ことの必要性が説かれている。秋田・桃木編 (2013) では，「近世の世界秩序の再検討」（秋田・桃木編，2013，p.21) が強調されている。

グローバルヒストリーに基づいて日本優越史観に立脚すると，三井高利により開業した三井越後屋に代表される大規模小売商人が，生産にもコミットメントする側面が注目できる。三井越後屋の生産へのコミットメントが，日本の工業化の萌芽であり，近代に連続している。この大商人から大規模製造企業への主役の交代のプロセスを検討せずして，日本の工業化の全体像を解明することはできないであろう。本書は，この立場から三井財閥の工業支配について検討

する所に研究上の意義が存在する。詳細については，第2章で考察することにしよう。

第2節　既存研究と本研究の位置づけ

　三井財閥の研究に関しては，多くの研究蓄積がある。ここでは，(1) 三井財閥と日本の工業化，(2) 三井財閥，(3) 三井銀行，(4) 三井鉱山，(5) 三井物産について，検討してみよう。

(1) 三井財閥と日本の工業化

　三井財閥を含む日本の財閥としてみた場合，財閥と日本の工業化について検討しており，代表的研究として，中川 (1969)，中村 (2004) の研究をあげることができる。中川 (1969) は，「「財閥」とは一般に後進国の工業化過程に特有な企業集団である」(中川，1969，p.190)，「日本工業化の国際的後進性」(中川，1969，p.190) とあり，後進国と位置づけている。そして，先進工業国と競争する過程において，「先進工業国との国際競争裡に強力な工業化を急速に推し進めようという場合，その後進国的工業化の経済主体として必然的に発生する企業集団が財閥なのである」(中川，1969，p.190) とあり，先進工業国との競争戦略上の中から，生じてきたとする。後進性の中身は，三重革命（商業革命，社会革命，産業革命）にあるとする。西欧先進諸国においては，三重革命を1世紀以上の長期のタイムスパンで成し遂げていったのに対して，日本では，半世紀という短期のタイムスパンで行っていったと，西欧先進諸国との比較の中から後進性を指摘している。

　中村 (2004) は，財閥として，三井財閥，三菱財閥，住友財閥を取り上げ，「厳しい資源制約を特徴とする後発国工業化の過程では，そのプールの質と量が事業の規模と範囲，さらには成否までをも規定した可能性がある」(中村，2004，p.397) としている。ここで，プールとは，資金，人材といった経営資源を指す。ポイントとなってくるのは，日本の工業化にといった時に後発国とい

8

表1－1　持株会社の設立

（万円）

設立年次	社名（払込資本金）
1909	三井合名（5,000）
1912	（名）安田保善社（1,000）
1915	渋沢同族（330）
1917	三菱合資（3,000），古河合名（2,000），（名）大蔵組（1,000），（名）藤田組（600），森村同族（500）
1918	浅野同族（3,500）
1920	山口合資（1000），（資）川崎総本店（1,000），大川合名（1,000），（名）久原本店（1,000）
1921	住友合資（15,000），鴻池合名（1,700）
1922	野村合名（2,000）

（出典）東京興信所編『銀行会社要録』1914, 19, 24年版により作成。
（出所）武田（2020），p.95。

う認識で把握していることである。両見解の共通点として強調できるのは，「後進国の工業化過程」（中川，1969，p.190），「後発国工業化」（中村，2004，p.380，p.397）であり，日本の工業化を，後進性，後発国を前提として，ロジックを展開している。グローバルヒストリーに基づいて日本優越史観に立脚した場合，このことが果たして当てはまるのであろうか。本書では，この点について検討していく。

　なお，春日（1979）は，三井合名会社（三井合名と略する）の設立について，「後進国日本の独占資本主義段階への移行に照応した固有の資本集中形態への転態」（春日，1979，p.191）と，後進国ゆえの組織形態であったとする。三井財閥の組織構築においても，後進国の帰結と把握されていると言えよう。

(2) 三井財閥

　武田（2020）は，三井財閥，三菱財閥，住友財閥といった三大財閥を取り上げ，財閥本社の機能について考察している。とりわけ，持株会社，内部資本市場に着目している。持株会社の設立については，表1－1に示される通りであ

第1章　グローバルヒストリーからみた日本優越史観の展開　9

表1−2　昭和初頭（昭和7現在）における三大財閥の重化学工業経営

	三　　井	三　　菱	住　　友	そ　の　他
鉄鋼業	輪西製鉄（北炭子会社，大正2経営開始，昭和6改組）。日本製鋼所（北炭子会社）釜石鉱山（資本金2,000万円）の経営開始—大正13	三菱製鉄（資本金3,000万円，朝鮮兼二浦）設立—大正6	住友製鋼所（資本金600万円）—大正4株式会社住友鋳鋼所，大正9改称．住友伸銅鋼管（資本金1,500万円）—大正15年住友伸銅所が株式会社として独立	鈴木商店の神戸製鋼所松方・川崎財閥の川崎造船所兵庫・葺合工場浅野財閥系の日本鋼管浅野小倉製鋼所
造船業	三井物産造船部（造船所玉）設置—大正6	三菱造船（資本金5,000万円，造船所長崎，神戸，彦島）に造船部を改組—大正6		川崎造船所渋沢財閥の東京石川島造船所鈴木商店の播磨造船所久原財閥の大阪鉄工所浅野財閥の浅野造船所
電気機械工業	芝浦製作所	三菱電機（資本金1,500万円）設立—大正10	住友合資，日本電気の経営を委託される—昭和7	久原財閥の日立製作所古河財閥の富士電機
伸銅・電線工業			住友伸銅鋼管住友電線製造所（資本金1,000万円）—大正9株式会社として独立	古河財閥の日光電気精銅所，横浜電線
軽合金・アルミ工業			住友伸銅鋼管—大正9 住友伸銅所でジュラルミン生産開始，住友アルミニウム（アルミ板箔）設立—昭和6	古河電気工業
航空機工業		三菱航空機（資本金500万円）—大正9 三菱内燃機製造として設立，大正10 三菱内燃機，昭和3 三菱航空機と改称		中島飛行機川西航空機石川島飛行機
化学工業	三井鉱山三池染料工業所—大正4染料生産開始，大正7年染料工業所に電気化学工業（傍系）—大正4設立第一窒素・クロード式窒素買収—昭和に4三池窒素工業設立—昭和6合成工業設立—昭和7（東洋高圧設立—昭和8）	旭硝子（日本タール工業設立—昭和9）	日本板硝子（資本金400万円）—大正11日米板硝子の経営引受，昭和6社名変更住友肥料製造所（資本金1,000万円，大正14株式会社に），合成アンモニア肥料工業に進出—昭和6	野口遵の日本窒素肥料森矗昶の昭和肥料，鈴木商店の第一窒素・クロード式窒素
化学繊維工業	東洋レーヨン（資本金1,000万円）設立—大正15			鈴木商店の帝人野口遵等の旭絹織
石油精製業		三菱石油（資本金250万円）設立—昭和6		日本石油小倉石油

（出所）森川（1980），pp.158-159。

10

る。そして，なぜ持株会社が設立されるのかについて，「事業の拡大や多角化にともなって，個々の事業部門の経営が専門性を強める一方，その全体を統轄管理する機能が独自の重みをもつようになったこと」（武田，2020，p.95），「資本所有の面から，同族の所有財産が肥大化するにともなって，その効率的な運用とともに家産の保全が求められたこと」（武田，2020，p.95）といった点を指摘している。

森川（1980）は，三井財閥の工業化について，芝浦製作所，三井鉱山における石炭化学工業，鉄鋼業への多角化について検討している。また，表1－2に示されるように，三大財閥とよばれる三井財閥，三菱財閥，住友財閥の昭和初頭における三大財閥の重化学工業経営について整理している。そして，「第一次大戦期および大戦後における三大財閥の重化学工業化は，各財閥の主力事業である鉱山・造船・冶金・商事等の諸部門に蓄積された資金，技術，人員を投入することによって，これまで各財閥が包摂していなかった新しい事業分野を開発育成するプロセスであった。」（森川，1980，p.157）として，三大財閥における重化学工業分野における経営多角化について指摘している。また，第一次大戦以後の重化学工業の進展については，①「重化学工業の国内市場の急速な拡大」，②「豊富な資力」，③「主軸産業が大戦後不況におちいったこと」といった要因が言及されている（森川，1980，pp.164-166）。

森川（1980）の研究を受けて，中村（2004）は，主要ファミリービジネスの多角化について，表1－3のように整理して検討している。そして，ファミリービジネスの多角化に大きく影響したのは，銀行と鉱山であったと結論づけている。

松元（1979）は，三井財閥を日本最大の財閥と位置付けている。また，財閥本社の機能と構造として三井合名の資本構造を，財閥資本の構造については，流通独占として三井物産を，金融独占として三井銀行を取り上げ，一次資料に基づいて丹念に検討している。

安岡（1970）は，三井財閥と鴻池財閥の比較分析を行っている。そして，業種など異なるものの「基本的には等質」（安岡，1970，p.533）と結論づけている。

表1−3 主要ファミリービジネスの多角化過程

	三井	三菱	住友	安田	大倉	古河	浅野	川崎=松方	鈴木	久原
創業	1673年呉服店	1870年海運業	1691年別子銅山	1864年両替商	1867年鉄砲商	1877年足尾銅山	1884年深川セメント	1878年造船業	1877年砂糖商	1905年日立鉱山
明治前期（1883年以前）	72神岡鉱山 76三井物産 76三井銀行 **87新町絹糸紡績所** **88三池炭鉱** 91前橋絹糸紡績所 **92富岡製糸場** 93富岡製糸場	73高島炭鉱 81吉岡銅山・保険 81高島炭鉱 85郵便汽船三菱会社 **87長崎造船所** 87東京倉庫 87尾去沢鉱山 87芳の瀬・槇峰銅山 89新入・鯰田炭鉱			73大倉組商会 87日本土木	**84院内銀山** **85阿仁銅山**	83磐城炭鉱 93浅野石油部	87兵庫造船所 （のち川崎造船所）		
日清・日露戦後期（1894〜1913年）	94三井元方工業部 94芝浦製作所 96王子製紙 96小野田セメント製造 08セルロイド 13北海道炭礦汽船	94筑豊鉄道 95銀行部 96佐渡・生野鉱山 96大阪製錬所 98神戸造船所 98山陽鉱山 05神戸造船所 07麒麟麦酒	94忠隈炭鉱 95銀行部 97住友伸銅場 99住友鋳鋼場 11住友電線製造所 13肥料製造所	94共済生命 96東京建物 97安田製釘所 99西成鉄道 99安田商事 09安田善次郎 09煉瓦製造電気	10本渓湖煤鉄	94下山田炭鉱 08横浜電線 12大日本人肥	96東洋汽船 98浅野セメント	11神戸瓦斯 12福徳生命	07東工業 11神戸製鋼所	12久原鉱業
持株会社の設立	1909年三井合名	1917年三菱合資	1921年住友合資	1912年安田保善社	1918年大倉組	1917年古河合名	1918年浅野同族	1920年松商会 川崎総本店	1923年鈴木合名	1920年久原本店
持株会社設立以後（1923年以降）の直系会社	09三井銀行 09三井物産 09東神倉庫 11三井鉱山	17三菱造船 17三菱商事 18三菱鉱業 18三菱銀行 19三菱海上火災 19三菱倉庫 20三菱内燃機 21三菱電機	12住友銀行 15住友鋳鋼所 19住友電線製造所 23住友ビル 23住友倉庫	12安田銀行 12安田商事	17大倉土木組 17大倉鉱業 18大倉商事	17東京古河銀行 17古河商事 18古河鉱業	13浅野セメント 16浅野造船所 18日本鋼管 18浅野物産 18浅野製鉄所 20浅野同族貯蓄銀行	05神戸川崎銀行	23鈴木商店	20久原商事 21久原鉱業
直系子会社・同族直系会社（同上）	17三井信託 18大正海上火災保険 20東洋棉花	17三菱製紙 19東山農事	19土佐吉野川水電			20古河電工		19川崎汽船		15日本汽船 20日立製作所
傍系会社（同上）	15電気化学 19日本製鋼所	17日本光学	19大阪北港 20日本板硝子 22日米板硝子	19群馬電力 22日本紙器	19入山炭礦 20日本皮革 20新高製糖	17帝電化 17横浜護謨 20大阪日電 20尼崎伸銅	14鶴見埋築 15大日本麦酒 19沖電気 18朝鮮鉄道 19関東水電 19庄川水電	19国際汽船 19大阪鉄工所 20神戸新聞社	16播磨造船所 16帝国汽船 17浪華倉庫 17帝国人絹 21台倉油脂（グリセリン） 22豊年製油 22鬼怒石油 22クロード式窒素 22日本染料製造	16共保生命 18大阪鉄工所 18戸畑鋳物
典拠	松元[1979] 麻島[1980]	旗手[1978] 麻島[1986]	麻島[1983] 畠山[1996]	安田[1974] 森川[1978]	中村[1980]	武田[1980] 森川[1980]	小早川[1981]	三島[1980]	桂[1977] 森川[1978]	宇田川[1984]

(注)(1) 企業名の前の数字は、会社化もしくは支配下においた年次（西暦）。
(2) 橘川[1996]が三井傍系会社になっている鐘淵紡績、小野田セメントは1920年代において持株比率が一貫して20%を切っていることから第一次世界大戦後の傍系会社
には含めなかった。
ゴチックは官業払い下げ。
(3) 橘川[1996]、宇田川・中村[1999] を参考に典拠欄の文献より筆者作成。

(出典) 橘川[1996]、宇田川・中村[1999] を参考に典拠欄の文献より筆者作成。
(出所) 中村[2004]、pp.292-393。

三井財閥についてみると，三井銀行，三井物産の設立経緯が詳細に検討されており，三井家同族会についても言及されている。

森田（2011）は，三井財閥の礎を築いた人物として，三野村利左衛門については組織改革を，益田孝については，三池炭礦の払下げや，三井物産，三井合名への関与を取り上げている。結果として，両者が御用商人から三井財閥へと導いたとしている。

武居・井形（2023a）では，三井財閥と三越のインターフェイスを取り上げ，団琢磨，三野村利左衛門，中上川彦次郎，益田孝，池田成彬といった専門経営者のイノベーションが強調されている。そして，専門経営者について，表1－4に示されるように，（a）政界や財界の大物からの推薦や仲介による中途採用（b）その他の中途採用（c）新規学卒者の採用：中上川彦次郎の時代に三井銀行に入行した主な人物の3類型から，詳細に考察している。

このような研究成果を受けて，三井財閥の競争力について，日本的優位性の観点から考察する所に，本書の特色がある。

（3）三井銀行

粕谷（1989）は，三井財閥の統轄について，三井銀行を取り上げて論じている。明治42（1909）年以降を主な考察の対象とし，常務取締役，取締役会，財閥本社の関係を明らかにしている。その中で，表1－5を提示され，「三井銀行の生え抜き重役は，取締役か監査役に就任すると必ず三井合名の重役待遇を受けていた。」（粕谷，1989，p.64）としている。それは，三井鉱山や三井物産ではみられないもので，このことについて「三井銀行を特別扱い」（粕谷，1989，p.64）と表現し，三井財閥における力関係の存在を人事面から解明している。そして，三井銀行では，日常業務に関して常務取締役がイニシアティブを発揮していたとして，この点に関しても三井物産との相違点として指摘している。

浅井（1977）は，1920年代を中心に，三井財閥との関係を含めながら三井銀行の経営活動について明らかにしている。その上で，三井系主要企業の三井銀行依存度について，表1－6のように整理している。この表1－6から，傍系会

第1章　グローバルヒストリーからみた日本優越史観の展開　13

表1−4　三井財閥の専門経営者採用の3タイプ

タイプ（a）：政界や財界の大物からの推薦や仲介による中途採用

氏名	前歴・業績
中上川彦次郎	慶応義塾出身で，海外留学経験があったことから井上馨に推薦されて当時経営危機にあった三井銀行理事に就任した。
益田　孝	井上馨などと共同で始めた事業会社を三井組が引き受けたことから，明治9年に設立された三井物産の初代社長に就任し，明治34年に中上川死去後，三井財閥の全権を掌握した（武田（1995），p.69）

タイプ（b）：その他の中途採用

氏名	前歴・業績
三野村利左衛門	三井家に番頭として中途採用され，三井家が幕末から明治維新の動乱期を乗り切るのに大きく貢献し，後に三井銀行総長代理副長にまで昇進した（武田（1995），pp.15-16）。
團　琢磨	三井財閥の指導者・益田孝によって，1888（明治21）年，MIT鉱山学科卒業後に雇用される。払い下げを受けたばかりの三池炭鉱の経営に当たった。1914（大正3）年に益田が引退するとき，その後継者として，三井合名会社理事長に抜擢された（石井（1982），pp.215-216）。

タイプ（c）：新規学卒者の採用：中上川彦次郎の時代に三井銀行に入行した主な人物

氏名	出身学校	三井銀行入行前の履歴	銀行入行年	後に主に活躍した企業
津田興一	慶応義塾	教員・新聞記者	1892年	富岡製糸所（所長）
村上定	〃	新聞記者・山陽鉄道	〃	共同火災保険（専務）
藤山雷大	〃	県会議員	〃	大日本製糖（社長）
小林一三	〃	新卒入行	〃	阪急電鉄（社長），東宝（社長），商工相
野口寅次郎	〃	新聞記者	〃	大嶹製糸所（所長）
和田豊治	〃	日本郵船	1893年	富士瓦斯紡績（社長）
武藤山治	〃	広告取次・新聞記者	〃	鐘淵紡績（社長）
波多野承五郎	〃	外交官・新聞記者	1894年	三井銀行（理事），東神倉庫（取締役）
鈴木梅四郎	〃	新聞記者	〃	王子製紙（専務）
柳荘太郎	〃	新聞記者	〃	新町絹糸紡績所（所長）
小出収	〃	新聞記者・山陽鉄道	〃	名古屋製糸所（所長）
矢田績	〃	新聞記者・山陽鉄道	1895年	三井銀行（監査役）
池田成彬	慶応義塾ハーバード大学	新聞記者	〃	三井銀行（常務），三井合名（常務），日銀総裁，蔵相（宇田川・中村（1999））
藤原銀次郎	慶応義塾	新聞記者	〃	三井物産（社長），王子製紙（社長），商工相
平賀敏	〃	教員・役人	1896年	藤本ビルブローカー（社長），阪急電鉄（社長）
日比翁助	〃	商店支配人	〃	三越（専務）
林健	帝国大学	新聞記者	〃	三井銀行（取締役），東神倉庫（取締役）

（注）池田成彬は1888年に慶応義塾別科を卒業し，同理財科に入学したが，中途退学し，ハーバード
　　　大学に留学した。
（出所）・宮本・林（2009），p.94より筆者作成。
　　　　・宇田川（2006），pp.14-15
（出所）武居・井形（2023a），pp.40-41〔井形担当〕。

14

表1－5　三井合名会社重役待遇（1917 ～ 1930）

日　付	名　前	備　考
1917. 5. 5	進 藤 大 三 郎	三井物産穀肥部長
1918. 7. 25	小 室 三 吉	元三井物産取締役，元三井合名参事，前三井家同族会理事
1920. 1. 23	上 柳 清 助	元三井家同族会内事課長
1920. 4. 1	岡 本 貫 一	元三井鉱山取締役業務委員
1920. 4. 1	菊 本 直 次 郎	三井銀行常務取締役
1920. 4. 1	間 島 弟 彦	三井銀行常務取締役
1920. 4. 1	亀 島 広 吉	三井銀行取締役
1920. 4. 1	門 野 錬 八 郎	三井銀行常任監査役
1920. 4. 1	杉 山 虎 雄	三井銀行常任監査役
1920. 6. 11	早 川 千 吉 郎	前三井合名副理事長
1921. 7. 20	児 玉 一 造	東洋棉花専務取締役
1921. 10. 10	山 本 亀 光	三井銀行常任監査役
1924. 1. 12	今井利喜三郎	三井銀行常務取締役
1924. 1. 12	山 崎 吉 次 郎	三井銀行取締役
1924. 1. 12	二 宮 峰 男	三井銀行監査役
1925. 8. 6	山 田 文 太 郎	元三井鉱山常務取締役，前三井合名参与
1926. 11. 27	野 依 辰 治	三井生命専務取締役
1927. 9. 1	下 田 守 蔵	三井銀行常任監査役
1928. 2. 6	高 城 規 一 郎	元北海道炭礦汽船常務取締役
1928. 5. 22	神 崎 平 二	三井信託取締役（三井銀行出身）
1928. 5. 22	野 守 広	三井信託取締役
1928. 5. 22	福 田 秀 五 郎	三井信託監査役（三井銀行出身）
1928. 5. 22	見 城 重 平	三井銀行取締役
1929. 4. 10	江 藤 得 三	三井信託取締役（三井銀行出身）
1929. 10. 9	外 山 知 三	三井銀行取締役
1930. 4. 9	矢 田 績	元東神倉庫常務取締役，三井信託監査役
1930. 4. 9	岩 田 謙 三 郎	元三井鉱山常務取締役
1930. 4. 9	佐 伯 芳 馬	元三井鉱山常任監査役

（出典）三井文庫へのリファレンス。備考は各社社史。営業報告書，職員録などによる。
　　　　ただし同族会については，三井文庫へのリファレンスによる。
（出所）粕谷（1989），p.63。

表1－6 三井系三要企業の三井銀行依存度 （1934年）

（単位：千円）

会社名	預金		借入金		
	期末残高	三井銀行	期末残高	三井銀行	三井信託
三井傍系子会社					
（北海道炭礦汽船関係会社）					
1. 日本製鋼所	1,465	1,117	400	—	400
（電気化学工業関係会社）					
1. 大淀川水力電気	1	9	9,783	—	—
2. 黒部川電力	16	1	11,051	—	—
（王子製紙関係会社）					
1. 共同洋紙	—	—	4,725	—	***4,725
2. 北鮮製紙	?	?	?	?	?
3. 北海水力電気	153	4	11,500	—	—
4. 北電興業	3	—	14,906	—	—
5. 樺太鉄道	217	4	10,450	5,000	—
（小野田セメント関係会社）					
1. 大分セメント	75		61		
（東洋綿花関係会社）					
1. 上海紡織	—	—	203		
2. 杉村倉庫	337	4	3,690		
3. 東京モスリン紡織	38		11,373		
（鐘淵紡績関係会社）					
1. 上海製造絹糸	2,102	1,366	—		
（台湾製糖関係会社）					
1. 森永製菓	382	—	2,961		
傍系子会社合計	4,839	2,503 (51.7%)	81,103	5,000 (6.2%)	400 (0.5%)
三井傍系会社					
1. 北海道炭礦汽船	346	411	—		
2. 鐘淵紡績	29,981	13,192	—		
3. 小野田セメント	1,576	391	440		
4. 電気化学工業	630	890	2,233	1,200	
5. 芝浦製作所	451	428	5,950	3,950	1,800
6. 王子製紙	3,905	3,016	37,127	10,000	15,000
7. 大日本セルロイド	272	248	300	300	
8. 熱帯産業	1,576	143			
傍系会社合計	38,737	18,719 (48.3%)	46,050	15,450 (33.6%)	16,800 (36.5%)
三井直系子会社					
（三井物産関係会社）					
1. 日本製粉	343	322	12,235	2,457	*5,775
2. 台湾製糖	14,342	7,041	—		
3. 東洋棉花	2,476	418	?	?	?
4. 東洋レーヨン	213	20	—		
5. 日本樟脳	571	141	—		
6. 満州化学工業	4,511	6	—		
（三井鉱山関係会社）					
1. 輪西鉱山	67	61	6,250	2,150	2,450 *400
2. 釜石鉱山	1	1	12,332	750	8,000 ***3,582
3. 太平洋炭礦	4	—	202	—	**202
4. 基隆炭礦	—	—	4,830	—	**974
5. 三池窒素工業	—	—	771	—	**771
6. 東洋高圧工業	—	—	93	—	**93
7. 神岡水電	—	—	2,522		
直系子会社合計	22,528	8,010 (35.6%)	35,653	5,657 (15.9%)	10,150 (28.5%)

出所）三井銀行「三井関係会社取引状況調」（三井銀行蔵）より作成。

注）　1．払込資本金 5,000 千円以上の会社を掲載。

　　　2．*は三井物産，**は三井鉱山，***は王子製紙よりの借入金。

　　　3．借入金残高は借入金と支払手形の合計。

　　　4．電気化学工業・大淀川水電の預金総額は三井銀行への預金よりも大きいが，原史料のまま記した。

（出所）浅井（1977），pp.268-269．

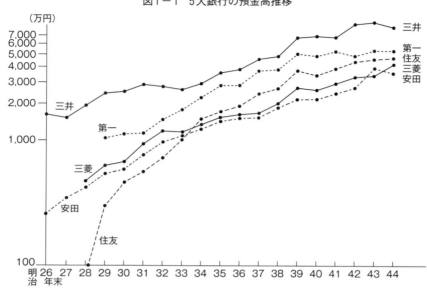

図1-1 5大銀行の預金高推移

注) 後藤新一『日本の金融統計』102～114ページから作成。
(出所) 杉山 (1980), p.112。

社,直系子会社において,三井銀行の金融支配力が及んでいる点について指摘している。

粕谷 (1989),浅井 (1977) の研究から,三井財閥内の力関係における三井銀行の影響力の強さを指摘することができるであろう。

杉山 (1980) は,明治30年代から三井銀行が株式会社化するまでのいきさつについて論じている。三井銀行の預金高推移を,図1-1のように掲げ,分離案,統合案等が出される中,三井銀行は株式会社化に至ったとされる。

(4) 三井鉱山

春日 (1980) は,三池炭礦における採炭過程,運搬過程,労働力の合理化の取り組みについて明らかにしている。考察の対象期間は,1920年代から1930年代初頭にかけてであり,採炭過程,切羽運搬過程から坑外搬出に至るまでの

第1章　グローバルヒストリーからみた日本優越史観の展開　17

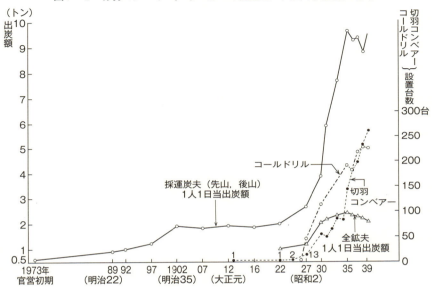

図1-2　切羽コンベヤー，オーガーの発達と一人当り出炭額の推移

出所）「切羽コンベアー之発達ト$\binom{先山}{後山}$夫一人当出炭額」（「三池工業所沿革史」第四巻　機械課六），「『オーガー』ノ発達ト採炭$\binom{先山}{後山}$夫一人当炭額」（同「沿革史」第四巻　機械課四）より作成。

注）1．オーガーの1925年の27台は手動式。同オーガーは1926年以降使用を廃止し，以降はすべて電動式。
　　2．採炭額は1人1日当り。
（出所）春日（1980），p.209。

運搬過程までもが機械化され効率化が図られたとする。図1-2は，切羽コンベヤー，オーガーの発達と一人当り出炭額の推移についてである。そして，三池炭礦における合理化の取り組みは，昭和恐慌期において，三井鉱山ばかりでなく三井財閥の収入源として大きく貢献したことを指摘している。

　橋本（1971）は，三池炭礦の石炭産業としての確立，労務管理について取り上げている。坑夫の雇用を維持するために，売勘場制度，社宅制度，坑夫の救済制度が導入されたことが指摘されている。このうち，明治35（1902）年の売

18

表1-7　売勘場の取扱品目

一等白米	1升	142厘
二　〃	〃	138〃
三　〃	〃	120〃
搗　米	〃	112〃
清　酒	〃	290〃
醬　油	〃	80〃
味　噌	1斤	30〃
漬　物	〃	28
梅　干	〃	40
石ケン	1ケ	48〃
刻莨（上）	1袋	210〃
〃（中）	〃	170〃
〃（下）	〃	120〃
手　拭	1本	40〃
晒木綿	1尺	15〃
繊　紺	〃	44〃
薪	1把	20〃
魚　油	1升	150〃
大　皿	1ケ	7〃
糸　芯	100〆	265〃
燈　芯	〃	102〃
草　鞋	1足	10〃
巻莨（上）	1箱	20〃
〃（下）	〃	10〃
担　棒	1本	40〃
鍬	〃	190〃

（出所）橋本（1971），p.57。

　勘場では，表1-7に示されるように，日常生活に必要なさまざまな商品が安価に品揃えされていた。いずれにしても，このような制度の充実を図ったことは，働くモチベーションにプラスに働いたと考えられる。

　池上・崎山（2019）によると，三井鉱山の社宅について，坑夫住宅，職員住宅で検討されている。坑夫住宅では，改善に取り組んだとされる。職員住宅については，標準社宅が設計され，社宅の基準となり，それは大牟田の家並みにも影響を与えたとされる。池上（2020）では，山野鉱業所の社宅について，従

業員社宅と職員住宅に分けて取り上げられており，職員住宅では，①主任級，②工手長級，③工手級，④小頭級に細分化されている。従業員社宅では，2階建て住宅の実現があり，職員住宅も改善傾向にあることを指摘している。いずれにしても福利厚生の充実は，働く意識に影響を与えたと認識できる。

(5) 三井物産

　三井物産のこれまでの研究を整理すると，商社として活躍する側面に研究の焦点があてられてきた。

　粕谷（1995）は，明治前期の三井物産について検討しており，リチャード・B・アルウィン，初代のロンドン支店長である笹瀬元明等に貸金をしていることをあげ，ロンドン支店に投資したことが，地位確立につながったとしている。

　木山（2009）は，三井物産の特色の一つとして海外の店舗網の拡大をあげており，創業期から積極的であった点を指摘している。海外店舗支配人には，表1－8に示されるように，海外渡航経験を経た後に配されること，政府官吏・政府関係者として渡航経験をもつ人物も含まれることを指摘している。

　栂井（1974）は，総合商社の定着過程として，御用商人からの脱皮，貿易人の養成，貿易資金の調達，生糸輸出における商略，三井内部への定着から言及している。鈴木（1981）は，売越・買越の限度について，現物売，注文準備・商品集荷，大規模な数量・価格操作について検討している。そして一手販売権と結びついて購買と販売を支配したとしている。

　武居（2017）は，三井物産が日本独自といわれる総合商社として成長する過程について，組織デザインの視角から論じた。武居（2020）では，チャンドラーが，デュポン，ゼネラル・モーターズ，スタンダード石油，シアーズ・ローバックといったアメリカのビッグ・ビジネス4社の経営戦略と組織を考察して「組織は戦略に従う」という仮説を導き出したことに着目し，これを日本のビッグ・ビジネスである三井物産に当てはめて考察した。その結果，昭和16（1941）年9月に，本店のもとに，生糸部，セメント部，木材部，金物部，

表1－8　外務省出国記録にみる三井物産関係者の渡航事情

⑧	⑦	⑥	⑤b	⑤a	④	③	②b	②a	①c	項目	①b	①a	項目
江本保男 廿三年七ヶ月	林忠生 廿三年四ヶ月	坪内安久（ヤスヒサ）廿七年一ヶ月	曲木高配 満三十一年	内務省勧商局雇 曲木高配	外務二等書記生 執行弘道 二十五年六ヶ月	山尾熊蔵	勧業寮十四等出仕 笹瀬元明	勧業寮十四等出仕 笹瀬元明 廿四年一ヶ月	中島才吉	人名	外務三等書記官 中島才吉	一等書記生 中島才吉	人名
広島県士族	石川県平民	神奈川県平民	東京京橋区築地壱丁目八番 地平民			静岡県士族	静岡県士族	静岡県士族	東京本郷区龍田町十五番地 東京府平民	藉族	浜松県士族	浜松県士族	藉族
仏国博覧会へ出品	仏国博覧会ヘ出品	仏国博覧会ヘ出品之為メ全国行	商用ノ為 仏国巴里行	仏国行	大清国厦門日本領事館在留	米国ヘ留学	米国博覧会事務官	米国ヒラトルビヤ博覧会ニ付御用出張	商用ノ為メ仏国行	事故	在勤	伊国在勤	職業学科
自費	自	自	自	官	官	自費	官費	官費	自	公私費用之別	公	公	公私費之別
					五ヶ年					年限	官	官	費用
十一年二月五日	十一年一月廿三日	十年十月五日	十三年六月十七日	十年六月廿三日	九年十二月十三日	九年六月廿三日	九年五月十二日	九年一月七日	十三年十一月十六日	免状渡月日	八年二月	六年十月	免状渡月日
	十四年四月十一日									帰朝年月日	十年十月	二十七年四ヶ月	年齢
十三年五月廿三日	十四年八月十一日		十二年十一月廿八日					十年二月返納		免状返納年月日	二十八年	二十八年	（欄外（上部）に「七月十日返納」の注記あり。）

（資料）中島才吉①a，bについては外務省外交史料館所蔵「渡海人明細簿」〔請求記号3・8・5-67〕，同人①cおよび曲木高配⑤bについては同館所蔵「海外旅券下付（付与）返納表進達1件（含付与明細表）」〔3・8・5-8〕（それぞれマイクロコマナンバー 780, 776），それ以外については同館所蔵「海外行免状表」1, 2, 3巻〔3・8・5-68〕より関係者のみ抜粋。
　　史料で「同」「全」とされているところはその内容を補って記した。通し番号と「本省渡シ」の文字は省略。
（注）1.　年齢は免状発給時点のものである。
　　2.　中島才吉①aの全体と笹瀬元明②aの「笹瀬元明」「静岡県士族」の部分に抹消跡あり。
（出所）木山（2009），p.86。

砂糖部，石油部，石炭部，機械部，食品部，繊維部，穀物油脂部，化学品部，営業部といった部が配される組織構築がなされていたことを明らかにした。そして，総合商社である三井物産においても，チャンドラーの仮説が検証された

ことを指摘している。

　支店間関係の研究としては，中川（1967）は，三井物産の外国貿易における組織化について検討している。武居（2013）は，三井物産の三国間貿易は，本店と支店で利害が一致していたため，拡大方向にあった点を指摘している。これらの研究をさらに発展させて，コーディネーション機能に着目する所に本書の意義の一つがある。このことは，三井物産がコミッション・ビジネスを営む卸売業者の枠を越えて，生産業務にも携わっていたこととも関連している。その経営活動は，三井財閥の中で捉えることによって，より鮮明になる。いずれにしても三井財閥の工業分野への進出といった局面にスポットライトを当て，三井物産がその生成・維持を追求した結果，三井財閥や日本の工業化にどのような成果をもたらしたのかについて検討を加える。

　最近では，岡崎・大石編（2023）の研究にみられるように，三井物産と三菱商事といった日本財閥の比較研究も進展している。

　以上の既存研究を踏まえ，三井財閥の工業支配や日本の工業化について，日本優越史観に立脚して解明していく所に本書の特徴がある。具体的には，三井銀行，三井鉱山，三井物産を主軸に置きながら，三井越後屋との連続性や，三井家が深く関わっていることも含めて包括的に考察していく。また三井財閥が戦略的に組織の大規模化を実現していく過程における工業化の意義についてもつまびらかにしていく。

(1) 高機と買宿の関係については，武居（2014），pp.64-65を参照。

第2章　三井高利が確立した
　　　三井越後屋の暖簾の競争力
　　　―日本優越史観にみる工業の萌芽―

第1節　三井高利の商人観と丸に井桁三の暖簾の信用

　三井高利（写真2-1）は，延宝元（1673）年，江戸本町一丁目に三井越後屋呉服店（写真2-2）を開業する[(1)]。幕藩体制の中で，正札現金掛値なし，切り売りといったイノベーションを起こし，江戸市場に新風を巻き起こす。

写真2-1　三井高利

〈写真提供〉三井文庫。

写真2−2　駿河町越後屋正月風景図

〈写真提供〉三井文庫。

写真2−3　三井越後屋の丸に井桁三の暖簾

（出所）三井文庫編『史料が語る三井のあゆみ―越後屋から三井財閥―』吉川弘文館，2015年，p.7。
〈写真提供〉三井文庫。

第2章　三井高利が確立した三井越後屋の暖簾の競争力―日本優越史観にみる工業の萌芽―　25

　延宝元（1673）年8月，三井高利が定めた「諸法度集」によれば，「一，うさ
んなる買物，たとひ請人有之候共買申間敷事」（三井文庫編，1973，p.60）とあり，
開業当初から商いの理念の一つとして，品質管理の重要性を認識していた。

　延宝4（1676）年の「諸法度集」では，「一，売物之内ニ悪敷成候もの有之候
は，外ニ櫃壱ツ拵置ゑり出し，何程にも致相談払可申事」（三井文庫編，1973，
p.63），「一，何によらす沢山に在之候而，三十日も売かね候物は見合払可申候，
又京の買直段ゟ損参候事に候は，致談合是をも払可申候事」（三井文庫編，1973，
p.63）とあり，呉服店の品揃え形成における品質管理の重要性が強調されてい
る。取扱商品の品質は，三井越後屋の信用形成につながった。

　三井高利は，天和元（1681）年頃，丸に井桁三を店章として定める（写真2-
3）。開業8年目にしてすでに，商いにおける暖簾の価値について熟知していた
ことになる。丸に井桁三は，三井高利の母である殊法に着想があるとされ，三
井家においては，丸は天，井桁は地，三は人を，すなわち天地人を表現したも
のであると，先祖代々，伝承されている（三井物産編，1965，p.21）。「三井越後
屋の取扱商品なら間違いない」という取扱商品の信用は，三井越後屋の丸に井
桁三の暖簾に対する信用の形成・確立につながっていき，三井越後屋に繁栄を
もたらす。

　この丸に井桁三の暖簾は，三井財閥の威光を示すものとなって継承され，現
代における三井グループにまで，連綿と続く共有される価値観となっている
（写真2-4）。

　史料2-1は，三井越後屋と奉公人である与三兵衛の間で交わされた雇用契
約書である。雇用にあたって，与三兵衛と先祖より関係性のある船屋伊兵衛，
和泉屋喜兵衛の2名によって，「慥成者」として人物が保証されている。長年
の関係性が，信用できる人物として保証するに至る一つの要因になっており，
与三兵衛について責任をもつことが記載されている。採用の段階で，保証人の
信用に基づいて信用がある人物を雇用していたのである。雇用契約書には，江
戸幕府の御公儀，三井越後屋の家法を遵守することも盛り込まれている。信用
のある人物の雇用は，三井越後屋の信用に結びついた。

写真2－4　三井グループ各社が用いた1980年当時の社章と社名

（出所）三井広報委員会「商いの大理想を新たな店章に託して」（https://www.mitsuipr.com/history/columns/004/（2024年6月8日閲覧））。

史料2－1

請状之事

一此与三兵衛と申者，先祖ゟ能存知慥成者ニ付，我々請人ニ罷立当辰正月ゟ来ル卯正月迄中年拾ケ年之門，貴殿江手代奉公為致申候所実正也，御奉公相勤申内はいつ迄も此手形ヲ以請人ニ罷立候事

一御公儀様諸事御法度之儀は不及申，御家法少も相背せ申間敷候，其外如何様之六ケ敷儀出来仕候共，我々罷出急度埒明，貴殿江少も御難懸ケ申間敷候，若此者引負仕候歟又は取逃欠落如何様之儀出来仕候共，其品々代金ニ算用仕我等方ゟ急度勘定仕立相済可申御事

一宗旨之儀は，代々浄土宗ニ而寺は天満東寺町善導寺旦那ニ而御座候，則寺請状を我々ニ取置申候，若脇ゟ御法度之宗門と申もの御座候ハヽ，我々罷出申分仕，貴殿江少も御難懸ケ申間敷候，為後日請状仍如件

　　　　　　　　　　　　　　　天満瀧川町
　　　　　　　　　　　　　　　　大和屋清圓借屋
　　　　　　　　　　　　　　　　請人　船屋伊兵衛○（印）

享保九年辰正月　　　　　　　　堂嶋中壱町目

平野屋又右衛門借家

請人　和泉屋喜兵衛○（印）

奉公人　与三兵衛○（印）

三井治郎右衛門殿

　（三井文庫編（1980a），p.248）

　そして，三井高利は，天和3（1683）年江戸に，貞享3（1686）年京都に，元禄4（1691）年大坂に，それぞれ両替店を設置した。信用を介在する両替店を営んだことは，三井越後屋の丸に井桁三の暖簾に対する信用に直結した。貞享4（1687）年，江戸幕府の幕府払方御納戸御用を拝命し，江戸幕府の御用商人という肩書きで幕府のビジネスを扱うことになり，このことも信用形成になった。両替店においても，元禄3（1690）年，大坂御金蔵御為替御用に任命され，江戸幕府指定の金融機関ということが，丸に井桁三の三井越後屋の暖簾に対する信用を保証することに効果を発揮し，社会的信用を獲得した。

　このように，三井高利が商人としてさまざまな側面から丸に井桁三の暖簾に対する信用を積み重ねたことは，三井越後屋における行動規範の指針となり，組織文化を形成した。三井高利の重んじた信用は，「日本は，信用社会である」につながり，商人世界の伝統となり，幕藩体制における社会基盤を形作っていくことになる。

　三井高利の意思は，資産保有のあり方にも反映されている。表2－1は，元禄7（1694）年、三井高利が書いた遺言状「宗寿居士古遺言」に準拠して，三井高利の長男・三井高平（写真2－5）が定めた「宗竺遺書」（享保7（1722）年制定）（写真2－6）における三井同苗の資産保有である。配分比率は，三井八郎右衛門28.2パーセントを筆頭に序列があり，三井同苗における発言力の高さを反映する形となっている。さらに言えば，三井高利の遺言状「宗寿居士古遺言」では，三井八郎兵衛・高平の配分比率は，41.4パーセントとより高く，三井高平が初代三井八郎右衛門を名乗っており，三井同苗における三井八郎右衛門の圧倒的優位を指摘できるだろう（三井文庫編，1980a，p.49）。「宗竺遺書」では，

写真2-5　三井高平

〈写真提供〉三井文庫。

表2-1　三井同苗の資産配分

三井同苗	割歩	比率
八郎右衛門（高房）北家3代	62.0	28.2
元之助（高勝）伊皿子家2代	30.0	13.6
三郎助（高方）新町家2代	27.0	12.3
治郎右衛門（高遠）　室町家2代	25.0	11.4
八郎次郎（高久）　南家初代	22.5	10.2
宗八（高春）　小石川家初代	22.5	10.2
則右衛門（高邁）　松坂家2代	8.0	3.6
吉郎右衛門（高古）　永坂町家初代	6.0	2.7
八助（孝紀）　小野田家2代	7.0	3.2
余慶　家原家，長井家	10.0	4.5
合計	220.0	100.0

（出所）三井文庫編（2015），p.18，三井文庫編（1980a），p.127より作成。

第2章 三井高利が確立した三井越後屋の暖簾の競争力―日本優越史観にみる工業の萌芽―　29

写真2-6 「宗竺遺書」の表紙

〈写真提供〉三井文庫。

「一，本家六軒・連家三軒合九軒身上一致之家法也」（三井文庫編，1973，p.4）とあり，三井同苗の資産は分割されず共有された。そして，「一，子孫に至る迄此遺書之趣親分の者申聞せ，段々判形致させ置可申事」（三井文庫編，1973，p.15）とあり，三井同苗における経営理念の継承が明確に示されている。経営理念の継承は，三井越後屋の戦略的意思決定を長期なものに導き，戦略の弾力的な運用を可能にした。三井高利の行動規範は，三井十一家全体に重んじられるとともに，三井財閥に共有された価値として伝承され，三井銀行，三井鉱山，三井物産のマネジメントのあり方にも影響を与えていくことになる。なお，武居・井形（2023b）では，コーポレートガバナンスの原型であると捉えている。

第2節　三井越後屋の組織文化

　三井高利の意思を継承していく中，三井越後屋がこだわったのが，三井越後屋呉服店における品揃え形成である。江戸・大坂・京都で呉服の小売店を営んでいる三井越後屋は，仕入機関として買宿を全国展開し，反物を全国各地から仕入れた（図2−1）[2]。買宿制度とは，「越後屋が創出した流通取引制度で，資本的に独立的である産地の有力商家を系列内に組み込むことで，活動の自由を制限した中で，越後屋のためだけに仕入れるように働きかけることによって，仕入量を確保していく方法のことである」（武居，2014，p.4）。地域の信用のある有力商家と買宿契約し，高付加価値商品の大規模な仕入体制を構築していった。販売のための仕入機関として買宿を後方系列化し，産地進出を図っていったのである。上州の買宿制度では品質のダブルチェックが行われ，京都店で施される染め・仕立工程と合わせて，三井越後屋呉服店の高付加価値の鍵を握っていた（武居，2014，pp.61-62，pp.67-69）。伯州の買宿制度では，機織機まで準備して産地開拓が行われ，三井越後屋による生産者支配が進められていった（武居，2014，p.90）。また，品質管理を含む仕入れの仕方について細かく指示がなされ，生産者との直接交渉や生産指導も含まれた（武居，2014，pp.90-94）。そこには，商人による目利き力も存在していた。それゆえ，「高付加価値商品を規格通りに大量に安定して調達する」ことを実現し，丸に井桁三の暖簾に対する信用の維持に寄与した。

　いずれにしても買宿は，三井越後屋呉服店という小売店のための仕入機関であり，消費者のニーズを反映させた高付加価値商品を提供することができた。江戸の消費者のニーズを満足させるための仕入活動でもあったわけである。三井越後屋では，買宿制度を洗練化していく過程で，信用ベースのものづくりや仕入れにおける品質管理の重要性を学び，そのノウハウを商家内に組織能力として蓄積することになる。

　宝永7（1710）年1月，大元方が京都に設置され，三井同苗，呉服店，両替店

第2章 三井高利が確立した三井越後屋の暖簾の競争力―日本優越史観にみる工業の萌芽― 31

図2-1 三井越後屋の買宿制度

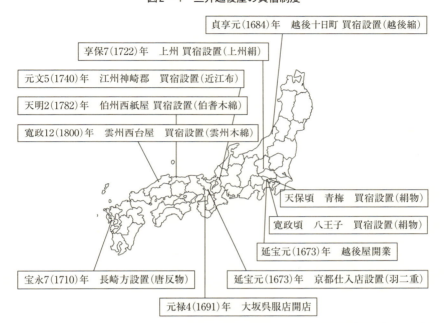

(出典) 株式会社三越編 (2005), pp.24-31, および財団法人三井文庫編 (1980a), pp.442-443 を基に作成。
(出所) 武居 (2014), p.43。

を統轄するとともに資金を掌握した（写真2-7）。大元方では，おおむね毎月一日，十五日に寄合が開催され，三井同苗の三井高平，三井高治，三井高伴，京本店から中西宗助，京両替店から松野治兵衛が参加した。第1回の寄合では，奉公人制度の見直しについて審議事項にあがり，惣頭を元〆，名代から目付までを総称して役棟，それ以下を准役と呼称すること，大元方が元〆，役棟の人事権を握ること等が審議・議決されている。5月1日の寄合では，売徳についての先納が，6月1日の寄合では，糸店支配人の人事について，審議・議決された（三井文庫編，1980a, pp.99-102）。このように大元方が経営の意思決定

写真2−7　大元方を頂点とする組織図

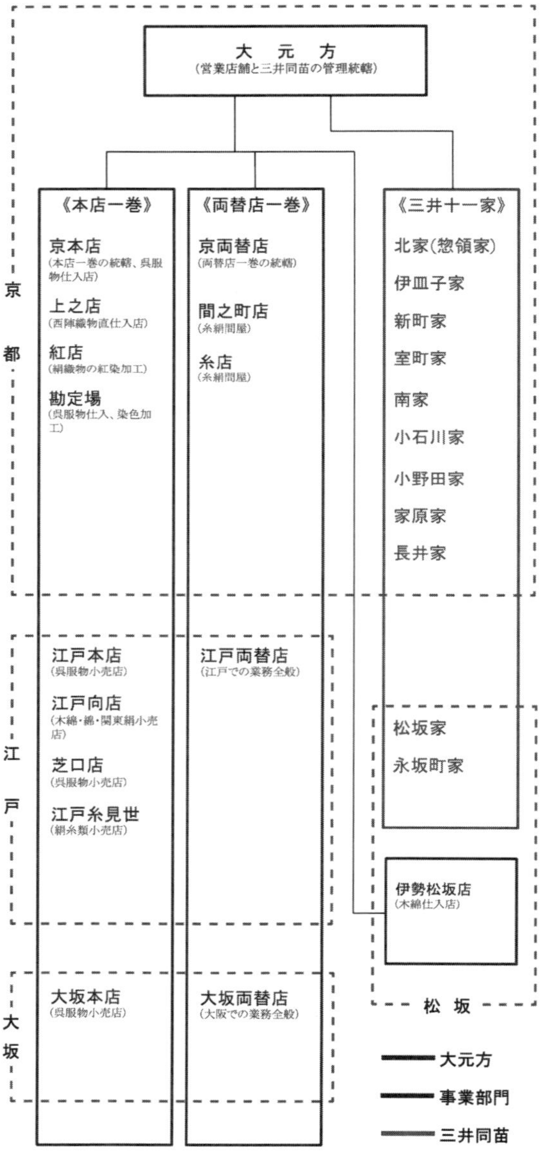

大 元 方
（営業店舗と三井同苗の管理統轄）

京都

《本店一巻》

京本店
（本店一巻の統轄、呉服物仕入店）

上之店
（西陣織物直仕入店）

紅店
（絹織物の紅染加工）

勘定場
（呉服物仕入、染色加工）

《両替店一巻》

京両替店
（両替店一巻の統轄）

間之町店
（糸絹問屋）

糸店
（糸絹問屋）

《三井十一家》

北家（惣領家）

伊皿子家

新町家

室町家

南家

小石川家

小野田家

家原家

長井家

江戸

江戸本店
（呉服物小売店）

江戸向店
（木綿・絹・関東絹小売店）

芝口店
（呉服物小売店）

江戸糸見世
（絹糸類小売店）

江戸両替店
（江戸での業務全般）

松坂家

永坂町家

伊勢松坂店
（木綿仕入店）

大坂

大坂本店
（呉服物小売店）

大坂両替店
（大阪での業務全般）

- - 松 坂 - -

━━ 大元方
━━ 事業部門
━━ 三井同苗

〈写真提供〉三井文庫。

第2章 三井高利が確立した三井越後屋の暖簾の競争力―日本優越史観にみる工業の萌芽― 33

を司ったことは，三井越後屋の経営の安定化に結びついた。

　以上で考察したように，大元方の管理の下に三井越後屋が，「高付加価値商品を規格通りに決められた期日までに大量に安定して調達する」計画的なマネジメントを実現したことは，丸に井桁三という三井越後屋の暖簾の価値を強化することになり，三井財閥による工業支配や日本の工業化に連続する。三井高利以来，三井越後屋商家内で重んじられた丸に井桁三の暖簾に象徴される信用は，「日本は，信用社会」となり江戸時代に日本的優位性として定着し，近代に引き継がれる。

　また，三井越後屋において形成された組織文化は，他の呉服店にも影響を与え，江戸市場が活況を呈するとともに，地域経済の発展を促した。商人こそが江戸時代の日本経済を回す原動力であり，日本の産業全体の水準を向上させていたと言えよう。グローバルヒストリーに基づく日本優越史観を提唱するゆえんである。

(1) 三井高利のマネジメントの秀逸さについては，NHK「偉人の年収How much?」制作班監修（2024）を参照。三井越後屋についての記述は，三井文庫編（1980a），賀川（1985），武居（2014），三井文庫編（2015）に基づいている。
(2) 買宿制度の詳細については，武居（2014）を参照。

第3章 三井家と専門経営者
―所有と経営の実質的分離―

第1節 三井家と専門経営者の誓約

明治19（1886）年に制定された「三井家定則」によると，冒頭，「宗祖高利歳十四ニシテ寛永十二年東府ニ於テ始テ商業ニ就キ而シテ時勢ヲ察シテ延宝元年東府ニ呉服舗ヲ開設ス高平父ヲ助ケ業大ニ行フ「ニシテ稍家則ヲ設ルニ至ル経テ高富高治高伴協力同心以テ業ヲ務ム業倍盛ナルト雖ドモ時勢ノ沿革ニ随ひ高平宗祖ノ意ヲ継ギ家政ヲ変革シ子孫ニ書ヲ残ス享保ノ遺書是ナリ其後二百五十有余年維持シ来ルハ規律ノ朋ナルト勉強トニ依テナリ（後略）」（三井文庫蔵　続2277-1-8）とあり，三井高利の意思の継承から始まっている。

三井財閥の経営意思決定過程には，三井家と専門経営者の関係性が，影響を及ぼしている。「同苗申合細則」（明治19（1886）年）によると，「一門中ノ財産及家長ノ品位ヲ保護スル為メ特ニ結約ヲ為ス誓約書ニ基キ豫シメ取締法ヲ設ル「左ノ如シ」（第二十七条）（三井文庫蔵　本1171-2）とあり，三井家では誓約書による合意形成が重んじられていた。この誓約書についてみていくことにしよう。

明治20（1887）年2月，三井家における三井三郎助，三井源右衛門，三井八郎次郎と，三井銀行における三井三郎助，西邑虎四郎，今井友五郎，石川良平と，三井物産における益田孝，木村正幹，三井武之助，三井養之助の間で交わされた「誓約」を，史料3-1に示した。ここでまず注目できるのは，「三井宗家ノ基礎ヲ確立シ隆盛ヲ永久ニ保続セン」，「外ニ宗家ノ名誉ヲ挙ケ」とあり，三井高利の意思を尊重する格式高い三井家の継承という共通認識を確認していることである。そして，激動の明治を生き残ってきたいきさつもあり，三井

家，三井銀行，三井物産の間で，「相互ノ協和親密ニシテ忠直勤労ノ致ス所ナリ」，「協力勉励共ニ宗家ノ隆盛ヲ企図セン」と，共存共栄による一致結束した取り組みについて誓約している。

史料3－1
誓約

三井宗家ノ基礎ヲ確立シ隆盛ヲ永久ニ保続セン為メ其全体ノ業務ヲ区別シ三井銀行ハ通貨運転融通ヲ本務トシ三井物産会社ハ一般商業ヲ本業ト定メ茲ニ十有余年世海風潮ノ激動ヲ凌キ営業漸次盛栄ノ域ニ進ミ外ニ宗家ノ名誉ヲ挙ケ内ニ当初ノ本意ヲ失セザル畢竟宗家数代ノ遺勲ナリト雖ドモ又以テ相互ノ協和親密ニシテ忠直勤労ノ致ス所ナリ今日ノ結果既ニ斯ノ如ク好且美ナリト雖ドモ凡ソ世上分割営業ヲ為ス者ハ互ニ収益ヲ励ムノ余リ末員ノ輩漫リニ業務ノ競争ヲ起シ本務ノ分界ヲ忘レ自他ノ辨別ヲ失スルノ弊アリ是宜シク主管ヲ以テ任スル我等一同ニ於テ殷鑑トシテ誡ムベキモノナリ現時三井宗家ヲ始メ三井銀行三井物産会社ニ於テハ更ニ斯カル弊害ヲ醸生セスト雖トモ事ヲ未発ニ防キ各自互ニ意見ヲ吐露シ自他共ニ経営ヲ補翼シ殊ニ各部下ノ末輩一同ヲ誡メテ当初ノ大義ヲ銘肝セシメ協力勉励共ニ宗家ノ隆盛ヲ企図セン為メ主者各自記調印以テ後証ニ存スルモノ也

　明治二十年二月

大元方

　　三井三郎助　　印

　　三井源右衛門　印

　　三井八郎次郎　印

三井銀行

　　三井三郎助　　印

　　西邑虎四郎　　印

　　今井友五郎　　印

　　石川良平　　　印

第3章　三井家と専門経営者—所有と経営の実質的分離—　37

三井物産会社

	益田孝	印
	木村正幹	印
	三井武之助	印
	三井養之助	印

（「大元方三井銀行三井物産会社トノ誓約」（三井文庫蔵　別2629－2））

　三井家では，明治24（1891）年8月，三井家としての結束が確認されている（史料3－2）。史料3－2は，三井八郎右衛門，三井高保，三井三郎助，三井八郎次郎，三井源右衛門，三井元之助，三井高朗，三井高喜の間で三井家として結びつきの強さを示す誓書である。三井家の威信をかけて，三井銀行，三井物産と協力関係の中で，「営業ノ繁昌」を追求することが誓約されている。誓言は，三井家としての結束を井上薫に差し出すことによって，お墨付きを取る形となっている。

史料3－2

誓言

　今般三井家務整理ノ一部トシテ自今三井銀行ハ第一国立銀行ノ協力ヲ得テ共ニ三井物産会社ノ業務ヲ賛助シ三者同心和熟シテ永ク共ニ営業ノ繁昌ヲ期スルⁿハ我々共ノ誠実ニ同意シ之ヲ実施スルニ躊躇セサル所ナリ但シ此方案実施ニ際シ果シテ其目的ヲ誤ラズ良成績ヲ得ヘキヤ又ハ不幸ニシテ意外ノ凶結果ヲ来タスベキヤ固ヨリ之ヲ今日ニ前知スベカラズト雖ドモ我々共ハ其結果ノ良否如何ニ由テ後日或ハ今日ノ決心ヲ悔ルガ如キ不都合ノ事ナカルベシ依テ閣下ニ対シ茲ニ之ヲ誓言ス

　明治二十四年八月二十九日

三井八郎右衛門	印
三井高保	印
三井三郎助	印

三井八郎次郎	印
三井源右衛門	印
三井元之助	印
三井高朗	印
三井高喜	印

伯爵井上馨殿
　　　閣下

(「同族誓言」(三井文庫蔵　井交14))

　明治33 (1900) 年7月施行の「三井家憲」は，三井家先祖代々に継承されて
きた「宗竺遺書」に取って代わる三井家の家法である（写真3 - 1)。「三井家憲」
は，三井家にとっても専門経営者にとっても大きな影響を与えた。第一條「此
家憲ニ於テ同族ト称スルハ祖先三井宗壽居士ノ苗裔ナル各家及ヒ従来ノ家制ニ
依リテ特ニ同族ニ列セル各家ヲ併セタル三井十一家ヲ総称スルモノニシテ即チ
三井八郎右衛門，三井元之助，三井源右衛門，三井高保，三井八郎次郎，三井
三郎助，三井復太郎，三井守之助，三井武之助，三井養之助，三井得右衛門及
ヒ其各家ノ家督相続人ヲ謂フ」(三井文庫蔵　新843) から始まり，先祖である三
井高利への敬意の念を示している。第二條では，「三井八郎右衛門，三井元之
助，三井源右衛門，三井高保，三井八郎次郎及ヒ三井三郎助ノ六家ヲ同族ノ本
家トシ三井八郎右衛門ノ一家ハ宗竺居士ノ遺訓ニ基キ特ニ之ヲ総領家トス」
(三井文庫蔵　新843) とあり，第三條では，「三井復太郎，三井守之助，三井武
之助，三井養之助及ヒ三井得右衛門ノ五家ヲ同族ノ連家トス」(三井文庫蔵　新
843) とあり，三井八郎右衛門が総領家と称され，最高の地位にあることが明
示されている。さらに，第五條には，「同族ノ席次ハ総領家ヲ首坐トシ本家ヲ
上位トシ連家之ニ次キ年齢ノ順序ニ従ヒテ之ヲ定ム　家族ノ席次ハ本條ノ精神
ニ準拠シテ別ニ之ヲ定ム」(三井文庫蔵　新843) と，席順においても，三井八郎
右衛門が三井家筆頭であり，三井家における三井八郎右衛門の絶大なる権威が
示されている。「三井家憲」が，その後の三井家における行動指針のよりどこ

第3章　三井家と専門経営者―所有と経営の実質的分離―　39

写真3-1　「三井家憲」の表紙

〈写真提供〉三井文庫。

ろとなる。

　明治37（1904）年12月，三井八郎右衛門，三井八郎次郎，三井三郎助，三井高保，三井元之助，三井源右衛門，三井武之助，三井養之助，三井得右衛門，三井守之助，三井清子代後見人三井源右衛門の間で交わされた「同族決議誓約書」をみると，「（前略）家憲違反ノ行為アルトキハ家憲ノ明文ニ照シテ厳重ニ処分スルコトヲ予メ決議シ（後略）」（三井文庫蔵　井交141）とあり，三井家にとって，確固たる遵守が求められた。

　この「三井家憲」に基づいて締結された誓約の中に，明治33（1900）年の「三井家同族及三井銀行社員ノ誓約書」がある（史料3-3）。ここで強調できるのは，三井家同族会が，中心的な機能を果たしていることである。「三井銀行ノ資産及営業ニ関スル重大ノ事件」，「三井銀行ノ予算決算」は，三井家同族会の決議事項であることが相互に確認されている。三井家同族の権威を誇示する

40

形で，三井家同族と三井銀行社員において，共通の利益を追求することが誓約されている。

史料3－3

三井家同族及三井銀行社員ノ誓約書

三井家同族ハ時勢ノ開進ト法律ノ改正トニ応ジ祖宗ノ遺訓ニ基キテ今般新ニ家憲ヲ制定シタルヲ以テ茲ニ此家憲ノ趣旨ニ基キ三井家同族ト三井銀行社員トノ間ニ更ニ誓約ヲ訂結スルノ必要アルニ至レリ

抑モ三井銀行ハ往時三井組業務ノ一部分ヲ継承シタル者ニシテ実ニ三井家同族ノ私業タリシガ当初創立ノ際ヨリ旧来恩顧ノ隷属ニシテ其勤功較著ナルモノニハ特ニ銀行株ヲ与ヘテ之ヲ其社員ニ列シ以テ今日ノ体裁ヲ成スニ至リタル者ナレバ三井銀行社員ハ世上ノ所謂諸会社ノ社員ガ銘々自己ノ資金ヲ投ジテ新ニ資格ヲ作リタルモノトハ大ニ本来ノ成立ヲ異ニシ其三井家同族ニ於ケルヤ殆ンド主従ノ旧誼アルモノト云フベシ啻ニ旧誼アルノミナラズ三井銀行株式ノ大部分ハ現ニ三井家同族ニ属スルガ故ニ同族ガ銀行ノ要務ニ関シテノ監督裁制ノ権アルハ固ヨリ其所ナリ三井銀行社員ニ於テハ能ク此関係ヲ詳ニシ三井家同族ノ監裁ヲ仰キテ諸事専断ニ失スルコトナク相謀リ相助ケテ三井家ノ基礎ヲ堅固ニシ銀行業ノ隆昌ヲ企図スルコト実ニ其義務タルベシ因テ後来ノ関係ヲ明ニセンガ為メ三井家同族ト三井銀行社員トノ間ニ左ノ條々ヲ誓約スルモノナリ

一，三井銀行ノ定款規約及其変更ノ件ハ三井家同族会議ノ決議ヲ経ベシ

一，三井銀行ノ資産及営業ニ関スル重大ノ事件ハ三井家同族会議ノ決議ヲ経ベシ

一，三井銀行ノ予算決算ハ半期毎ニ之ヲ三井家同族会議ニ差出シ其承認ヲ受クベシ

一，三井家同族会議ハ同族会員中ヨリ業務監査役一名若クハ数名ヲ撰任シ三井銀行ノ業務施行ヲ検査セシムベシ

一，業務監査役ハ三井銀行ノ業務施行ガ其定款及同族会議ノ決議ニ適スルヤ

否ヲ監視シ且ツ総テ業務ノ実況ヲ視察スル｢ヲ得ベシ

一，業務監査役ハ三井銀行ノ財産目録貸借対照表帳簿計算書類等ヲ検査スル｢ヲ得ベシ

一，三井銀行三等以上ノ役員ノ撰任及免除ハ三井家同族会議ノ決議ヲ経ベシ

一，三井銀行五等以上ノ役員ヲシテ三井組ノ参事ヲ兼子シムル｢アルベシ

一，新ニ三井銀行ノ社員タラントスル者アレハ三井家同族会議ノ承認ヲ受クベシ

一，三井家同族会議ハ事宜ニ由リ三井銀行七等以上ノ役員ヲ参席セシムル｢アルベシ

以上誓約ノ趣旨ヲ遵守シ永ク渝ラザラン｢ヲ誓ヒ署名捺印ス

三井誰

三井銀行社員総代　何某

此誓約書二通ヲ製シ一ヲ三井家同族会一ヲ三井銀行ニ交附スルモノナリ

（「三井家同族及三井銀行社員ノ誓約」（三井文庫蔵　井交117））

　史料3－4は，益田孝が三井物産の専務理事に就任するにあたって，社長・三井元之助に提出した「誓約書」である。この「誓約書」から，専門経営者・益田孝は，「三井家憲」への忠誠を誓っていて，三井家の権威の高さを示している。三井財閥における専門経営者の囲い込みは，三井家への忠誠を誓うことが大前提となっていたことが指摘できるだろう。

史料3－4

誓約書

拙者儀貴会社専務理事ニ就任候ニ就テハ左ノ事項固ク遵守可致候

一，三井家憲ノ趣旨ヲ遵守シ誠意社長ヲ補佐シ貴会社ノ利益ヲ図リ可申候事

二，貴会社ノ承諾ヲ得ルニ非サレハ他ノ業務ニ従事致サ、ルハ勿論自己ノ為メナルト他人ノ為メナルトヲ問ハス貴会社ノ利益ニ反スル行為致ス間敷候事

三，事ノ何タルヲ問ハス故意又ハ懈怠ヨリシテ貴会社ニ損害ヲ生セシメタル

42

節ハ当然其責ニ任シ御指揮ニ従ヒ弁償可致候事

右謹テ誓約候也

　明治三十三年八月二十二日　　　　　　　　　　　　　　　益田孝　印

三井物産合名会社

　社長三井元之助殿

（「重役誓約書」（三井文庫蔵　物産291））

　なお，史料3－3，史料3－4でみられたように，「三井家憲」は，三井家にとっても，専門経営者にとっても，遵守が求められており，このことは両者に共通した経営理念の共有と浸透という効果をもたらした。

　明治42（1909）年10月，三井合名が成立するわけであるが，その組織変更にあたって，三井家として一致結束を誓っている（史料3－5）。三井合名の発足は，三井家のマネジメント観にも影響を与えたわけであるが，「同族誓約書」に誓約することによって，三井家内の強固な結びつきを確認している。折に触れて，三井家として方向性の一致を書面により確かめていたわけである。

史料3－5

明治四十二年一月二十三日三井集会所ニ於ケル三井営業店組織改革第一回同族相談会記事

井上顧問曰ク三井営業店組織改革ニ関シ評議ヲ為スニ当リ先ツ同族諸子ニ対シ余ノ切ニ望ム所ノモノ三ケ條アリ此三ケ條ニシテ実行セラレズンバ組織ノ改革モ亦遂ニ何等ノ効果無カルベシ

第一，営業店ノ組織ヲ改革スルモ同族諸子自ラ営業店ノ衝ニ当リ直接実務ヲ執ルノ精神勿クンバ其効果ヲ見ルコト甚ダ難カラン同族ガ奮勉躬親カラ業務ヲ監視シ営業各店ノ聯絡ト統一トヲ計ルノ必要アリトハ此レ余ノ年来ノ主張ニシテ既ニ諸子ノ熟知スル所ナリ而シテ今ヤ此改革案ヲ実行スルニ於テハ各営業店愈々分立ノ姿ヲ呈スルガ故ニ同族ハ更ニ一層異身同體ノ精神ヲ以テ之レガ聯絡ト統一トヲ保ツノ必要ヲ増シタルモノト言フベキナリ余ハ従来各店

第3章　三井家と専門経営者―所有と経営の実質的分離―　43

各部同シク三井一家ノ事業ニアリナガラ兎角割拠ノ弊害アルヲ認メタルヲ以テ曩キニ同族会ニ管理部ナルモノヲ設置シ事業ノ聯絡統一ヲ保タシメタルガ今ヤ組織ノ改革ニ伴ヒ管理部ヲ存続スルカ又ハ之ニ代ルベキ機関ヲ新設スルカソハ未定ノ事ニ属スト雖ドモ今後ノ組織ハ必スヤ同族ノ直接業務ニ当ルコトヲ必要トスベシ此際ニ臨ミ余ハ諸子ガ余ノ年来ノ主張ヲ実行センコトヲ望ムコト更ニ切且大ナルモノアリテ存ス

第二，現代ノ同族当主ハ縦令直接営業ヲ処理スルノ決心アルモ旧来ノ慣習ニヨリ未タ猝カニ其実績ヲ挙クルコト困難ナルモノアラン此ノ如クニシテ以テ各家ノ相続者其他ノ子弟ニ推シ及ホサンカ時勢ノ変遷ニ適応シ財産ノ鞏固ヲ計リ家門ノ隆盛ヲ維持スルコト克ハズ三井家ノ将来竟ニ計リ知ルベカラザルモノアラン仍テ諸子ハ専ラ意ヲ子弟ノ教育ニ用キ子弟ヲシテ親カラ営業ヲ処理シ使用人ヲ指揮スルニ充分ナル能力ヲ養成スルコトニ努力セザルベカラズ特ニ憂フベキハ第一子弟ニシテ従来ノ如ク常ニ同族ノ家庭ニ在ラシムルトキハ朝夕執事雇人輩ノ甘言ニ狃レ不知不識ノ間ニ品性ヲ壊リ殆ント毒ヲ食ハシムルト撰ブナク遂ニハ又救フヘカラザルノ悪習ニ感染スルニ至ルモ知ルベカラズ去レバ此寒心スベキ大害ヲ避ケンガ為メニハ子弟ヲ同族ノ家庭ヨリ隔離シ厳格ナル教育ヲ施コスノ決心アルヲ要ス之ニ対スル諸氏ノ決心如何

第三，改革案ノ提出者タル益田氏ハ曩キニ組織改革ノ必要ヲ認メ親シク欧米ヲ巡回シ最近ノ情勢ヲ視察シ来リテ本案ヲ提出シタルモノナレバ兼テ氏ノ主張スルガ如ク漸次後進ニ途ヲ啓クコトハ固ヨリ其必要アリト雖ドモ本案ニ付キテハ充分ナル責任ヲ負ヒ其実施後ハ同族ニ対シ切言忠告敢テ忌憚アルナク営業各部ノ聯絡統一ヲ計リ以テ改革ノ好果ヲ収メ良習慣ヲ作リ此重任ヲ完ウスルノ覚悟勿カルベカラズ之ニ対スル益田氏ノ決心如何

右三ケ條ノ旨意ニ就キ顧問ヨリ反覆説明アリ同族一同其実行ヲ誓ヒ益田氏モ亦必スヤ是大任ヲ完ウスベキコトヲ盟ヒ夫ヨリ細目ニ渉リ種々協議スル所アリ

　明治四十二年一月二十三日

　　　　　　　　　　　　　三井八郎右衛門　花押

三井八郎次郎　　　印

三井三郎助　　　　印

三井高保　　　　　印

三井元之助　　　　印

三井源右衛門　　　印

三井武之介　　　　印

三井養之介　　　　印

三井得右衛門　　　印

三井守之助　　　　印

三井清子代表者

　三井源右衛門　　印

　　　　　管理部副部長三井家副顧問　　　益田孝　　　　　花押

（「同族誓約書」（三井文庫蔵　井交179））

　以上，書面による結束の証である「誓約書」の積み重ねは，三井家同族間
や，対専門経営者との関係性において，融和関係を促進し維持する効果が期待
できた。こうした共存共栄関係は，三井財閥を躍進の方向へとプラスに作用す
ることになる。

第2節　秘密会・三井家同族会の機能

　明治26（1893）年11月，三井家同族会が発足する。「三井家同族会規則」（明
治26（1893）年12月）の第一条に「三井家同族会ハ三井家同族，三井家同族ノ
隠居，三井家同族ノ成年推定相続人及特ニ会員ニ推選シタル者ヲ以テ組織ス」，
第二十六条に「此規則ニ於テ三井家同族ト称スルハ，先祖三井宗寿居士ノ苗裔
タル三井十一家ヲ総称スルモノニシテ，即チ三井八郎右衛門，三井元之助，三
井源右衛門，三井高保，三井八郎次郎，三井三郎助，三井復太郎，三井守之
助，三井武之助，三井養之助，三井得右衛門及其各家代々ノ家督相続人ヲ謂

フ」（三井文庫編，1974，p.283）と，三井高利の意思の継承が三井十一家には重んじられている。三井家同族の隠居には，小石川家の三井高喜，北家の三井高朗，伊皿子家の三井高生，新町家の三井高辰が含まれた（三井文庫編，1980b，p.540）。

第八条に「同族会ノ議長ハ三井総領家ヲ以テ之ニ任ス，議長故障アルトキハ正員中ノ一名ヲ指定シテ代理セシム」（三井文庫編，1974，p.282）とあり，議長は三井総領家が担った。この三井家同族会は，基本的には，毎月1回開催され，決定には「同族会ノ議事ハ過半数ヲ以テ之ヲ決ス，可否同数ナルトキハ旧制ヲ変更セサル方ニ決ス，其旧制ナキモノハ議長ノ裁決スル所ニ依ル」（第十八条）（三井文庫編，1974，p.283）と，過半数の賛同が必要であった。決議事項は，「同族各家所有ノ不動産其他同族会ニ届出タル家産ノ売却，譲与，交換，抵当質入ニ関スル件」（第十二条三）（三井文庫編，1974，p.282），「三井家同族ノ共同財産保管及其運用ノ方法規定ニ関スル件」（第十二条九）（三井文庫編，1974，p.282）と，三井家の共有財産，三井各家所有の財産に関する内容も織り込まれていた。

さらに，「同族ノ営ム商工業務監督ニ関スル件」（第十二条十）（三井文庫編，1974，p.282），「同族ハ，同族会ノ認可ヲ経ルニアラザレハ商工業ヲ営ムヲ得ス」（第十三条）（三井文庫編，1974，p.282），「同族ハ，同族会ノ認可ヲ経ルニアラザレバ商工業ノ資金ヲ同族共同財産ヨリ借用スルコトヲ得ス」（第十四条）（三井文庫編，1974，p.282）とあり，三井家の営む事業の監督，新規ビジネスに関する投資，三井家の共有財産から資金調達する場合については，三井家同族会の了承を得る仕組みとなっていた。

三井家同族会は，「同族会ハ総テ秘密会トス，其会議録ハ会員以外ノ者ニ示スベカラズ」（第二十五条）（三井文庫編，1974，p.283）とあり，秘密会議で，三井家同族会会員・出席者以外は内容について知らされなかった。企業経営を行う上では，情報がわからない方が競争上有利なので，部外秘として明らかにしなかった。このことは，三井家同族会の三井財閥内における組織としての権威づけに拍車をかけた。

明治26（1893）年10月に開催された第一回三井家同族会では，史料3－6に
みられるように，専門経営者の参列員としての出席が認可されている。三井家
と専門経営者の間で，三井財閥の経営戦略について情報共有が図られていたわ
けである。ただし，「一，三井家同族会ノ参列員ハ投票権ヲ有セサルモノトスル
「ニ決ス」（三井文庫編，1974，pp.284－285）と，専門経営者の出席は可能であっ
たが，投票権は有しなかった。専門経営者に投票権はなかったものの，三井家
同族会に出席した以上，発言の機会は与えられていたと考えられる。三井家と
専門経営者がそれぞれの思惑で動く中で，両者の間でコミュニケーションが行
われていたということは，双方の距離を縮め，見解を融合する場としての機能
が期待できた。

史料3－6
一，三井各商店重役ノ中，左ノ者ヲ参列員ニ加入スル「ニ決ス
西邑虎四郎
益田孝
中上川彦次郎
木村正幹
今井友五郎
藤村喜七
三野村利助
（三井文庫編（1974），p.285）

明治27（1894）年1月に開催された三井家同族会では，中上川彦次郎の月給
が350円，益田孝の月給が350円といったように，三井財閥の専門経営者の給
料について決議している（史料3－7）。

史料3－7
一，合名会社三井銀行総長提出，同行常務理事及理事任命ノ件，左ノ通リ修

第3章　三井家と専門経営者—所有と経営の実質的分離—　47

正ノ上可決ス

中上川彦次郎

常務理事ニ任シ月給三百五十円ヲ給与ス

西邑虎四郎

理事ニ任シ月給三百五十円ヲ給与ス

斎藤専蔵

理事ニ任シ月給百五十円ヲ給与ス

益田孝

理事ニ任ス

一, 三井鉱山合名会社々長提出, 同社常務理事及理事任命ノ件, 左ノ通リ修正ノ上可決ス

益田孝

常務理事ヲ命シ月給三百五十円ヲ給与ス

麻田佐右衛門

常務理事ヲ命シ月給百二十円ヲ給与ス

西邑虎四郎

中上川彦次郎

（三井文庫編（1974），p.286）

　明治28（1895）年8月に開催された三井家同族会では，益田孝に2,000円，中上川彦次郎に2,000円，団琢磨に1,000円，木村正幹に1,000円，馬越恭平に1,000円，上田安三郎に1,000円，朝吹英二に1,000円，西邑虎四郎に500円，今井友五郎に500円，三野村利助に500円，斎藤専蔵に500円，藤村喜七に500円，山岡正次に500円，麻田佐右衛門に500円といったように，専門経営者に臨時賞与が支払われることが決議されている（三井文庫編，1974，pp.301 – 302）。専門経営者の月給，臨時賞与の最終的な決定は，三井家同族会が握っていたと言えよう。

　明治27（1894）年10月に催された三井家同族会では，「一, 三井家監査役，三

表3－1　三井家同族会で決議された三井財閥の役員の任命

	役名	名前
三井家監査役	会長　一等給	三井高生
	一等給	西邑虎四郎
	一等給	木村正幹
	二等給	今井友五郎
	三等給	斎藤専蔵
三井元方	総長	三井八郎右衛門
	事務委員	三井八郎次郎
	委員	中井三平
	委員	西邑虎四郎
	委員	益田孝
	委員	中上川彦次郎
地所部	部長	三井復太郎
	理事	馬越恭平
工業部	部長	三井武之助
	理事	朝吹英次
三井銀行	総長	三井高保
	専務理事	中上川彦次郎
	理事	西邑虎四郎
	理事	益田孝
		三野村利助
三井鉱山	社長	三井三郎助
	専務理事	団琢磨
	理事	麻田佐右衛門
	理事	三井八郎次郎
	理事	益田孝
	理事	中上川彦次郎
三井物産	社長	三井元之助
	専務理事	益田孝
	理事	三井養之助
	理事	馬越恭平
	理事	上田安三郎
	理事	中上川彦次郎
三井呉服店	社長	三井源右衛門
	専務元締役	藤村喜七
	元締役	三井得右衛門
	元締役	山岡正次
	元締役	馬越恭平

（出所）三井文庫編（1974），pp.293-294より作成。

井元方，地所部，工業部，三井銀行，鉱山会社，物産会社，呉服店ノ役員ヲ左ノ如ク任命スベキニ決ス」（三井文庫編，1974，p.293）とあり，表3－1に整理したように，三井家監査役，三井元方，地所部，工業部，三井銀行，三井鉱山，三井物産，三井呉服店の役員の任命も三井家同族会において決議され，承認を受けている。

次に明治29（1896）年6月，三井物産の理事会に提出された「米国紐育ニ支店開設ニ付同族会ヘ認可願案ノ件」で，実際の意思決定プロセスについてみてみよう（史料3－8）。三井物産のニューヨーク支店開設にあたり，三井物産合名会社社長・三井元之助から三井家同族会議長・三井八郎右衛門に宛てた文書が，三井物産の理事会に提出されている。これによると，三井物産においてニューヨーク支店開設といった大規模投資について戦略的意思決定がなされた後に，三井家同族会に諮られるステップとなっていることが理解できる。三井財閥としての最終的な決定権は，三井家同族会が支配していたわけである。先にみた「三井家同族会規則」と合わせてみると，三井家同族会は，三井財閥の中において，絶大なる権力の宝庫であることが指摘できる。

史料3－8

一，米国紐育ニ支店開設ニ付同族会ヘ認可願案ノ件
今回米国紐育ニ当会社支店開設候ニ付テハ右案之通同族会ヘ認可願差出度事案
記
一，米国紐育ニ支店開設ノ件
理由　従来工業部ノ製糸ハ他人ノ手ヲ以テ販売相成候処当会社支店ヲ紐育ニ開設候場合ニハ一切其販売ヲ依托セラルヘキ協議モ有之候且ツ米産綿花モ漸ク其需用ヲ増加致シ来リ該地ニ支店ノ設置無之為メ甚タ不便ヲ感シ候ニ付昨年十二月手代二等岩原謙三ヲ該地ニ派シ支店設置ノ場所綿花綿糸取引ノ模様等実地ニ就キ取調為致候処当分ノ内ハ充分ノ利益ヲ挙ケ候事如何ト存候ヘ共将来有望ナル商業取引地ニ有之殊ニ該地ニ於テ副業トシテ硫黄ノ販売器械等

ノ買入ニ従事候ヘハ是亦経費ノ幾分ヲ補足シ得ヘク旁ニ付紐育ニ支店開設仕
度右御認可被成下度候也

　　年　　月　　日

　　　　　　　　　　　　　　　　　　　　　　　三井物産合名会社

　　　　　　　　　　　　　　　　　　　　　　　社長　　三井元之助

三井家同族会

　　議長　　三井八郎右衛門殿

（「理事会議案」（三井文庫蔵　物産117））

第3節　三井銀行，三井鉱山，三井物産，三井合名に
　　　　おける所有と経営の実質的分離

(1) 三井銀行における所有と経営の実質的分離

　三井銀行，三井鉱山，三井物産，三井合名の所有と経営についてみてみよう。

　三井銀行は，明治9（1876）年7月，総長・三井八郎右衛門，副長・三野村利左衛門の下で，東京駿河町にある「駿河町三井組ハウス」に，資本金200万円で開業した[1]。その内訳は，三井組大元方が100万円，三井家が50万円，三井組使用人が50万円であった。日本初の私立銀行として，金融秩序の先鞭をつける。

　「合名会社三井銀行契約」（明治31（1898）年）によると，社員は，「当会社ハ三井八郎右衛門，三井元之助，三井源右衛門，三井高保，三井八郎次郎，三井三郎助，三井復太郎，三井守之助，三井武之助，三井養之助及ヒ三井得右衛門ヲ以テ社員トス」（第七條）（三井文庫蔵　追2152）とあり，三井家から構成された。「社員中互選ヲ以テ一名ノ業務担当社員ヲ定メ之ヲ社長トス」（第二十一條）（三井文庫蔵　追2152），「社長ハ当会社ヲ代表シ此契約及ヒ総会ノ決議ニ従ヒ一切ノ業務ヲ施行スル責ニ任ス」（第二十二條）（三井文庫蔵　追2152）とあり，社長は三井家から選出され，三井銀行の代表者となり，表向きには経営を主導し

第3章　三井家と専門経営者—所有と経営の実質的分離—　51

表3−2　三井銀行における三井家の出資額と出資比率

（単位：万円，％）

三井家	出資額	出資比率
三井八郎右衛門	115	23
三井元之助	57.5	11.5
三井源右衛門	57.5	11.5
三井高保	57.5	11.5
三井八郎次郎	57.5	11.5
三井三郎助	57.5	11.5
三井復太郎	19.5	3.9
三井守之助	19.5	3.9
三井武之助	19.5	3.9
三井養之助	19.5	3.9
三井得右衛門	19.5	3.9
合計	500	100

（出所）「合名会社三井銀行契約」（明治31（1898）年）（三井文庫蔵　追2152）に基づいて作成。

た。

　三井銀行における三井家の出資額と出資比率は，表3−2に示した通りである。三井銀行では資金は三井家から調達しており，三井家は所有による支配という所で，圧倒的な権限を保持していた。出資比率をみると，三井総領家の三井八郎右衛門の23パーセントを筆頭に，三井元之助，三井源右衛門，三井高保，三井八郎次郎，三井三郎助が，それぞれ11.5パーセント，三井復太郎，三井守之助，三井武之助，三井養之助，三井得右衛門が，それぞれ3.9パーセントとなっている。これは，三井高利の意思として作成された「宗竺遺書」が継承されているものと言えるだろう。

　なお三井銀行においては，通常総会が1月，7月に開催されたわけであるが，そこで決定される前半期の諸計算書，財産目録，貸借対照表，事業報告書に基づいて作成される利益配分案（第三十二條）（三井文庫蔵　追2152），役員・雇員の俸給や賞与（第四十六條）（三井文庫蔵　追2152）といった事項について，「社

員ハ議決権ハ其出資額ノ多寡ト業務担当ノ任アルト否トヲ問ハス総テ平等トス但将来法律ノ改正ニ因リ議決権ニ等差ヲ立ツルコトヲ得ルニ至ラハ各社員ノ議決権ハ其持分ニ応シテ之ヲ定ムヘシ」（第三十六條）（三井文庫蔵　追2152）とあり，原則として出資額に比例しないとされていた。この点，三井家が全額出資していたことから，三井家による支配に変わりはなかった。いずれにしても，資本市場から集めていないことが，三井銀行の長期戦略の立案・実行を可能にし，持続的な経営の維持に貢献することになる。

　そして，「社員ハ如何ナル場合ト雖モ第三者ヲ入社セシメ又ハ第三者ヲシテ己ノ地位ニ代ハラシムルコトヲ得ス但第十三條ノ場合ハ此限ニ在ラス」（第十二條）（三井文庫蔵　追2152）とあり，第三者が三井銀行の社員になることは原則として禁止されており，三井家で固められていた。社員には，「社員ハ何時ニテモ業務ノ実況ヲ監視シ当会社ノ帳簿其他ノ書類ヲ検査シ営業ニ関シテ意見ヲ述ルコトヲ得」（第十條）（三井文庫蔵　追2152）とあり，三井家による企業経営における監視機能が義務づけられていた。一方で社員と雖も，「社員ハ総社員ノ承諾ヲ得ルニ非サレハ自己ノ為ニスルト他人ノ為ニスルトヲ問ハス当会社ノ業務ニ同シキ取引ヲ為シ又ハ之ニ与カルコトヲ得ス」（第十七條）（三井文庫蔵　追2152）とあり，三井家の了承なしに同種の新規ビジネスの開拓は困難であった。また，「各社員ハ第三者ニ対シテ無限責任ヲ負フニ拘ハラス社員間ニアリテハ出資ノ額ニ応シテ責任ヲ分担スヘキモノトス」（第八條）（三井文庫蔵　追2152），「社員カ当会社ノ利益ヲ亨受シ損失ヲ負担スル割合ハ其持分ニ応シテ之ヲ定ム」（第十六條）（三井文庫蔵　追2152）と，出資比率に応じて責任が生じるとともに，利益を享受することができた。しかも，「社員ハ如何ナル場合ト雖モ其持分ヲ譲渡シ又ハ之ヲ担保ニ供スルコトヲ得ス」（第十五條）（三井文庫蔵　追2152）と，出資額は譲渡できなかったため，出資比率は固定化された。

　一方で，「事務理事及ヒ理事ハ社長ヲ輔ケテ事務ヲ掌理ス　専務理事ノ外理事ヲ置ク場合ニ於テ其職務ノ分掌ハ営業規則ノ定ムル所ニ依ル」（第二十七條）（三井文庫蔵　追2152）とあり，企業経営について専門知識を有する専門経営者に実質的な経営コントロール権限は委ねられていた。それゆえ，専門的知識に

第 3 章　三井家と専門経営者—所有と経営の実質的分離—　53

基づいてイノベーションを起こし，経営効率を高めることが可能であった。最終的な議決権は三井家が掌握していたため，所有と経営は実質的には分離していたと言えよう。この三井銀行において，所有と経営の実質的な分離の基本的な枠組みが，形成されることになる。

(2) 三井鉱山における所有と経営の実質的分離

　官営三池鉱山が三井財閥に払い下げられた後，明治22（1889）年1月，三池炭礦社が創立され，明治25（1392）年4月，三井鉱山合資会社が資本金200万円で設立された[2]。社長に三井三郎助，副社長に益田孝，委員に西邑虎四郎，中上川彦次郎，麻田佐右衛門が就任した。その後，明治26（1893）年7月三井鉱山合名会社，明治42（1909）年三井合名会社鉱山部，明治44（1911）年三井鉱山株式会社（三井合名が100パーセント出資）という変遷を辿る[3]。三池炭礦社，三井鉱山合資会社，三井鉱山合名会社の役員を表3－3に整理した。三井家からの社長就任は，表向きとはいえ三井家に支配権があり，一方で，実質的には専門経営者が経営コントロール権限を握っていた。

　三井鉱山合資会社では，表3－4にみられるように，資金は三井家から調達しており，資本市場から集めていない。三井銀行の場合と同様に，出資比率には，三井総領家の三井八郎右衛門を筆頭に序列があった。三井八郎右衛門が強いリーダーシップを握っていたことは，三井家の結束を強めた。所有と経営は実質的には分離していたが，三井家が議決権を支配していたことは，三井鉱山の経営の安定化につながっていった。

(3) 三井物産における所有と経営の実質的分離

　三井物産は，明治9（1876）年7月，社主・三井武之助，三井養之助，総括・益田孝，監督役・三野村利左衛門の下に，従業員16名程度の陣容で出発した[4]。開業時には資本金は決められておらず，明治13（1880）年8月，資本金20万円となった（三井文庫編，2015，p.61）。

　所有と経営の実質的分離は，三井銀行で先進的に行われていたわけである

表3-3　三池炭礦社，三井鉱山合資会社，三井鉱山合名会社の役員の変遷

社名	役名	氏名	在任期間
三池炭礦社	委員	益田孝	明治22年1月～明治25年4月
		西邑虎四郎	明治22年1月～明治25年4月
三井鉱山合資会社	社長	三井三郎助	明治25年4月～明治26年6月
	副社長	益田孝	明治25年4月～明治26年6月
	委員	西邑虎四郎	明治25年4月～明治26年6月
		中上川彦次郎	明治25年4月～明治26年6月
		麻田佐右衛門	明治25年4月～明治26年6月
三井鉱山合名会社	社長	三井三郎助	明治26年6月～明治42年11月
	常務理事	益田孝	明治26年6月～明治27年10月
		麻田佐右衛門	明治26年6月～明治27年10月
	専務理事	団琢磨	明治27年10月～明治42年11月
	理事	西邑虎四郎	明治26年6月～明治27年10月
		中上川彦次郎	明治26年6月～不詳
		三井八郎次郎	明治27年2月～明治29年12月
		益田孝	明治27年10月～不詳
		麻田佐右衛門	明治27年10月～明治28年5月
		三井得右衛門	明治28年7月～明治31年11月
		高橋義雄	明治36年1月～明治42年11月
		山田直矢	明治38年7月～明治42年11月
	監査役	三井得右衛門	明治31年12月～明治35年10月
		三井復太郎	明治31年12月～明治33年11月
		三井高縦	明治35年2月～明治42年11月
		三井壽太郎	明治35年2月～明治42年11月
		三井源右衛門	明治37年12月～明治42年11月

(出所)『三井鉱山（株式会社）五十年史稿』巻一総説（三井文庫蔵　鉱50稿1）より作成。

が，三井物産では異なる展開をみせる。なぜなら，三井物産の開業時には，三井家から出資が得られなかったからである（日本経営史研究所編，1976，p.45）。堅実経営を志向する三井家からは，「該社ニ資本金ヲ渡サザルハ，後来相互ニ損害ヲ蒙ラシメザランガ為メナリ。然レ共該社ヲ創立スルニ付テハ，家作其他ノ器什等ヲ買入ベキ為メニ三井大元方ヨリ金○○円ヲ○年賦ニテ貸渡シタリト雖モ，大元方ニ於テハ此金額ヲ貸渡ス迄ノ事ニシテ，別ニ大元方ヨリ関係スル会社ニ非ルベシ」（日本経営史研究所編，1978，pp.55-56）と，将来的に採算が合うかどうかといった点について懸念が示され，資金の直接的な出資を受けるこ

表3－4　三井鉱山合資会社における三井家の出資額と出資比率

（単位：万円，％）

三井家	出資額	出資比率
三井八郎右衛門	50	25
三井長五郎	25	12.5
三井源右衛門	25	12.5
三井高保	25	12.5
三井八郎次郎	25	12.5
三井三郎助	25	12.5
三井復太郎	5	2.5
三井守之助	5	2.5
三井武之助	5	2.5
三井養之助	5	2.5
三越得右衛門	5	2.5
合計	200	100

（出所）三井文庫編（1974），p.726に基づいて作成。

とはできなかった。

　三井家から益田孝に宛てた「御依頼書」によると，「一，三井物産会社之儀者創立之日ヨリ三ケ年之間，一切之事務ヲ貴君ヘ御委任致候得共，何分三ケ年ニ而者真之成功も無覚束推察致候ニ付，該社成効致候迄者三ケ年ノ後ト雖御委任申上度事」（三井文庫編，1980b，p.269）とあり，三井物産においては，開業時から専門経営者が主導しての出発であることが指摘できるだろう。さらに，「三井物産会社という名前は他に誰れも附ける者もないので，自分が名附けたものと思う」（三井物産編，1965，p.20）と，益田孝自らが語ったとされる。

　一方で，史料3－9にみられる開業広告によると，社主である三井武之助，三井養之助から発信されていて，社会とつながる所では，三井家の威光を示す形となっている。対外的なアピールと社内での権限は区別されていたと言えよう。

56

史料3－9

三井物産会社

私共両人組合ヒ右ノ社号ヲ以テ商業相創メ候ニ付此段広告仕候

但御国内ハ勿論海外諸国トモ広ク取引仕候間送リ荷或ハ買品注文其外諸事御

依頼次第御引合可仕候

東京第一大区15小区阪本町4番地

三井武之助

三井養之助

（三井物産編（1965），p.22）

　三井物産では，資金は三井銀行をはじめとして，借入金によってまかなう形で出発した。明治31（1898）年9月の会社契約の改定に伴い，それまでの三井武之助，三井養之助の2名による出資から，三井八郎衛門，三井元之助，三井源右衛門，三井高保，三井八郎次郎，三井三郎助，三井復太郎，三井守之助，三井得右衛門も，出資に参画することになり，三井家の協力を得る（三井物産編，1965，pp.26-27）。

　そして，明治36（1903）年9月補訂された「会社契約」によると，表3－5に示されるように，三井家の信頼を獲得し，資本金100万円は三井家から調達していて，資本市場から集めていない[5]。なお，所有には三井総領家の三井八郎右衛門を筆頭に序列があった。

　また，明治36（1903）年9月補訂された「会社契約」によると，社員は，「当会社ハ三井八郎右衛門，三井元之助，三井源右衛門，三井高保，三井八郎次郎，三井三郎助，三井復太郎，三井守之助，三井武之助，三井養助及ヒ三井得右衛門ヲ以テ社員トス」（第七條）（『現行達令類集』（三井文庫蔵　物産90－1））とあり，三井家から構成されている。

　社長は，「社員中互選ヲ以テ一名ノ業務担当社員ヲ定メ之ヲ社長トス」（第二十二條）（『現行達令類集』（三井文庫蔵　物産90－1）），「社長ハ当会社ヲ代表シ此契約及ヒ総会ノ決議ニ従ヒ一切ノ業務ヲ施行スル責ニ任ス」（第二十三條）

第3章 三井家と専門経営者—所有と経営の実質的分離— 57

表3−5 三井物産における三井家の出資額と出資比率

（単位：万円，%）

三井家	出資額	出資比率
三井八郎右衛門	23	23
三井元之助	11.5	11.5
三井源右衛門	11.5	11.5
三井高保	11.5	11.5
三井八郎次郎	11.5	11.5
三井三郎助	11.5	11.5
三井復太郎	3.9	3.9
三井守之助	3.9	3.9
三井武之助	3.9	3.9
三井養之助	3.9	3.9
三井得右衛門	3.9	3.9
合計	100	100

（出所）『現行達令類集』（三井文庫蔵　物産90−1）に基づいて作成。

（『現行達令類集』（三井文庫蔵　物産90−1））と，三井家からの選出となっていて，表向きには最終的な支配権があった。また，「社員ハ何時ニテモ業務ノ実況ヲ監視シ当会社ノ帳簿其他ノ書類ヲ検査シ営業ニ関シテ意見ヲ述フルコトヲ得」（第十條）（『現行達令類集』（三井文庫蔵　物産90−1））と，三井家に監視機能が付与されていた。この点，実質的な経営は有能な人材を専門経営者としてビジネスに参画させていたが，三井家の監視機能が作用することになる。「社員ハ如何ナル場合ト雖モ其持分ヲ譲渡シ又ハ之ヲ担保ニ供スルコトヲ得ス」（第十五條）（『現行達令類集』（三井文庫蔵　物産90−1））とあり，社員は持分を他人に譲渡することができなかったばかりでなく，「社員ハ総社員ノ承諾ヲ得ルニ非サレハ自己ノ為ニスルト他人ノ為ニスルトヲ問ハス当会社ノ業務ニ同シキ取引ヲ為シ又ハ之ニ與カルコトヲ得ス」（第十七條）（『現行達令類集』（三井文庫蔵　物産90−1））とあり，総社員の承諾がなければ同種の取引等を行うことができなかった。これらことは，資産の固定化につながっていった。そして，「各社員ハ第三者ニ対シテ無限責任ヲ負フニ拘ハラス社員間ニアリテハ出資ノ額ニ応シ

58

テ責任ヲ分担スヘキモノトス」(第八條)(『現行達令類集』(三井文庫蔵　物産90－1)),「社員カ当会社ノ利益ヲ享受シ損失ヲ負担スル割合ハ其持分ニ応シテ之ヲ定ム」(第十六條)(『現行達令類集』(三井文庫蔵　物産90－1))と,出資比率に応じて責任や利益・損失が生じた。

　また,三井家の所有による支配がある一方で,「専務理事及ヒ理事ハ社長ヲ輔ケテ事務ヲ掌理ス其職務ノ分掌ハ営業規則ノ定ムル所ニ依ル」(第二十八條)(『現行達令類集』(三井文庫蔵　物産90－1))と,実質的な経営コントロール権限は専門経営者に与えられていた。それゆえ,専門経営者の技量が発揮できる余地があったわけである。このように,三井銀行,三井鉱山と同様に,所有と経営を実質的に分離させる体制を構築した三井物産は,三井財閥内で大きな役割を果たしていくことになる。

(4) 三井合名における所有と経営の実質的分離

　明治42(1909)年10月,三井合名が,資本金5千万円で設立される[6]。業務執行社員社長には,三井八郎右衛門高棟が就任し,表向きには経営支配権を掌握した。三井合名の成立により,三井銀行,三井物産は,三井合名が100パーセント出資の株式会社に,三井鉱山は三井合名会社鉱山部に,といったように改組されていった。三井合名は,三井財閥傘下の企業を含め持株会社としての機能を果たすようになり,コンツェルンを形成する(三井文庫編,2015,p.77)。

　三井合名における三井家の出資額と出資比率は,表3－6に示した通りである。三井家が100パーセント所有となっていて,議決権を掌握した。三井越後屋以来,所有のあり方が連続している。三井銀行,三井鉱山,三井物産,三井合名に共通して言えることは,三井家における三井八郎右衛門の出資比率が常に最も高く筆頭となっていて,議決権への影響力が高いことである。三井高利の長男である三井高平が初代を名乗ることから現代まで脈々と続く,三井家当主・三井八郎右衛門の三井家における発言力の高さ,圧倒的な優位を反映している。これらは,三井財閥の一つの特徴とも言えよう。

第 3 章　三井家と専門経営者—所有と経営の実質的分離—　59

写真 3 − 2　三井八郎右衛門高棟

〈写真提供〉三井文庫。

表 3 − 6　三井合名における三井家の出資額と出資比率

(単位：万円，％)

三井家	出資額	出資比率
三井八郎右衛門	1,150	23
三井元之助	575	11.5
三井源右衛門	575	11.5
三井高保	575	11.5
三井八郎次郎	575	11.5
三井三郎助	575	11.5
三井清子	195	3.9
三井守之助	195	3.9
三井武之助	195	3.9
三井養之助	195	3.9
三井得右衛門	195	3.9
合計	5,000	100

(出所) 三井文庫編 (1974), pp.599-600 に基づいて作成。

写真3−3　三井三郎助

〈写真提供〉三井文庫。

「三井合名会社定款」（明治42（1909）年11月）によると，社員は，三井八郎右衛門，三井元之助，三井源右衛門，三井高保，三井八郎次郎，三井三郎助，三井清子，三井守之助，三井武之助，三井養之助，三井得右衛門と，三井家から構成された（第三十二条）（三井文庫編，1974, p.602）。この三井家の中から，「社員中ヨリ四名ノ業務執行社員ヲ社員総会ニ於テ互選シ，会社ノ業務ヲ執行セシム」（第十三条）（三井文庫編，1974, p.600）とあり，社員総会において4名の業務執行社員が選ばれた。社長は，「業務執行社員ハ互選ヲ以テ代表社員弐名ヲ定ムヘシ　前項代表社員中ノ一名ヲ社長トス」（第十五条）（三井文庫編，1974, p.600）と，業務執行社員の中から互選で選出された。「当会社ノ業務ハ，業務執行社員ノ過半数ノ決議ニ依リ之ヲ執行ス（後略）」（第十六条）（三井文庫編，1974, p.600）と，実際の業務を行うには，業務執行社員による過半数の議決が

第3章 三井家と専門経営者―所有と経営の実質的分離― 61

写真3-4 三井高保

〈写真提供〉三井文庫。

必要であった。この業務執行社員は，三井八郎右衛門高棟，三井三郎助，三井高保，三井八郎次郎の4名であった（写真3-2，写真3-3，写真3-4，写真3-5）。

なお，「三井合名会社営業規則」では，「業務執行社員ハ，当会社ノ業務ヲ執行シ併セテ当会社カ主ナル株主タル諸会社ノ事業ヲ統轄シ，及其相互間ノ連絡ヲ奨メ，且当会社トノ関係ノ密接ナルコトヲ計ルヘシ」（第一条）（三井文庫編，1974，p.602）とあり，業務執行役員が三井財閥内部の統轄権限を有していた。さらに言えば，「業務執行社員ハ社員，参事，理事又ハ其他ノ使用人ヲシテ当会社カ株主タル諸会社ノ取締役又ハ監査役ニ就職セシムルコトヲ得」（第五条）（三井文庫編，1974，p.603），「前条ニ依リ取締役又ハ監査役トナリタル者ハ，業務執行社員ノ訓示スル所ニ遵テ其職務ニ従事シ，当該会社ノ業務執行上重要ナ

写真3-5 三井八郎次郎

〈写真提供〉三井文庫。

ル案件ニ就テハ予メ業務執行社員ノ指図ヲ乞フヘシ」(第六条)(三井文庫編,1974, p.603) と, 三井財閥傘下における企業の取締役になることが謳われていて, このことは三井財閥内部のみならず, 傘下の企業においても, 取締役や監査役として経営の実権を握ることを意味していた。

「三井合名会社定款」(明治42 (1909) 年11月) に戻ると, 「業務執行社員ハ, 定款, 営業規則並ニ社員総会及業務執行社員ノ決議ニ遵ヒ会社ノ業務ヲ執行スル責任アルモノトス」(第十七条)(三井文庫編, 1974, pp.600-601) とあり, 定款, 営業規則, 社員総会・執行役員の議決が尊重された上での業務の執行となった。社員総会での審議事項の採択には, 「社員総会ハ, 総社員ノ五分ノ三以上出席シ, 其持分カ社員全体ノ持分ノ半額ヲ起ユルニ非サレハ, 議事ヲ開クコトヲ得ス」(第二十四条)(三井文庫編, 1974, p.601), 「社員総会ノ議事ハ, 定款ニ

別段ノ定メアル場合ノ外，出席者議決権ノ過半数ヲ以テ之ヲ決ス，可否同数ナルトキハ議長之ヲ裁決ス（後略）」（第二十七条）（三井文庫編，1974，p.601）とあり，社員5分の3の出席による過半数の同意が必要とされた。

社員は，「当会社ノ社員ハ，社員相互間ニ於テハ出資ノ額ノ割合ニ従ヒ責任ヲ分担スルモノトス」（第八条）（三井文庫編，1974，p.600），「社員ノ享受スヘキ利益ハ出資額ノ割合ニ従フ」（第九条）（三井文庫編，1974，p.600）とあり，出資額に応じた責任と利益を享受した。「社員ハ，其持分ノ全部又ハ一部ヲ他人ニ譲渡シ又ハ担保トスルコトヲ得ス」（第十一条）（三井文庫編，1974，p.600）と，譲渡できない決まりとなっていた。なお，「会社ノ目的ノ範囲内ニ在ラサル行為ヲナスニハ，総社員ノ同意アルコトヲ要ス」（第十八条）（三井文庫編，1974，p.601）と，会社の目的外の行動については，総社員の同意を要した。

そして，社員総会では，業務執行社員や監査役の報酬が決定されるとともに（「三井合名会社定款」（第二十一条）（三井文庫編，1974，p.601）），史料3-10に示す9項目も社員総会に諮る議決事項となっていた。いずれにしても，三井合名においても三井家が互いに出資していて，100パーセントの出資となっていたため，三井家が議決権を掌握していた。

史料3-10
一，当会社ノ事業ノ伸縮，興廃及其他重要ナル営業ノ方針ニ関スル件
二，当会社ノ参事，理事及重立タル使用人ノ任免，賞罰，報酬及給与ニ関スル件
三，当会社カ主ナル株主タルヘキ会社ヲ定ムル件
四，当会社カ主ナル株主タル諸会社ニ関スル重要ナル問題ニ就キ当会社ノ態度ヲ定ムル件
五，重要ナル不動産，有価証券及其他ノ財産ノ得喪ニ関スル件
六，鉱物ノ採堀権，試堀権等ノ得喪ニ関スル件
七，重要ナル訴訟又ハ重要ナル契約ノ締結ニ関スル件
八，第六條ノ規定ニ依リ取締役又ハ監査役ニ訓示スヘキ方針ニ関スル件

九，其他事態重大ナルモノ並ニ社員総会ノ議決ニ依リ社員総会ニ提出スヘキ
モノト定メタル件

（「三井合名会社営業規則」（第四条）（三井文庫編（1974），p.603））

　このように，三井家の所有による支配と，業務執行社員としての支配権が及
ぶ中，専門経営者が経営コントロール権をもったのには，高度な専門的知識を
有することがあった。専門経営者は，革新的資質を発揮し成果を上げることを
三井家から期待されていた。その範囲内で，経営の自由度があった。本章第1
節で考察した三井財閥と専門経営者間で交わされた誓約書とも相まって，この
関係性が，三井財閥における所有と経営の実質的な分離が機能した最大の要因
であったと考えられる。
　大正3（1914）年8月，三井家と専門経営者のこうした関係に変化が訪れる。
三井合名が，理事長制度を敷いたのだ（三井文庫編，1980c，p.253）。この理事長
制度によって，専門経営者のコントロール権限が三井財閥内に制度として明確
化され認められることになった。初代理事長に就任したのは，団琢磨であっ
た。理事長の権限は，「三井合名会社業務規程改正案」によると，「理事長及理
事ハ社長ヲ補佐シテ当会社ノ事務ヲ掌理シ且当会社及当会社カ主ナル株主タル
諸会社相互間ニ於テ業務ノ連絡統一ヲ図ルヘシ」（第十一条）（三井文庫編，
1980c，p.253）とあり，三井財閥のみならず関連企業にまでその権限は及んだ。
そして理事長の戦略的な決断は，業務執行社員会で図られた後，社員総会で審
議されることになり，三井財閥において組織運営上，重要な位置づけがなされ
た（三井文庫編，1980c，p.262）。このことは，大正7（1918）年1月の三井合名理
事会の成立につながっていき，専門経営者の経営の裁量権はさらに強化されて
いった。三井財閥では，専門経営者を雇い入れることによって，専門的な知識
に基づいて利益を生み出す仕組みを働かせていたわけであるが，三井財閥が工
業支配を実現していったのは，まさにこのような流れの中においてであった。
三井家の所有による支配もまた，目の前の利益にとらわれず，長期的な視点で
工業戦略を立案することを可能にし，三井財閥の工業支配に有利に働くことに

第3章　三井家と専門経営者—所有と経営の実質的分離—　65

なる。

　以上で考察したように，三井財閥における所有と経営の分離は，市場における競争力の獲得にプラスに作用し，長期にわたり日本市場に君臨することにつながっていった。三井家と有能な専門経営者の下で運営される閉鎖的所有と経営という先進的な取り組みこそが，模倣困難性を生み出すビジネス・モデルとなった。日本市場において圧倒的な優位性を構築するこの経営基盤を背景にして，三井財閥による工業支配が進められていくのである。

(1)　本書で，三井銀行についての記述は，三井銀行八十年史編纂委員会編（1957），三井文庫編（1980b），三井文庫編（2015）に基づいている。
(2)　本書で，三井鉱山の記述については，『三井鉱山（株式会社）五十年史稿』巻一総説（三井文庫蔵　鉱50稿1），「三井鉱山株式会社及関係会社概要」（三井文庫蔵　追2206），「三池炭砿案内」（三井文庫蔵　鉱50本831－20），『三井の石炭』（三井文庫蔵　物産459），『三井事業の過去及現在』（三井文庫蔵　新853－1），三井文庫編（1980b），三井文庫編（1980c），三井鉱山編（1990），三井文庫編（2015）に基づいている。
(3)　本書では，これらの企業の区別なく三井鉱山と称する場合がある。
(4)　本書で，三井物産の記述に関しては，日本経営史研究所編（1976），日本経営史研究所編（1978），三井文庫編（1980b），武居（2017），三井文庫編（2015）に基づいている。この時に開業した三井物産は，昭和22（1947）年に解散しているため，現在の三井物産とは法的な継続性はない。
(5)　明治31（1898）年の「会社契約」改定時に，すでに三井家の出資比率は100パーセントであったことが考えられる。
(6)　本書で，三井合名の記述については，三井文庫編（1980b），三井文庫編（1980c），三井文庫編（2015）に基づいている。

第4章　三井銀行の信用と三井財閥

第1節　三井銀行における丸に井桁三の暖簾に基づく
三井越後屋の組織文化の継承

　明治8（1875）年7月7日，三井組総取締三野村利左衛門から東京府知事大久保一翁に宛てた「三井銀行創立之大意」は，冒頭「我カ三井一族ノ業タルヤ永続スル「茲ニ数百年祖先ノ餘澤ヲ承ケ隷属ノ勤勉ニ由テ幸ニ官民ノ信スル所トナリ今ニシテ盛昌ヲ減セス世以テ商売ノ巨擘ト称ス何ノ栄カ之ニ如ンヤ然而シテ世移リ物換リ昨日ノ新已ニ今日ノ陳トナリ今年ノ急恐クハ来年ノ迂トスル所トナラン故ニ宜ク其迂ヲ去テ急ニ就キ陳ヲ転シテ新トナシ時ニ隨テ宜ヲ制シ而シテ之ヲ貫クニ万世不抜ノ正鵠ニ志スノ方法ヲ以テセスンハアル可カラサル也」（「三井銀行創立之大意」（三井文庫蔵　本1214 - 1））と，三井高利から始まる三井家の先祖の尊重で始まっている。時代は明治維新を迎え，三井両替店から三井銀行に方針転換する局面においても，三井高利の意思は尊重され，受け継がれていくことになる。

　三井銀行では，井上馨の「（前略）若し他に一人君の如き人物を求むる事を得ば三井改革の事を挙げて一任すべきに（後略）」（『三井鉱山（株式会社）五十年史稿』巻一総説（三井文庫蔵　鉱50稿1））という強い後押しを受けて，明治24（1891）年8月，中上川彦次郎が入行する（写真4 - 1）。明治25（1892）年三井銀行副長，明治26（1893）年7月常務理事，明治27（1894）年10月専務理事に就任し，マネジメントのイニシアティブを発揮する。

　中上川彦次郎が重視したのが，丸に井桁三の三井越後屋の暖簾に基づくマネジメントである。「本部旬報」（明治30（1897）年7月達秘）によれば，明治19

写真4-1　中上川彦次郎

〈写真提供〉三井文庫。

(1886) 年3月の改正を経て，丸に井桁三に統一するとある（史料4-1)。丸に井桁三の暖簾が継承され，信用に基づく取引が重んじられていることが伺える。信用重視の方針は，三井越後屋時代から連続していて，顧客の支持につながっている。丸に井桁三の暖簾の組織文化としての継承は，三井銀行が持続的に発展するという長期的な視野のもとで戦略的意思決定につながった。

史料4-1
本行ノ標章ハ明治十九年三月改正達第二号ヲ以テ相達シタル趣モ有之候処自今略章五鈲環及ビ環中各店ノ小章ヲ附スルコトヲ廃シ丸ノ内井桁三文字ノ一ニ定ム

丸ノ内井桁三ノ雛形ハ左ノ通リトス

〈写真提供〉三井文庫。
（出所）「本部旬報」（三井文庫蔵　銀行4-1）。

　三井銀行では信用に基づいて，表4-1に示される業務を遂行していった。表4-1に整理した通り，職制が定められていて，三井銀行の業務は，貸付業務，預金業務，公金業務といった金銭を伴う信用をベースとしたサービス業務であることが理解できる。

　三井銀行の信用保持のために中上川彦次郎が重視した取り組みとして，3点指摘できる。まず第1に，信用に基づいた有能な人材の確保である。銀行業務はサービス業務であったため，とりわけ人材価値が重視されていた。それは採用時から当てはまった。写真4-2にみられるように，三井銀行においては，採用にあたって，採用される本人から三井銀行総長に宛てて，身元引受人から三井銀行総長に宛てて，誓約書が提出されている。三井銀行の営業を行っていく上で，信用重視の姿勢が確認できるであろう。銀行サービスは，主として人を介して行われたため，信用に基づいた採用は，「決められた業務を決められた通りに遂行する」という人材価値につながり，提供するサービス品質の向上に寄与した。銀行業務の品質管理上，信用を重んじながら人材価値を高めたことは，三井銀行の提供するサービス価値の向上に直結していた。

　そして，「雇入試験科目」（明治25（1892）年6月達）によれば，雇入試験を必要とする人には，漢文学，数学，和作文，筆跡，簿記，経済学，法律学，欧文

70

表4－1　三井銀行の業務内容

係	業務内容
秘書記	一，社員契約書，重役内規書類保管ノ事
	二，社員総会ノ書記ヲ為ス事
	三，本行使用人ノ任免黜陟賞罰進退ノ辞令及ビ其附帯事務ニ関スル事
	四，本行使用人服務勤惰能否ノ調査ニ関スル事
	五，重役会ノ書記ヲ為ス事
	六，重役ノ秘文書ヲ取扱フ事
調査係	一，本支店出張所各店ノ業務実況ヲ知察調査シ重役ト各店トノ間ニ命令事実ノ迅速明瞭ニ通徹スル「ヲ又各店間相互ニ迅速明瞭ニ事実ノ報道アラシムル「ヲ務ムル事
	二，各種ノ統計表，報告表及ビ報告書ヲ製シ何時ニテモ或ル店又ハ全行ノ実況ヲ知ルノ設備ヲ為ス事
	三，当行ノ計算書，財産目録，貸借対照表ヲ製シ総勘定決算ヲ為ス事
	四，毎半季当行営業報告ヲ編纂スル事
	五，諸契約ヲ締結スル事
	六，各店業務上ノ願伺届ニ関スル事
	七，各店業務上ノ総長ノ命令ニ関スル事
	八，各店金融ニ関スル事
	九，各店為替勘定ニ関スル事
計算係	一，元帳簿記ノ事
	二，本店諸帳簿手形ノ調査取締ノ事
貸付係	一，貸金ヲ為ス事
	二，商業手形ノ割合ヲ為ス事
	三，荷為替ヲ為ス事
	四，不動産抵当品ノ登記公正証書調製ノ手続ヲ為ス事
預金係	一，定期預リ金ヲ為ス事
	二，当座預リ金及ビ当座預金貸越ヲ為ス事
	三，小口当座預リ金ヲ為ス事
	四，為替送金ヲ為ス事
	五，代金取立手形ノ取扱ヲ為ス事
公金係	一，支金庫国庫金出納ニ関スル事
	二，東京府ノ公金出納ニ関スル事
	三，起業公債及ビ東京市公債取扱ニ関スル事
	四，諸印紙元売捌ニ関スル事
金庫係	一，現金ノ収蔵及ビ出納ニ関スル事
	二，債券株券及ビ貴重品ノ保管ヲ為ス事
	三，手形ノ取付ヲ為ス事
庶務係	一，抵当品ノ評価ヲ為ス事
	二，抵当流レノ物品ヲ売却スルニ当リ又ハ金銀及ビ債券ヲ売買スルニ当リ其評価ヲ為ス事
	三，抵当品及ヒ抵当流レノ物品ヲ保管スル事
	四，抵当流レノ物品ヲ売却スル事
	五，金銀及ビ債券ヲ売買スル事
	六，圖書，記録，帳簿，文書保管ノ事
	七，往復文書ノ発送受付ヲ為ス事
	八，小使取締ノ事
	九，本店所用ノ地所建物及ビ器具保管取締ノ事
	十，使用人ノ給料旅費等渡方取扱ノ事
	十一，需用品購買，貯蔵及ビ供給ノ事
	十二，店内取締ノ事
	十三，債券株券及ヒ貴重品ノ保護預リ事務ヲ取扱フ事

（出所）「合名会社三井銀行東京本店職務章程」（明治27（1894）年10月達）（『合名会社
　　　三井銀行例規彙纂』（三井文庫蔵　銀行1－6））より作成。

第4章　三井銀行の信用と三井財閥　71

写真4－2　誓約書

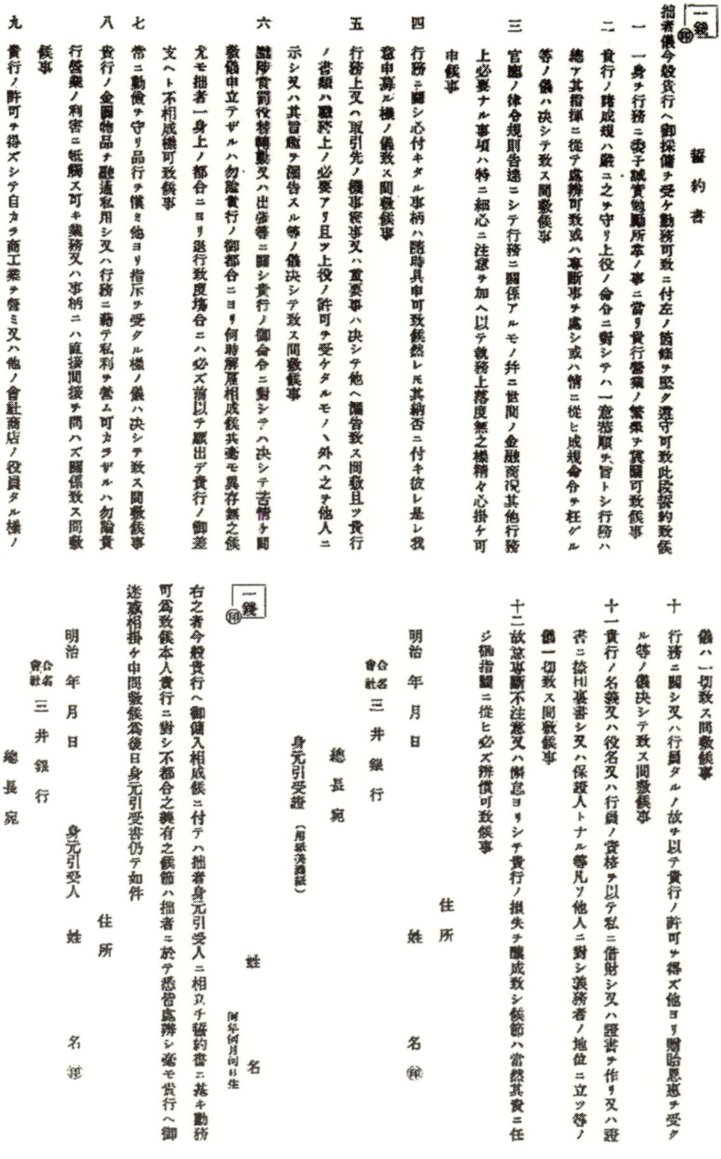

誓約書

一金（印）

抑者儀今般貴行ヘ御採傭ヲ受ケ勤務可致ニ付左ノ箇條ヲ堅ク遵守可致此段誓約致候

一　一身ヲ行務ヘ委シ身子該當物所ヲ卒ニ當リ貴行ノ繁榮ト裏國可致候事

二　貴行ノ諸成規ハ厳ニ之ヲ守リ上役ノ命令ニ對シテハ一意恭順ヲ旨トシテ行務ハ
総テ其指揮ニ従ヒ處斷可致或ハ専斷事ヲ處シ或ハ情ニ従ヒ成規命令ヲ枉グル
等ノ儀ハ決シテ致ス間敷候事

三　官廳ノ律令規則含違ニシテ行務ノ關係アルモノ弁ニ世間ノ金融商況其他行務
上必要ナル事項ハ特ニ細心ニ注意ヲ加ヘ以テ執務上常度無之様精々心掛ケ可
申候事

四　行務ニ關シ心付キタル事柄ハ諸時具申可致候然レ圧其納否ニ付キ彼レ是レ我
意申立ル儀ハ致ス間敷候事

五　行務上又ハ取引先ノ機事務又ハ重要事ハ決シテ他ヘ漏容致ス間敷且ツ貴行
ノ書類ハ聴終上ノ必要アリ且ツ上役ノ許可ヲ受ケタルモノノ外ヘ之ヲ他人ニ
示シ又ハ其旨臨ヲ漏告スル等ノ儀ハ決シテ致ス間敷候事

六　諸陸貴前役特傭勤又ハ出張等ニ關シ貴行ノ御命令ニ對シテハ決シテ苦情ヶ間
敷申立ル等ノ儀ハ決シテ致ス間敷候事
尤モ抱者一身上ノ都合ニハ必ズ首以テ願出デ貴行ノ御差
圖ヲ請ケ致度場合ニハ必ズ首以テ願出デ貴行ノ御差

七　常ニ勤儉ヲ守リ品行ヲ慎ミ他ヨリ指斥ヲ受クル様ノ儀ハ決シテ致ス間敷候事

八　貴行ノ金圓物品ヲ融通私用シ又ハ行務ニ藉テ私利ヲ營ム可カラザルハ勿論候
行營業ノ利害ニ紙觸ス可キ業務又ハ事柄ニハ直接間接ヲ問ハズ關係致ス間敷
候事

九　貴行ノ許可ヲ得ズシテ自カラ商工業ヲ營ミ又ハ他ノ會社商店ノ役員タル様ノ

儀ハ一切致ス間敷候事

十　行務ニ關シ又ハ行員タルノ故ヲ以テ貴行ノ許可ヲ得ズ他ヨリ財貨恩惠ヲ受ク
ル等ノ儀ハ決シテ致ス間敷候事

十一　貴行ノ名義又ハ役名又ハ行員ノ資格ヲ以テ私ニ借財シ又ハ證書ヲ作り又ハ證
書ニ添判裏書シ又ハ保證人トナル等凡ソ他人ニ對シ義務者ノ地位ニ立ツ等ノ

十二　欲惹事斷不注意又ハ懶惰ヨリシテ貴行ノ損失ヲ釀成致シ候節ハ當然其責ニ任
ジ辨償ニ從ヒ必ズ辨償可致事

明治　年　月　日
　　　　　　　會社三井銀行
　　　　　　　　　　　總長宛

　　　　　　　身元引受番（用紙貼付）

　　　　　　　　　住所
　　　　　　　　　姓　名（印）
　　　　　　　　　　　何年何月何日生

右之者今般貴行ヘ御傭入相成候ニ付テハ抱者身元引受人ニ相立テ誓約書ニ掲ル勤務
可寫致候本人貴行ニ對シ不都合之義有之候節ハ抱者ニ於テ悉皆處辨シ兼キ貴行ヘ御
迷惑相掛ヶ申間敷候尤モ後日身元引受書仍テ如件

明治　年　月　日
　　　　　　　　會社三井銀行
　　　　　　　　　　　總長宛

　　　　　　　　　住所
　　　　　　身元引受人　姓　名（印）

〈写真提供〉三井文庫。

学，外国語といったように，専門の経済学のみならず，教養科目も含め幅広い
科目にわたり試験が実施された（史料4−2）。

史料4−2

雇入試験科目

明治十九年改正達第七号雇入試験規則ヲ廃ス自今新ニ人ヲ雇入ルヽニ当リ試
験ヲ要スト認ムルモノハ左ノ科目中ニ就キ適宜試験スヘシ

試験科目

一　漢文学　二　数学

三　和作文　四　筆跡

五　簿記　　六　経済学

七　法律学　八　欧文学

九　外国語

（『合名会社三井銀行例規彙纂』（三井文庫蔵　銀行1−8））

　明治31（1898）年3月調の「来客人員調ノ事」によると，三井銀行に来客す
る顧客の数を半期ごとに調べることが要請されている（史料4−3）。このこと
は，三井銀行の成果指標として，預金高のみならず集客力もサービス品質とし
て測定する指標の一つになっていることを意味するものである。銀行として来
店人数を把握するということは，サービス向上のためのサービス品質も意識し
ていると理解できる。サービス業であったため，集客も大事な要素であったわ
けである。前述の人材価値と連動させると，集客の延長線上にあるのが顧客へ
の満足であり，そのための接客重視の姿勢とも解釈できるだろう。

史料4−3

来客人員調ノ事

本支店営業一覧表調製可致ニ付左ノ事項至急御取調御申報相成度候

三十年下半季中店頭来客人員

収入　　　　何人
支払　　　　何人
自今毎半季ノ終リニ御取調御申報相成度候
但公金取扱ニ関スル来客人員ハ省略スルコト
（『合名会社三井銀行例規彙纂』（三井文庫蔵　銀行1－8））

　第2に，取引先に対する信用である。史料4－4，史料4－5にみられるよう
に，三井銀行の信用を維持するために，明治27（1894）年10月，「取引先身元
取調ノ事」（明治27（1894）年10月達），「取引先身元取調手続ノ事」（明治27
（1894）年10月達）をそれぞれ制定している（史料4－4，史料4－5）。史料4－4
から，担保品の確実性のみで取扱いを判断するものではないとしている。それ
よりも，取引先の確実性が欠かせなかった。なぜなら，担保品の価値が下落し
た時，取引先に財力があるか如何によっては，三井銀行の方に損害を被ること
にもなりかねなかったからである。

史料4－4

取引先身元取調ノ事

凡ソ貸金荷為替等ノ取扱ヲ為スハ最モ確実ナル取引ヲ撰ミ充分慎重ヲ加ヘ安
心堅固ノ方法ニ據リ過失ナキヲ期スルコト最モ肝要ナリ其取扱ヲ為スニ当リ
担保品ノ確実ナルヲ要スルハ勿論ナリト雖トモ其取引先ノ身許信用及ビ情況
ヲ知悉スルコトモ亦最モ必要ナリトス仮ニ取引先ノ身元ヲ確メズ単ニ担保品
ニノミ重キヲ置キ取引シタルモノアリトセンカ其担保品ノ価位下落シ又ハ異
状ヲ生ジテ増担保ヲ請求スルモ其取引先ハ増担保ヲ入ルヽノ資力ナキトキハ
終ニ其損害ヲ当行ニ受クルニ至ラン従来ノ習慣ニ於テ兎角担保品ニ過分ノ重
キヲ置キ其取引先ノ模様ヲ知悉セザルノ弊ナキニアラズ依テ将来貸金荷為替
ノ取扱ヲ為スニハ一層ノ慎重ヲ加ヘ仮令担保品ハ確実堅固ナリト認ムルトモ
其取引先ノ不安心ナル者ニアッテハ貸出ヲ為サヾル様常ニ充分ノ注意ヲ要ス

（『合名会社三井銀行例規彙纂』（三井文庫蔵　銀行1－6））

史料4－4でみられた理由から，史料4－5が示すように，取引先身元取調手続が用意されていた。取引先の調査は，各店において委員が選ばれ，模本に基づいて取引先調査が実施された（七）。調査の内容は，三，四，五項目にみられるように多岐にわたり，数量的に把握された。また，「探聞シテ」，「精密ニ探聞ヲ為シ」といった聞き取りにも重きが置かれている。そのことを反映して，模本をみても，商取引の概況，資産の概要，負債の概要では，記述式になっている。数量的把握と言葉による把握から，取引先の確実な実態を調査しようとしていることが理解できる。

史料4－5

取引先身元取調手続ノ事

自今各店取引先身元取調手続別紙ノ通相改ム

（別紙）

各店取引先身元取調手続

一，各店ノ取引先ハ常ニ其身元ヲ取調置ク事ヲ要ス

二，取引先ノ身元取調ハ左ノ要件ヲ探聞シテ取引ノ参考ニ供スベシ

住所姓名及ビ商号（家号，家印）

職業及ビ仲間地位

所得届金高

納税金額（種類別ヲ要ス）

商取引

資産

負債

雑件

三，商取引ハ商事継続営業ノ事蹟商品ノ売買年額，売買地方ノ別，荷為替ノ取組高，荷受高，商業手形ノ発行高割引高，為替送金ノ取組年額其他商取引ノ要件ヲ探聞スベシ

四，資産ハ公債，株式，債券，地所，建物其他財産ニ係ルモノヲ探聞スベシ

五,負債ハ商業手形ノ融通高,他方定期借入高及ビ当座借越約定高等ノ無担保信用取引ノ事項ヲ探知スベシ

六,雑件ハ契約義務履行ノ確否,家計ノ度合家族及ビ使用人ノ数其他成ル可ク信用ノ程度ヲ量ルニ便ナルモノヲ探知スベシ

七,此取調ハ各店ニ於テ特ニ委員ヲ定メテ担当セシメ別紙模本ノ報告簿ヲ設ケ常ニ聞知スル所ノ要件ヲ随時記入シテ支配人ノ参考ニ供スベシ

八,各店所在地ニ於テ身元取調ヲ業トスルモノアル場所ハ之ニ委託シテ其報告ヲ受ケ其ナキ場所ハ当該店ニ於テ便宜ノ方法ヲ以テ成ル可ク精密ニ探聞ヲ為シ務メテ正確ナラシムルコトヲ要ス

綴込餘白一寸五分位用紙美濃紙

姓名ヲ「イロハ」別ケトシテブックニ綴込ムカ帳簿ヲ設ケ口座ヲ別チテ記入スルトハ各店ノ便宜ニ任ス

(模本左ノ如シ)

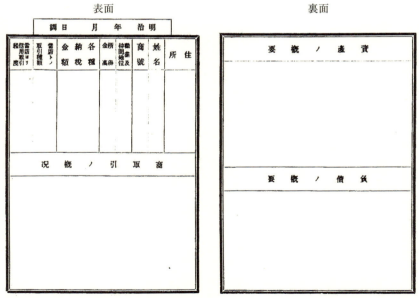

〈写真提供〉三井文庫。
(出所)『合名会社三井銀行例規彙纂』(三井文庫蔵　銀行1-6)。

76

　第3に，三井銀行の提供するサービス品質のチェック体制への対応である。中上川彦次郎時代にも採用されていた「検査規則」（明治19（1886）年6月改正達第9号検査規則が，明治35（1902）年2月に改定）を史料4－6に示した。検査員は，社長から任命され，2名以上で組織された（第三條，第四條）。検査は，勘定の正否，業務の成績のみならず，其地商工業の景況，取引先の信用といった多岐に渡る項目を含めて調査することが目的とされた（第一條）。任命された検査員は，受命や発向地等について守秘義務があった（第九條）。また，検査員は受命をされると二十四時間以内に発向することが盛り込まれていて，スピードが求められた（第七條）。業務の遂行の後，検査主任が，総勘定残高帳，日記帳に検査済みであることを記入，署名捺印して，検査終了となった（第十七條）。そして検査員が調べた情報は，社長が直接把握したため，抑止力の効果もあった（第十一條）。このようにサービス品質のチェック体制を整備したことは，「事前に決められた業務を確実にこなす」三井銀行のサービス品質の維持・向上につながった。

史料4－6

検査規則

第一條　検査ハ勘定ノ正否及業務ノ成績并ニ其地商工業ノ景況，取引先ノ信用ヲ調査スルヲ以テ主タル目的トス

第二條　検査ハ随時之ヲ施行ス

第三條　検査員ハ二人以上ヲ以テ組織シ一人ヲ検査主任トス

第四條　検査員ハ社長之ヲ任命ス

第五條　検査員ニハ任命ノ証トシテ検査章ヲ授ク

第六條　検査員ニハ先ツ或一店ノ検査ヲ命シ爾後ハ随時電信ヲ以テ之ヲ命ス但シ時宜ニヨリ社長ハ直接口頭ヲ以テ検査スヘキ店名ヲ予メ指定シ検査ヲ命スルコトアルヘシ

第七條　検査員ハ受命ノ時ヨリ二十四時間以内ニ発向スヘシ

第八條　検査員ハ帰店後速カニ復命スヘシ

第九條　検査員ハ受命ノ件及発向地等漏泄スヘカラス

第十條　検査員ハ左ノ場合ニ於テ直ニ具申指揮ヲ請クヘシ

一，検査ヲ拒ミタルトキ

一，計算上甚シキ錯誤アリタルトキ

一，甚シキ規定違反ノ取扱アリタルトキ

第十一條　検査員ハ現金検査并ニ検査終了共ニ社長宛親展電信ヲ以テ届出ツヘシ

第十二條　検査員ハ臨店ノ際検査章ヲ示スヘシ

第十三條　検査ハ着店当日若クハ前日ノ勘定ニ依リ施行スヘシ

第十四條　検査ノ方法順序ハ一ニ検査主任ノ意見ニ任スト雖モ先ツ現在ノ金銭物品ヲ審査シ尋テ諸帳簿表冊類ノ検査ニ及ホスモノトス

第十五條　検査主任ハ必要ト認ムルトキハ部長支店長主任ト協議シ店員ヲシテ検査ヲ助力セシムルコトヲ得

第十六條　検査員疾病其他ノ事故ニヨリ任務ニ従フコト能ハサルトキハ状ヲ具シ指揮ヲ請ク可シ

第十七條　検査終了シタルトキハ検査主任ハ総勘定残高帳及日記帳ニ何年何月何日検査済ノ旨ヲ記シ署名捺印スヘシ

(『合名会社三井銀行例規彙纂』(三井文庫蔵　銀行 1 - 8))

第 2 節　中上川彦次郎のイノベーションと工業への投資

　中上川彦次郎は，三井銀行で次のようなドラスティックな改革を実施していった。

　まず第 1 に，不良債権の整理・回収である。具体的には，東本願寺　(100万円)，第三十三国立銀行 (70数万円)，田中久重 (10数万円)，横浜正金銀行金庫課長角堅吉 (36万円) といった不良債権への対応に着手した (三井銀行八十年史編纂委員会編，1957，pp.121-122)。

　第 2 に，支店・出張所の閉鎖をしたり (表 4 - 2)，貸出金極度額を設定し，

78

表4-2　支店・出張所の閉鎖，支店から出張店への変更

年　月	閉鎖された支店・出張所，あるいは支店から出張所への変更
明治25（1892）年3月	高山出張店
明治25（1892）年5月	福島出張店
明治25（1892）年12月	園部出張所
明治26（1893）年2月	大垣支店，根室支店・函館支店・札幌支店の出張所 松坂支店を津支店の松坂出張所へ
明治26（1893）年9月	根室支店
明治26（1893）年10月	札幌支店，弘前支店
明治27（1894）年3月	八王子支店，敦賀支店，青森支店，岐阜支店，千葉支店 青森支店の八戸出張所
明治27（1894）年5月	半田支店
明治30（1897）年3月	名古屋支店の津島出張所，広島支店の呉出張所
明治30（1897）年6月	大阪支店の堂島両替店
明治30（1897）年12月	四日市支店の桑名出張所
明治32（1899）年11月	津支店
明治34（1901）年5月	松坂支店

（出所）三井銀行八十年史編纂委員会編（1957），pp.124-125より作成。

貸出金極度額を超過した場合には，回収にあたった（表4-3）。

　第3に，中上川彦次郎は，三井銀行内における文書の伝達方法について，情報の透明化を図っていった。「三井銀行報知編纂方法ノ事」（明治32（1899）年3月秘）（三井文庫蔵　銀行1-8）によると，「本部旬報」を「三井銀行報知」と改称している。そして改称された「三井銀行報知」では，本部と各店に達する命令，文書を発布することや，各支店でやり取りされる命令，交渉文書の情報共有化を図っていくことが主な目的とされた。この変更に伴い，「達又ハ本部ノ通牒ハ報知ヲ以テ発表スル事」（明治32（1899）年3月達秘）（三井文庫蔵　銀行1-8）では，明治32（1899）年4月1日から，達・通牒は「三井銀行報知」で発表することが，「本部ヨリ或店ニ発スル通達指令等ハ報知ヲ以テ発表シ得ル事」（明治33（1900）年12月達秘）（三井文庫蔵　銀行1-8）では，急ぎでない通達・指令・通牒は「三井銀行報知」での発表が可能となることが，それぞれ発せられ，三井銀行内で情報の見える化が実施されていった。

　第4に，明治31（1898）年8月，中上川彦次郎は，海外で銀行業務のノウハ

第4章　三井銀行の信用と三井財閥　79

表4－3　貸出金極度額の設定

（単位：万円）

支店・出張所	貸出金極度額
東京本店	500
深川出張所	65
大阪支店	150
堂島両替店	55
京都支店	65
横浜支店	85
横須賀出張所	1
神戸支店	85
名古屋支店	60
函館支店	45
広島支店	30
赤間関支店	50
三池出張所	17
津支店	20
松坂出張所	12
大津支店	20
和歌山支店	20
四日市支店	45
桑名出張所	17
長崎支店	45
小樽支店	40
足利支店	30
合計	1,457

（出所）三井銀行八十年史編纂委員会編（1957），pp.134-135より作成。

ウを学ぶことを目的に，池田成彬，米山梅吉，丹幸馬を欧米に派遣し，The National Park Bank of New York，The Mercantile National Bank of the City of New York，The National Provincial Bank of England，The London and Westminster Bank，Parr's Bankといった銀行を視察させた（三井銀行八十年史編纂委員会編，1957，pp.136-137）。中上川彦次郎は，三井越後屋で培った経営資源を活用するとともに，海外からのノウハウとも融合させ，最先端の銀行制度を確立していった。

　以上のように，「決められた銀行業務を決められた通りに確実に遂行し，高

付加価値のサービスを提供」したことは，三井銀行における信用の保持につながり，明治時代においてもなお，三井越後屋から継承される丸に井桁三の暖簾にふさわしい商いが継続されていった。

　このように，所有と経営の分離という仕組みを活用しながら，他財閥に先駆けて丸に井桁三の信用に基づいて銀行業務を行ったことは，三井財閥の信用に直結するとともに，三井財閥内の諸企業にもプラスの影響を与えた。三井財閥内に銀行を所有していること自体が信用を形成し，三井財閥として差別化を図る有力な手段となり，三井財閥の工業支配に大きな役割を果たすことになる。

　そして，中上川彦次郎の三井財閥に対する貢献についてみると，これまで考察してきた三井銀行の近代化ばかりでなく，工業に力を入れていたことがある。三井銀行では，明治29（1896）年上期において，鐘淵紡績に24,682株，三池紡績に3,961株，王子製紙に9,026株，日本郵船に3,387株投資している。明治32（1899）年には，北海道炭礦鉄道株式会社の総株数の約6分の1を占める4万3,800株を所有した（三井文庫編，1980b，pp.575-577）。村上定の後日談によると，「此度定期取引所から多数の株を引取つたと云ふのは株が目的でない北海炭礦を手に入れたかつたのだ。（中略）現に三池炭礦会社は九州の石炭界を支配して居る，之を北海道に拡張しやうと云ふのが其の意見であつた。」（北山編，1927，pp.155-156）とあり，石炭鉱業の北海道への拡張を意図してのことであったことが理解できる。

　中上川彦次郎の工業への関心は，それだけにとどまらなかった。三井銀行では，銀行業務を行う過程で，取引にまつわる情報が集中していた。それらの情報に基づいて，工業の立ち上がりの時期を察知し，ビジネス・チャンスと捉える。三井財閥の将来，日本の将来を見据えて打って出た策は，三井銀行での信用をベースにして，先駆けて三井財閥の工業化を実現することであった。そのため，工業分野への大がかりな投資を行っていく。後述することになるが，中上川彦次郎は絶大なる力量を発揮し，三井財閥の工業支配のみならず日本の工業化に先鞭をつける中心人物の一人となり，後世に功績を残すことになる。

第5章　三井財閥の鉱業投資と三井鉱山の重化学工業化

第1節　三井財閥の鉱業投資

　三池炭礦は，約400年前の稲荷山，平野山，生山の採掘に遡るとされる。明治6（1873）年，官営となり，同年7月大浦を，明治15（1882）年2月七浦を，明治20（1887）年8月宮浦を開鑿していった（「三池炭砿案内」（三井文庫蔵　鉱50本831－20））。

　官営三池鉱山時代，明治11（1878）年の年間出炭量は，約10万頓とされる（三井文庫編，2015，p.66）。明治21（1888）年，官営三池鉱山を佐々木八郎の名義により，払下価格455万5千円で払い下げを受けた三井は，明治22（1889）年1月，三池炭礦社を設立し，石炭鉱業に大規模投資していくことになる。そして，明治27（1894）年1月勝立，明治31（1898）年3月宮原，明治36（1903）年3月万田と開鑿に乗り出していった（「三池炭砿案内」（三井文庫蔵　鉱50本831－20））。

　三池炭礦の炭層は，層の厚さがおよそ10尺から25尺で，「頁岩や石塊の挟雑物なく，品質の均斉なことと燃焼度の高い」（『三井事業の過去及現在』（三井文庫蔵　新853－1））優良石炭であるとされる。後のことになるが，三池炭礦分析場の調べでは，炭質は，水分0.350，揮発分40.100，骸炭分53.217，灰分6.333，硫黄分2.285，燐は痕跡，発熱量8,140，比重1.275で，汽罐用，瓦斯，骸炭製造用，鍛冶，鹽田用としての用途に適していた。そして，蒸気発生力は212度で，三池塊炭1封度について9.72封度の水を蒸発し，瓦斯発生量は三池炭1頓につき11,659立方呎，瓦斯燭光力は23.42燭力，三池炭1頓について，骸炭量は1,500.8封度，コールター量は156.8封度，アンモニヤ量は21.28封度と，品質

が良いことで高く評価された（『三井の石炭』（三井文庫蔵　物産459））。

　明治25（1892）年4月，三井鉱山合資会社が設立された。「三井鉱山合資会社定欸」（明治25（1892）年4月）によると，「当会社ハ鉱山ヲ稼行スルヲ以テ其目的トス」（第二條）（三井文庫蔵　井交353）とあり，また「三井鉱山合資会社営業規則」（明治25（1892）年）によると，「本店ハ当会社全般ノ事務ヲ総轄スルモノトス」（第一條），「各鉱山出張所ハ本店ノ指揮ヲ受ケ主管ノ鉱業ヲ営ムモノトス」（第二條）（三井文庫蔵　新103－3）とあり，これまで三井越後屋では江戸時代より小売業・卸売業を営んでいたが，生産分野に本格的に乗り出すことになる。後に団琢磨は，「（前略）つまり益田さんといふ熱心家が其所に居つたのが中心点で，中上川といふ突拍子もない豪傑が入り込んで来て，これが又いろいろ貢献することが出来た。これまでは大変工合よく行つた。いろいろの分子が妙な風にコンプリケートして来たといふ面白い点があります（後略）」（『三井鉱山（株式会社）五十年史稿』巻一総説（三井文庫蔵　鉱50稿1））と語っており，益田孝のみならず中上川彦次郎も，三井鉱山合資会社に尽力していることが指摘できよう。

　そして，三井鉱山合資会社の設立により，筑後国三池郡三井炭山，飛驒国吉城郡神岡鉱山，飛驒国吉城郡秋町鉱山，飛驒国吉城郡茂住鉱山，越中国上新川郡亀ケ谷鉱山，北海道後志国古宇郡古宇鉱山，北海道胆振国虻田郡岩ヲ登硫黄坑，北海道千島国国後郡一菱内硫黄坑，北海道千島国国後郡島登硫黄坑，羽後国雄勝郡劔山硫黄坑，陸中国西磐井郡劔山硫黄坑，陸前国玉造郡荒湯硫黄坑，陸奥国下北郡宇曽利硫黄坑，豊前国田川郡田川炭山，周防国都濃郡鹿野安質母尼鉱山といった鉱山を集約することになった（「三井鉱山合資会社創立手続」（三井文庫蔵　新103－1））。三井鉱山に集約されることによって，石炭のノウハウが集中して蓄積されることになるとともに，技術的向上に特化させ，「三井の石炭」としての名声を手に入れることになる。

　「三井鉱山合資会社創立手続」によると，「一，当会社ハ各鉱山ノ代価ニ当ル金額ヲ醸出シテ資本金トス営業運転資本ノ如キハ三井銀行ヨリ特別約定ヲ以テ借入ルヘシ但各鉱山ノ予算ヲ定メ借入金員ノ制限ヲ設クヘシ」（三井文庫蔵　新

103－1)）とあり，三井銀行が資金面において中心的な役割を果たしていることが理解できる。そして，「一，石炭ハ勿論銅鉛ノ如キモノニシテ市場ニ出シテ売却スルモノハ三井物産会社ニ金銀ノ如キ大蔵省ニ納付シテ交換ヲ乞フモノハ三井銀行ニ付托スヘシ」（「三井鉱山合資会社創立手続」（三井文庫蔵　新103－1))とあり，販売先として三井物産が担うことが明記されていて，販売も確保された中での生産分野の進出であることがわかる。このように，三井鉱山合資会社は，三井物産，三井銀行という三井財閥内企業との連携により実現できたと言えるだろう。

　石炭鉱業強化のため，明治30（1897）年8月の三井商店理事会において，これまで三池炭礦で採掘と販売の両事務に携わってきたが，今後は採炭に専念し，販売は三井物産に，販売の計算等の事務は本店に委ねるといった件が可決されている（『三井商店理事会議事録』（三井文庫蔵　追1854))。三井物産に販売業務を委ね，三井鉱山は石炭の採掘に特化するという三井財閥内での垂直統合の動きは，シナジー効果をもたらした。

第2節　三井鉱山における丸に井桁三の暖簾に基づく 三井越後屋の組織文化の継承

　三池炭礦社では，明治22（1889）年1月，三池炭礦社事務長に専門経営者・団琢磨が就任し，マネジメントの手腕を発揮していくことになる（写真5－1)。事務長の下に，総括部，勝立採砿部，七浦採砿部，宮浦採砿部，大浦採砿部，会計部が設置された。

　団琢磨は，マサチューセッツ工科大学に入学し，バチュラー・オブ・アーツの学士号をもち，工部省の鉱山課，工業課長兼勝立坑長としての勤務の経験をもつ鉱山についてのエキスパートであった。団琢磨は技術系出身であり，鉱山についての高度な技術的知識を有するという所で，三井家に影響力があった。その団琢磨が尊重したのが，三井越後屋における丸に井桁三の暖簾の信用に基づくマネジメントである。「三池炭礦案内」の海外に向けた"Miike Coal"（明治

写真5−1　団琢磨

〈写真提供〉三井文庫。

28（1895）年）の表紙には，井桁三が掲載されており，三井鉱山においても丸に井桁三の暖簾に基づく信用が組織文化として継承されていることが理解できる（写真5−2）。写真5−2は，日野松太郎氏から借用したものを模写したものとされる（「三池炭砿案内」（三井文庫蔵　鉱50本831−20））。海外の案内にも井桁三が掲載されたことは，活字を越えたところでのグローバルな暖簾の共有となった。

　団琢磨が暖簾の信用に基づくマネジメントで重視した取り組みとして，次の3点が指摘できる。第1に，技術の向上と大規模化である。明治26（1893）年4月勝立坑でデーヴィーポンプ（写真5−3）の試運転開始し，明治27（1894）年3月，着炭にたどり着いた。明治29（1896）年12月横須浜（三池）にコッペー模造コークス炉を，明治33（1900）年12月一哩（三池）にコッペー式コークス炉

第5章　三井財閥の鉱業投資と三井鉱山の重化学工業化　85

写真5－2　"Miike Coal"の表紙に記載された井桁三の暖簾（模写）

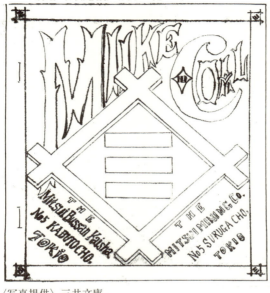

〈写真提供〉三井文庫。

写真5－3　デーヴィーポンプ

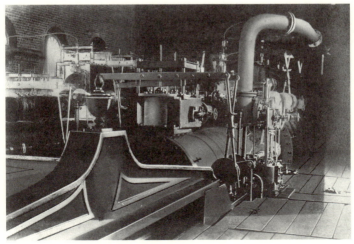

〈写真提供〉三井文庫。

をそれぞれ設置した。

　また，明治28（1895）年2月山野炭礦（筑豊）の一部を，明治33（1900）年3月田川炭礦を，明治39（1906）年6月串木野鉱山（鹿児島）をそれぞれ買収し，鉱山の開拓も行っていった。さらに，明治31（1898）年3月に宮原第一，明治34（1901）年11月宮原第二，明治35（1902）年2月万田坑第一，明治37（1904）年2月万田坑第二をそれぞれ立坑し，三井鉱山の拡充を図っていった。三池炭礦の全貌は，写真5-4に示した通りである。

　三池炭礦においては，「三井鉱山会社事業大略」（明治45（1912）年）によると，新式機械の導入費用，設備の改善費用，さらに開鑿費用を含めると，投資額は，1,800百余万円にのぼったとされる（三井文庫蔵　井交278）。

　第2は，採炭方法や検炭の取り組みである。「採炭方法」（明治27（1894）年10月）では，採炭方法について基準を明示し，採掘運営の指針とした（史料5-1）。

　史料5-1
　採炭方法
　一，各坑炭柱ハ従前ノ通リ昇リ拾七間四寸片盤拾二間三尺トス
　但起点ヨリ起点ハ昇一鎖五拾六輪ナリ角度ハ小角五拾二度四拾五分大角百七拾度拾五分トス
　二，各切羽ハ必ス高サ七尺幅拾五尺トス
　三，各底打切羽ハ天井ヨリ七尺以下拾一尺迄幅拾三尺拾一尺以下拾五尺迄幅拾尺拾五尺以下幅八尺トス
　四，各坑共如何ナル事情アルモ柱割採炭ハ厳禁タルヘシ若シ水害其他ノ事故アリテ切羽不足ノ時ハ事務長ノ許可ヲ得テ柱引ヲナスヘシ
　五，危険ノ見込アル個所ハ将来柱引ヲナスヘカラス
　但本條ノ場合ニ於テハ六間角ノ炭柱トシ切羽ノ幅拾二尺高七尺底打個所ハ高サ拾三尺幅六尺迄トス
　六，盤石軟弱ナル個所ハ底打ヲナスヘカラス
　七，各坑共坑内外対照圖ヲ備ヘ置キ緊要ノ部分ハ一々標点ヲ附シ置キ坑内吏

第5章　三井財閥の鉱業投資と三井鉱山の重化学工業化　87

写真5－4　三池炭礦

（出所）『三井の石炭』（大正6（1917）年）（三井文庫蔵　物産459）。
〈写真提供〉三井文庫。

員ヲシテ記臆シ置カシムヘシ

八，各坑共時々採掘区域ノ地面ヲ巡視シ就中家屋溜池等緊要ノ個所ハ別シテ注意ヲ怠ルヘカラス

九，坑内ニ於テ大ナル喰違ヒ及突然出水等ノ異変アル時ハ叮嚀ニ調査ヲ遂ケ確定後採炭ニ従事スヘシ軽々看過スヘカラス

十，各切羽坑道及危険ノ虞アリテ入坑ヲ禁スル個所ハ見易キ様一定ノ標点ヲ置クヘシ

（本法規定ノ角度寸尺等ハ慣習上自然変更ヲ来セリ）

（『三井鉱山合名会社三池炭鉱例規』（三井文庫蔵　三池587））

「検炭規程」（明治34（1901）年12月達）では，検炭の標準がきめ細かく定められており，採炭にあたって精度が求められていることが理解できる（史料5－2）。三井越後屋の品質管理のノウハウが，三井鉱山においても継承されており，採炭方法の基準の設定や検炭による品質管理の取り組みが，三井鉱山の品質を支えた。

史料5－2

検炭規程

第一條　採炭坑夫ノ採出シタル石炭ハ凡テ坑口ニ於テ検査ノ上受取ルモノトス

第二條　検炭ハ量目不足悪石混入及雑物混入ヲ調査シ左ノ個條ニ據リ処分スルモノトス

第三條　調査シタル炭函ノ不足量目ハ当該切羽一方採炭総函数ニ対シ左表ニ準シ通乗計算ノ上扣除スルモノトス

不足額標準	通乗率
十斤以上五十斤未満	，〇五
五十斤以上百斤未満	，一〇
百斤以上百五十斤未満	，一五
百五十斤以上二百斤未満	，二五
二百斤以上二百五十斤未満	，三〇
二百五十斤以上三百斤未満	，三五

三百斤以上五十斤ヲ増ス毎ニ通乗率ニ，〇五ヲ増加スルモノトス

第四條　炭函中ニ混入シタル悪石ハ其重量ニ依リテ撰別シ左表ノ割合ニ依リ石炭量目中ヨリ通乗掲載ノ上扣除スルモノトス

量目標準	通乗率
十斤以上二十斤未満	，〇二
二十斤以上三十斤未満	，〇四
三十斤以上四十斤未満	，〇八

第5章　三井財閥の鉱業投資と三井鉱山の重化学工業化　89

四十斤以上五十斤未満　　　，一〇

五十斤以上六十斤未満　　　，一五

六十斤以上七十斤未満　　　，二〇

七十斤以上八十斤未満　　　，二五

八十斤以上九十斤未満　　　，三〇

九十斤以上百斤未満　　　　，三五

百斤以上十斤ヲ増ス毎ニ通乗率ニ，〇五ヲ増加スルモノトス

第五條　白灰付石炭并ニ雑物ヲ混入シタルトキハ其ノ函限リ賃銭ノ支払ヲ為

サス

但切羽ノ立込又ハ連絡等ノタメ採掘シタル分ハ此限リニアラス

第六條　全一切羽ニ於テ二函以上ヲ検査シタルトキハ其ノ平均量ニテ計算ス

ルモノトス

第七條　宮浦坑大浦坑良民採出炭調査規則ハ本規程施行ノ日ヨリ廃止ス

(『三井鉱山合名会社三池炭鉱例規』(三井文庫蔵　三池587))

　第3に，信用に基づく人材の採用である。三井鉱山合資会社の役員入社にあ
たって，明治25 (1892) 年，「誓書」を提出している (史料5-3)。三井越後屋
の丸に井桁三の暖簾の信用のノウハウは，生産分野である三井鉱山においても
徹底された。

史料5-3

誓書

一，国法ハ勿論貴会社ノ御規則及時々ノ御命令ハ堅ク遵奉シ総テ長上ノ指揮
ニ従ヒ忠誠勤勉必ラズ其職務ヲ尽シ可申事

一，貴会社ノ秘事密議ハ勿論其他業務上ニ関スル事件ハ親属故旧タリトモ決
シテ漏洩仕間敷候事

一，貴会社奉職中ハ貴会社ノ承諾ヲ得スシテ社外ノ業務ニ従事シ又ハ之ニ関
与仕間敷候事

一，貴会社ノ業務取引ニ関スル事件ト雖ドモ貴会社ノ御規則又ハ御命令ニ於テ定メラレタル権限ヲ超ヘテ他人ト條約ヲ締結シ又ハ商品ヲ売買シ若シクハ金銭貸借等仕間敷候事

一，懲戒賞与降等減給転科転職其他何等ノ事件ニ拘ハラス貴会社ノ御規則又ハ業務上ノ御都合ニヨリ御処分相成候事ニ対シテハ聊カ異存申間敷候事

一，貴会社ノ業務上ニ関シ刑事上ノ犯罪有之候節ハ直チニ免職ノ上法衙ニ告訴相成候トモ苦情ヶ間敷儀申間敷候事

一，前各項ニ掲クル事件ニ違背シ貴会社ニ対シ損害ヲ醸シタルトキハ必ラス弁償可仕候事

一，身元保証トシテ御規則ノ金額ヲ貴会社ニ積立テ置キ若シ引負等致候節ハ其積立金御没収相成候テ異存申間敷候事

一，退職後ト雖ドモ在職中此誓約ニ背キタル事件ニ付テハ必ラス其責ニ任シ可申事

右ノ條々謹テ遵守可仕候仍テ誓約如件

　　年号　　月　　日　　　　　　　　　　　　　　　　　　　身分

　　　　　　　　　　　　　　　　　　　　　　　　　　　　　　姓名　印

右記名調印ノ確実ナルヲ保証仕候也

　　　　　　　　　　　　　　　　　　　　　　　　　　　　　　姓名　印

三井鉱山合資会社　　御中

（「三井鉱山合資会社役員入社誓書々式」（三井文庫蔵　追687 - 16））

「雇員採用規則」（明治30（1897）年3月達）を史料5 - 4に示した。第一條と第三條から，採用にあたって，一律の試験が課せられ，科目は，漢文学，数学，作文，筆跡，簿記，外国語，経済学，法律学，測量術，採礦学，機械学と11科目にわたっていることが認識できる。第二條では，名誉ある人物の紹介とあり，入社するためには紹介が必要であり，信用がベースにあった。

史料5－4

雇員採用規則

第一條　当炭礦ニ於テ雇員ヲ要スルトキハ本規則ニ據リ試験ノ上採用スルモノトス

但特殊ノ技能アリテ当炭礦ニ必要ノモノト認ムルトキハ試験ヲ用ヰス試験委員ノ銓衡ヲ経テ採用スルモノトス

第二條　受験者ハ年齢満三十五歳以下ニシテ名誉アル者ノ紹介ヲ要ス

第三條　試験科目ハ左記ノ中ヲ以テ必要ニ応シ選定スルモノトス

一，漢文学　　　二，数学　　　三，作文

四，筆跡　　　　五，簿記　　　六，外国語

七，経済学　　　八，法律学　　九，測量術

十，採礦学　　　十一，機械学

第四條　試験ハ筆記試験ヲ行フタル後其科目ニ関連スル口述試験ヲ行フモノトス

但場合ニ據リ実地試験ヲ行フ﹁アルヘシ

第五條　試験後一ケ月以内ニ採用セサルモノハ総テ不合格者トシ別ニ通知セサルモノトス

（『三井鉱山合名会社三池炭鉱例規』（三井文庫蔵　三池587））

以上，丸に井桁三に象徴される三井越後屋のノウハウが継承されたことは，「決められた採掘方法で，大量に確実に優良石炭を採掘する」ことにつながっていった。三井鉱山においても，品質面での優位性にこだわったと言えるだろう。

明治31（1898）年3月，三井商店理事会で可決された史料5－5によると，団琢磨の海外視察が可決されており，さらなる大規模化に向けて，海外のノウハウを取り入れようとしていることが理解できる。団琢磨自らが，欧州に直接乗り込んで海外での技術的知識を吸収し，三井鉱山の収益力のさらなる強化を狙った。

92

史料5－5

一，団理事鉱山事業視察ノ為メ欧米諸国ヘ出張ノ件　　　　　　可決

鉱山事業ノ拡張スルニ従ヒ新器械ノ応用ハ勿論技術上経済上監督上ニ於テモ
改良整理ヲ要スル「尠ナカラス今ヤ当会社三池炭山ニ於テモ早鐘溜池処分契
約相整ヒ宮ノ原ノ大事業落成良結果ヲ奏シ万田坑開鑿モ着々其歩ヲ進ムルニ
至リタルヲ以テ今一二ケ月経過セハ暫時理事不在ニ至ルモ敢テ差支モ有之間
敷ニ付此好機ヲ利用シ凡ソ六ケ月間ノ見込ヲ以テ二名ヲ随行シ欧米ヘ出張鉱
山事業ノ視察為致度尤モ出張前調査ノ出来得ル限ハ夫々依嘱シテ視察ノ便ニ
供スル準備ヲナシ可成短期間ニ巡視ノ予定ニ付予メ出張認可相成度「
（「三井商店理事会議事録」（三井文庫蔵　追1856））

そして，団琢磨不在中，中上川彦次郎が，代理者として兼務することについ
て，明治31（1898）年5月の三井商店理事会で鉱山会社社長により発議され，
了承されている（「三井商店理事会議事録」（三井文庫蔵　追1856））。

なお，明治31（1898）年3月の三井商店理事会では，団琢磨から，工科大学
を7月に卒業予定の長谷川鑑示，富田太郎をそれぞれ金属専務，石炭専務とし
て雇用することが発議され了承されている（「三井商店理事会議事録」（三井文庫蔵
追1856））。日本人の有能な人材を雇い入れることで，金属や石炭の技術力を向
上させていこうとする意図が理解できる。

その後，所有と経営の実質的分離という仕組みを活用しながら，明治42
（1909）年10月三井合名会社鉱山部となり，明治44（1911）年12月三井鉱山株
式会社を設立し，大規模化を果たしていった。三井越後屋の文化・行動規範を
継承するとともに，海外のノウハウも取り入れるという団琢磨の戦略が功を奏
し，明治45（1912）年の「三井鉱山会社事業大略」によると，三池炭礦の年間
産出量は200万噸に達したとあり，「高付加価値の石炭を規格通りに大量に安
定して産出する」ことを実現した（三井文庫蔵　井交278）。

明治末頃における三井鉱山の日本全体の出炭量に占める割合は約19パーセ
ントを占め，日本の工業化を支えるためのエネルギー資源の供給源として大き

な役割を果たした。このうち，最も多かったのが三池炭礦の出炭量で，三井鉱山全体の60パーセント以上を占めた。さらに言えば，明治42（1909）年の三池炭礦の利益金は約245万円で，この金額は三井鉱山全体の利益金の約80パーセントを占め，三井銀行，三井物産，三井鉱山の利益金の合計でみても30パーセントを越えていた（三井文庫編，2015，p.69）。それゆえ，三池炭礦は，「三井のドル箱」，「本邦炭礦ノ模範」（「三井鉱山会社事業大略」（三井文庫蔵　井交278））と称されるまでに大きく飛躍し，三井ブランドとしての工業化の途を切り開くことになり，石炭を必要とする製造企業へ多大な貢献をもたらした。

表5-1，表5-2は，大正5（1916）年，三井鉱山が所有する鉱山と各種製産品高である。

表5-1　三井鉱山が所有する鉱山（大正5（1916）年）

鉱山名	採掘品名	採掘高	
三池炭礦	石炭	1,898,192	屯
田川炭礦	石炭	973,571	屯
本洞炭礦	石炭	257,939	屯
山野炭礦	石炭	373,729	屯
登川炭礦	石炭	144,260	屯
砂川炭礦	石炭	2,349	屯
釧路炭礦	石炭	45,411	屯
川上炭礦	石炭	7,930	屯
神岡鉱山	金，銀，銅，鉛，亜鉛，蒼鉛	31,983,943	貫
亀谷鉱山	金，銀，銅，鉛，亜鉛	347,533	貫
串木野鉱山	金，銀	16,668,205	貫
佐野鉱山	銀，銅，鉛，亜鉛，硫化酸	1,061,723	貫
岩雄嶽鉱山	硫黄	7,724	屯
古武井鉱山	硫黄	36,951	屯
岩雄登鉱山	硫黄	50,924	屯
金剛鉱山	タングステン	755,695	貫
价川鉱山	鉄	43,646	屯

※神岡鉱山，亀谷鉱山，串木野鉱山，佐野鉱山については，採掘品名以外のものが含まれる場合がある。

（出所）「三井鉱山株式会社及関係会社概要」（三井文庫蔵　追2206）より作成。

表5−2　各種製産品高（大正5（1916）年）

製産品	製産品高	
石炭	3,703,401	屯
金	182,177	匁
銀	5,061,589	匁
亜鉛及亜鉛末	8,173	屯
鉛	7,247	屯
鉄鉱	43,646	屯
重石	1,964,827,158	匁
硫黄	21,204	屯
コークス	87,451	屯
硫安	2,260	屯
コールター	11,560	屯
ピッチ	6,050	屯

（出所）「三井鉱山株式会社及関係会社概要」（三井文庫蔵　追2206）より作成。

第3節　石炭化学工業への経営多角化

　三井鉱山では，コークスの製造過程で生じる副産物の回収がきっかけとなって，石炭化学工業へ大規模投資し，経営多角化を図っていった。副産物の回収は，画期的な製造方法の導入という形で進められていった。その技術を吸収するために白羽の矢があてられたのが，三池炭礦焦媒（コークス）工場主任・中井四郎である。明治42（1909）年6月，中井四郎は副産物を採取するコークス釜に関して欧米へ視察に赴き，最先端のコッパース式コークス炉（ベルギー人コッパーによる発明）について学んだ（写真5−5）。この製造方法は，製造歩留まりの高さ，製造コストの節約，副産物の採取で発生するガス利用発電といった点において，メリットがある製造方法であった（三井文庫編，1980c，pp.149-151）。

　そして，「コークス釜及附属発電所建設費計算書」によると，資本金138万

写真5－5　大正2（1913）年頃のコッパース式コークス炉（福岡県大牟田町）

〈写真提供〉三井文庫。

円で，釜数60基，竣工期間1年，原料炭消費高1日300トン，電力3千キロワットを整備して，産出されるのは，年間でそれぞれ，コークス65,700トン，硫酸アンモニア1,095トン，ピッチ3,942トン，油類1,971トン，瓦斯1時間当たり3,125馬力と試算している。その結果，1年で39万7,314円18銭の利益を見込んでいる（「副産物採収コークス釜及附属発電所起業之件，コークス釜及附属発電所建設費計算書」明治43（1910）年）（三井文庫蔵　井交378））。

　コッパース式コークス炉の建設にあたっては，ドイツの技師と，国内にも有能な技術者がおり，それは八幡製鉄所に所属する熟練煉瓦の技術者であり，いずれにしても外部からの協力を得た（三井文庫編，1980c，pp.150-151）。明治45（1912）年4月，ガスタール工場，硫安工場の操業が始まる。大正4（1915）年には，焦媒工場工手長・辰巳英一をアメリカに派遣し，染料工業の技術的知識を吸収し，技術的向上を図った。

　大正7（1918）年8月，三井鉱山の改組に伴い，三池染料工業所に格上げされ地位を築く。所長には，三池炭礦焦媒（コークス）工場時代から尽力してきた

中井四郎が就任した。「三池事業概覧案（原稿）」（大正9（1920）年3月）による
と，職工1,700人が製造に従事し，コッパース式焦煤爐122窯から，年間約15
万噸のコークスを製造し，硫酸アンモニヤ，コールター，ピッチ，軽油，クレ
オソート油，重油，ナフサリン，ベンゾール，アンスラシン，トルオール等
が，副産物として採取されている（「三池炭砿案内」（三井文庫蔵　鉱50本831－
20））。染料では，アリザリン染料，直接染料，硫化染料，酸性染料，インデイ
ゴーの製造が含まれて，染料工業所として技術開発に取り組むとともに，大規
模化を実現している（『三井事業の過去及現在』（三井文庫蔵　新853－1））。なお，
三井鉱山が，日本で初めてのアリザリン（合成染料）を市場で販売を始めたの
は，大正5（1916）年のことになる。昭和2（1927）年6月，団琢磨の談話によ
ると，「染料は僕はネキストゼネレーションのものと思つて居るのだ。」（『三井
鉱山（株式会社）五十年史稿』巻一総説（三井文庫蔵　鉱50稿1））と述べられてい
て，三井鉱山の将来を見据えての経営多角化であることが理解できる。三井鉱
山において，重化学工業へも積極的に投資していったわけである。

　亜鉛への多角化もまた，団琢磨の「（前略）どうしても日本で製煉しなけれ
ば駄目だ。（後略）」（『三井鉱山（株式会社）五十年史稿』巻一総説（三井文庫蔵　鉱
50稿1））という重化学工業戦略の一貫として，進められていった。三井家も，
神岡鉱山を所有していることから，亜鉛製煉に賛同している（『三井鉱山（株式
会社）五十年史稿』巻一総説（三井文庫蔵　鉱50稿1））。

　明治44（1911）年3月，三池に亜鉛製煉工場を設置するため，資金100万円
の支出を決定した。その理由として，牧田環は，石炭の生産地に置くことが適
切であること，海外からの巨船が入港できる地の利があることをあげたとされ
る（『三井鉱山（株式会社）五十年史稿』巻一総説（三井文庫蔵　鉱50稿1））。神岡鉱
山は亜鉛鉱の焼鉱を，三池は蒸餾を，という製造分担が図られた。そして，工
場は大牟田に所在したが，神岡鉱山が発祥という経緯から，神岡鉱山大牟田亜
鉛製煉工場と名づけられ，大正3（1914）年1月，操業を開始する（『三井鉱山
（株式会社）五十年史稿』巻一総説（三井文庫蔵　鉱50稿1））。計画では，鉱石取扱
量12,000噸／年，亜鉛生産高4,500噸／年の予算であったが，需要拡大に伴い生

産設備を増強し，鉱石取扱量40,000瓲/年，亜鉛生産高15,000瓲/年に修正されている（『三井鉱山（株式会社）五十年史稿』巻一総説（三井文庫蔵　鉱50稿1））。そして，大正7（1918）年8月職制改正により，独立して三池製煉所となる。

　このように，三井鉱山では石炭化学工業に投資していったわけであるが，大正15（1926）年には，インジゴの工業化を成し遂げ，三井のインジゴと呼ばれるようになる。これを契機に，大牟田に石炭化学コンビナートが形成され，三井財閥の重化学工業支配に貢献する（三井文庫編，2015，pp.84-85）。

第6章　三井財閥による三井工業部の育成と展開

第1節　三井財閥による三井工業部の育成

　明治時代になった三井では，東京呉服店において，明治5（1872）年，北新川で酒造業を始めた。大阪呉服店においても，明治4（1871）年4月，肥前唐津において石炭業を，明治5（1872）年に西宮において酒造業をそれぞれ開始して，生産分野への進出に乗り出していった（三越本社編，2005，p.32）。

　一方で，明治政府は，富国強兵・殖産興業を旗印にして，外国の革新的近代技術を導入し，各地に官営模範工場を設置した。これが，日本における産業革命となる。

　三井財閥が，本格的に工業分野に関与するきっかけとなったのは，明治20（1887）年5月，新町紡績所，明治26（1893）年，富岡製糸所の払い下げを受けたことによる。三井財閥は，新町紡績所と富岡製糸所を，払下価格それぞれ14万1,000円，12万1,460円で入手して（小林，1977，p.299，pp.150-151），日本の工業化に楔を打ち込み，製糸・紡績産業の可能性を探った。このうち，富岡製糸所は日本で初めての官営の機械製糸所であり，製糸産業の牽引役として期待された。新町紡績所，富岡製糸所を傘下に収めた三井財閥では，工業分野に大規模に投資していった。

　これらの官営工場払い下げをベースにして，明治27（1894）年10月，三井工業部が設置され，図6-1にみられるような組織体制が整備された[1]。三井工業部は，三井銀行・中上川彦次郎の肝いりで設けられたもので，諸工業所をマネジメントすることによって，三井財閥の工業化を進めようとする中上川彦次郎の意図があった（『三井鉱山（株式会社）五十年史稿』巻一総説（三井文庫蔵　鉱

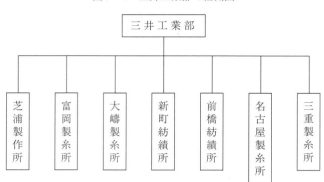

図6-1　三井工業部の組織図

（出所）「工業部総則」（明治29（1896）年7月）（『三井工業部條規類聚』
　　　　（三井文庫蔵　A016-14））より作成。

50稿1））。

　明治29（1896）年7月，「工業部総則」が元方に認可され，それより以前の明治29（1896）年2月には，「三井工業部各製糸所職務章程」が部令として発せられており，これらを三井工業部の運営についての基準指針とした（『三井工業部條規類聚』（三井文庫蔵　A016-14））。このうち「工業部総則」によれば，「工業部ハ器械製作，生糸製造，絹糸及ビ絹屑紡績ノ事業ヲ経営ス」（第一條）（『三井工業部條規類聚』（三井文庫蔵　A016-14））とあり，生産業務に特化していることが理解できる。また，明治29（1896）年2月，部令として出された「三井工業部各製糸所職務章程」によれば，「支配人ハ書記及ビ技士ヲ指揮シテ当該製糸所ノ事務ヲ統轄ス其成規アリテ当然措置スベキモノハ部長ヘ経伺セズ施行スル〻ヲ得」（第四条）（『三井工業部條規類聚』（三井文庫蔵　A016-14））と，支配人が各製糸を統轄していた。しかし，①他より借入金又は他へ貸附金を為す事，②地所建物及び諸機械の買入増設又は売却の事，③職員を採用，転勤又は罷免する事，④諸契約締結の事，⑤一切の取引に関し示談行届かすして出訴する事，⑥繭の買入を為す事，⑦製糸の販売を為す事，⑧製糸所の都合に依り一時工業を停止する事，⑨通常経費外諸費支払の事，については部長の許可制と

第6章　三井財閥による三井工業部の育成と展開　101

表6－1　三井二業部の本部と各工業所の所在地

本部・各工業所名	所在地
本部	東京市日本橋区室町三丁目一番地
芝浦製作所	東京市芝区新濱町一番地
富岡製糸所	群馬県上野国北甘楽郡富岡町大字富岡一番地
大嶹製糸所	栃木県下野国河内郡平石村大字石井二千三百三十二番地
名古屋製糸所	愛知県尾張国西春日井郡金城村大字田幡甲一番戸
三重製糸所	三重県伊勢国三重郡三重村大字東坂部
新町紡績所	群馬県上野国多野郡新町二百八十番地
前橋紡績所	群馬県上野国勢多郡上川淵村大字六供村百十六番地

（出所）『三井工業部條規類聚』（三井文庫蔵　A016－14）より作成。

なっていた（『三井工業部條規類聚』（三井文庫蔵　A016－14））。

　三井工業部は，表6－1に示した通り，管轄する製糸所・紡績所は，群馬県，栃木県，愛知県，三重県と広域的に所在していたため，各製糸所・各紡績所を越えて生産される製品の品質のばらつきが考えられた。

　そのため，史料6－1にみられるように，各製糸所各工場で生産された製糸は，品質水準により，別製（第一），飛切上（第二），飛切（第三），一等（第四），二等（第五），等外（第六）といった等級で区別され，各製糸所・各工場の垣根を越えて，規格の単純化を図っていった。点在している製糸所で生産される製品について，基準を統一しようとしたのである。このことは，三井工業部各工場で生産される製糸の均質化につながっていった。

史料6－1

各製糸所製糸等級種別ノ事（明治29（1896）年9月部令）

各製糸所ニ於ケル製糸等級種別ノ義各所区々ニ相成居候処原価格付其他トモ甚ダ煩ハシク販売上不都合ニツキ自今各所共左ノ通リ一定ノ名称ヲ以テ格付ヲ為スベシ

別製（第一）

飛切上（第二）

飛切（第三）

一等（第四）

二等（第五）

等外（第六）

但シ右ノ如ク規定スルニ付テハ各所ノ製糸ハ夫々右ノ種類ニ引当テ類別ヲ為シ且ツ其製糸所ノ都合ニヨリ右ノ中或ル種類ダケヲ製出スルモ適宜タルベシ

（『三井工業部條規類聚』（三井文庫蔵　A016－14））

　そして，三井工業部内の各製糸所では，「各製糸所，紡績所業務摘要週報ノ事」（明治28（1895）年11月部令）によると，「其所業務報告ノタメ別紙雛形ニ依リ自今毎土曜日ヲ以テ業務摘要週報ヲ調製シ本部へ一通，関係アル各工業所へ一通ツヽヲ送付シ互ニ業務上ノ景況ヲ通報スル「ヲ勉ムベシ」（『三井工業部條規類聚』（三井文庫蔵　A016－14））とあり，業務内容を毎週土曜日に本部に報告するとともに，各製糸所で情報共有することが義務づけられていた。報告書では，史料6－2にみられるような項目を記入するようになっていて，それは各製糸所で共通であった。

史料6－2

一，其土地ノ糸況

一，其土地ノ繭況（買入時ナレバ買入ノ模様）

一，工女工男ノ雇入又ハ解雇等

一，金融ノ模様（大体ニテヨロシ）

一，養蠶ノ季節ナレバ其景況

一，器械釜数　座繰アレバ同上

一，一人一日ノ製糸高

一，平均一日ノ就業時間平均一日ノ製糸高等

其他雑件参考トナルベキモノハ成ルベク網羅シ簡単ニ記入ノ事

（『三井工業部條規類聚』（三井文庫蔵　A016－14））

第6章　三井財閥による三井工業部の育成と展開　103

写真6-1　紡績所業務摘要週報

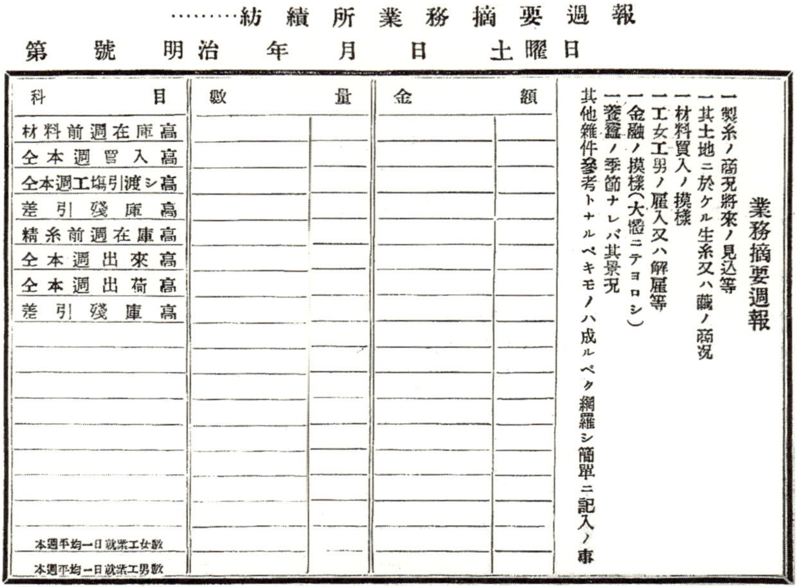

………紡績所業務摘要週報

第　號　明治　年　月　日　土曜日

科目	數量	金額	業務摘要週報
材料前週在庫高			一製糸ノ商况將來ノ見込等
全本週買入高			一其土地ニ於ケル生糸又ハ蔵ノ商况
全本週工塲引渡シ高			一材料買入ノ摸様
差引殘庫高			一工女工男ノ雇入又ハ解雇等
精糸前週在庫高			一金融ノ摸様（大密ニテヨロシ）
全本週出來高			一瓷鑿ノ季節ナレバ其景况
全本週出荷高			其他雜件參考トナルベキモノハ成ルベク網羅シ簡單ニ記入ノ事
差引殘庫高			
本週平均一日就業工女數			
本週平均一日就業工男數			

〈写真提供〉三井文庫。

　各紡績所で用いられた報告書は，写真6-1の通りである。このように，各製糸所，各紡績所で書式が共通しているとともに情報共有が図られていることが認識できる。本部が各製糸所，各紡績所の生産状態を把握したことは，無駄が縮減される生産につながっていった。

　また，三井工業部の各工業所は，「原料使用期見込届出ノ事」（明治28（1895）年12月達）によると，現在の原料や買入約定済の原料合計額は，この先どのくらい使用できる見込みがあるのかを本部に報告することになっていた（『三井工業部條規類聚』（三井文庫蔵　A016-14））。「毎期決算報告書及損益予算調書々式」（明治28（1895）年12月部令）では，「一，原料ノ豊凶，前年トノ比較増減，品質ノ良否，買入ノ景况，買入タル総額及ビ前年トノ比較増減等原料買入ニ係ル実况ヲ掲記スルヲ要ス」（『三井工業部條規類聚』（三井文庫蔵　A016-14）），「何月何日ヨリ何月何日ニ至ル操業日数何日間ニ於ケル製造総高，之ニ消費シタル原料

総高，一日平均製造高，工女一人ノ製糸高，繭一升ノ出糸目，器械一釜ノ製糸高，前季トノ比較増減等可成詳細ニ掲出スベシ」（『三井工業部條規類聚』（三井文庫蔵　A016 - 14）），「製品ニ対シ注文ヲ受ケタル高，価格，注文先，引渡シタル高，引渡未済ノ現在高，製品売上ゲノ総高，残荷ノ有無多少，製糸一俵則チ和百斤ニ付直段平均高，前季トノ比較増減等ヲ掲出スベシ」（『三井工業部條規類聚』（三井文庫蔵　A016 - 14））といった，原料の買入状況，製造の状態，製品の注文・販売の状況を本部に報告する書式も準備されていた。

　本部が原料の供給から生産・販売に至るまでのサプライチェーンを把握したことは，各工業所の垣根を越えて，三井工業部で産出する製品の標準化と確実な生産・販売を促進させた。

　次に，三井工業部のなかでも富岡製糸所，新町紡績所について考察していくことにしよう。

(1) 富岡製糸所

　三井財閥と富岡製糸所との関わりは，官営工場の払い下げ以前からあった。明治10（1877）年12月，農局長松方正義が発信した「命令状」には，「当局所属上州製糸所ニ於テ製造スル製糸ノ売捌方ヲ為取扱候ニ付命令スル條件左ノ如シ　第一條　該処ニ於テ製造スル製糸悉皆ヲ其社仏国巴里支店ニ於テ売捌ノ取扱ヲナサシムルニ付誠実ニ之ヲ勤ムヘシ」（「富岡製糸其他諸取扱命令書」（三井文庫蔵　A016 - 14））とあり，富岡製糸所で製造した商品は，三井物産のパリ支店で販売された[2]。

　富岡製糸所は，明治26（1893）年，中上川彦次郎の工業化路線の一貫として払い下げを受け，三井銀行の管轄となった。そして，革新的技術を受け継ぎ，明治27（1894）年14釜，明治28（1895）年26釜，増釜した。明治29（1896）年には第2工場を建設し，186釜増釜した。明治31（1898）年には，第1工場388釜，第2工場186釜の合計574釜に大規模化した（富岡製糸場誌編さん委員会編，1977，p.713）。その結果，製糸高は，明治31（1898）年48,654和斤，明治32（1899）年59,264和斤，明治33（1900）年56,041和斤，明治34（1901）年54,055

第6章　三井財閥による三井工業部の育成と展開　105

和斤（富岡製糸場誌編さん委員会編，1977，p.719）となった。

　生産体制の整備に伴い，史料6－3のような労務の改善策も打ち出していった。この場合，6，7千円を投資して設備の改善に乗り出している。労働条件を整備して福利厚生を充実させることにより，能率向上を図っていることが認識できるだろう。

史料6－3

富岡製糸所寄宿舎新設ノ件

富岡製糸所現在ノ寄宿舎ハ追々頽破致シ当今ニテハ殆ンド住居致シ難キ程ノ不潔ヲ極メ居ノミナラズ先般来工女増加ノ為メ著シク狭隘ト相成旧支配人ノ社宅等迄モ工女寄宿為致候得共何分此侭ニテハ狭隘ト不潔トニテ多人数ノ工女到底寄宿難為致候ニ付今般大凡金六七千円ノ予算ヲ以テ同製糸所構内旧支配人役宅ノ前ニ十分ナル餘地アルヲ幸ヒ寄宿舎，食堂共新設仕リ度候間御認可被下度此儀御認可相成候ハゞ更ニ工費予算ヲ調製シ伺出可申候也

　明治二十九年五月四日

工業部長　三井武之助

元方総長三井八郎右衛門殿

（「明治廿九年上半季工業部提出ノ回議」（三井文庫蔵　追1788））

(2) 新町紡績所

　明治20（1887）年5月，官営工場の払い下げにより三井財閥の手中となった新町紡績所は，敷地2万153㎡，工場3棟，従業員約800人の体制で，量産化を強化していく（三越本社編，2005，p.33）。史料6－4から，払い下げ後の新町紡績所の経営をみてとることができる。

史料6－4

増設伺書

新町紡績所ハ明治廿年六月農商務省ヨリ紡錘二千百本附属ノ侭払下ケヲ受ケ

爾後漸次千五百本を増錘シ都合三千六百本ニテ営業罷在目下其製糸ノ数量ハ平均毎日弐百基（五十三貫目前後）内外ニ有之候処追々販路拡張シ東京八王子足利伊勢崎及ヒ丹後尾州琉球等ノ各地方ニ及シ到底目下ノ製糸額ニテハ其需要ニ応ジ難ク且前途益々需要増加ノ嚮向ニ御座候間此際如何様ニカ工夫仕其需要ニ応度候処幸ニ現今同所使用ノ機鑵力ヲ七拾馬力ヲ剰シ居候ニ付之ヲ利用スヘキ機械ヲ増設シ製糸額ヲ増加セハ華主ノ満足ヲ得候ノミナラス利益モ亦増進可仕ト存候間別紙新町紡績所取締ヨリ申出ノ通機械増設仕度尤モ利益計算ノ義モ篤ト考察仕候処別冊予算調書之通確ト見込モ相立候ニ付増設致度此段御伺仕候也

　　　　　　　　　　　　　　　　　　　　　　　　　三越呉服店

　明治廿六年一月　　　　　　　　　　　　　　　　藤村喜七　印

　　　　　　　　　　　　　　　　　　　　　　　　山岡正次　印

大元方御中

（「増設伺書」（三井文庫蔵　追1722-7））

　すなわち，明治20（1887）年6月に農商務省より三井財閥に紡錘2,100本のまま払い下げられた後，150本増錘し，3,600本の設備体制の下，毎日200基（53貫目前後）生産できるようになり，生産規模の大幅な拡大が実現した。それではまだ拡大する需要に不足しているため，機鑵力70馬力を乗じた機械を増設したりと，さらなる拡大路線を志向している。大規模化することで，規模の経済性が働き，1個の商品を製造するのに必要なコストが縮減され，効率を飛躍的に向上させた。そして，明治22（1889）年29,732円，明治23（1890）20,032円と，利益を上げていった（温井編，2015，p.16）。

　明治29（1896）年6月に部令として出された「新町紡績所職務章程」によると，「技士長ハ支配人ノ命ヲ承ケ機関係，製綿係，製糸係，仕上係ノ業務ヲ監督シ技術ノ全体ニツキ其責ニ任スベシ」（第三條）（『三井工業部條規類聚』（三井文庫蔵　A016‐14））とあり，技師長は各係の技術面について全面的に携わり，技術を統括することで技術的向上を図っていることが確認できる。

第 6 章　三井財閥による三井工業部の育成と展開　107

　職工は，「新町紡績所職工規則」（明治29（1896）年5月指）にみられるように，
史料6－5に示された項目の遵守の中で働いた。

史料6－5
一，所ノ内外ヲ問ハズ行状ヲ慎ムベシ
二，就業中餘所見ヲ禁ズ
三，業務上ノ外談話ヲ禁ズ
四，就寝中遊戯又ハ放歌ヲ禁ズ
五，就寝中喧嘩又ハ口論ヲ禁ズ
六，定所ノ外喫喰又ハ喫煙スルヲ禁ズ
七，定時間ノ外休憩又ハ徘徊スルヲ禁ズ
八，工場内ニ燐寸又ハ其他ノ発火器ヲ携帯スルヲ禁ズ
九，油布巾糸屑又ハ綿屑等総テ発火シ易キモノヲ定所外ニ散乱スルヲ禁ズ
十，酒気ヲ帯ヒテ出業スルヲ禁ズ
十一，就業中係員ノ許可ヲ得ズシテ来訪者ト面会スルヲ禁ズ
十二，止業時刻前退場ノ用意ヲナスヲ禁ズ
十三，掛役員ノ許可ナクシテ退場スルヲ禁ズ
十四，業務上ノ必要ノ外工場内ニ物品ヲ携帯スルヲ禁ズ
（『三井工業部條規類聚』（三井文庫蔵　A016－14））

　また，「新町紡績所職工規則」（明治29（1896）年5月指）に，「工頭ハ左ノ事項
ヲ遵守スベシ　一，担当部内ノ職工ヲ指揮シ自己ノ業務ニ従事スベシ　二，平
素部下職工ノ就業ニ過失ナキ様注意スベシ」（第十六條）（『三井工業部條規類聚』
（三井文庫蔵　A016－14））とあり，職工を取りまとめる工頭を置いていて，職
工の監視にあたった。技師長や工頭による職工の管理は，工場内で生産される
製品の品質に影響を与えた。
　三井工業部では，史料6－6にみられるように，さらなる大規模投資に乗り出
していて，中上川彦次郎の工業化路線をさらに推進していることが理解できる。

史料6－6

製糸所新設之件

我三井家ニ於テ去ル明治廿五年大嶹製糸所ヲ引受候已来続テ富岡製糸所ヲ払受ケ専ラ製糸事業ニ従事仕候其成績ハ決算之時々御承知被遊候通リ資本金ニ対シ実ニ年平均六割已上之利益ニ相当仕リ居候我国製糸之事業タルヤ年々輸出額増加仕リ益々好況ヲ呈シ製糸業之収益夥多ナル事ハ今日迄実続仕候次第ニ御座候尚此業ノ将来ヲ愚考仕候ニ各別何ノ地ニモ三四年已前ヨリ大ニ此業ノ利益ナルヲ知リ桑園之仕立養蚕ノ業続々相始居候ニ就テハ今後十年間恐ラクバ今日ノ輸出倍額ニモ相達シ可申盛況ニ立至リ候事ト奉存候就テ本部ニ於テハ今般更ニ五百人乃至千人取リノ見込ヲ以テ一ケ所或ハ二三ケ所ノ製糸所ヲ新設仕リ度資本金ハ場所ノ数ニ依リ確言難仕候得共大凡十万乃至十二三万円御支出被成下候ハヽ十分ノ計画出来可申義ニ奉存候尤モ御許可相成候上ハ場所撰定ノ上確実ナル予算書ヲ以テ可奉伺候也

　明治二十八年八月三十日

工業部長　三井武之助

元方総長

　三井八郎右衛門殿

（「明治廿八年中工業部提出ノ回議」（三井文庫蔵　追1776））

　三井工業部では，積極的に大規模化を推し進めていき，生産能力を向上させた結果，表6－2のような業績をあげている。

　以上，機械化された大規模工場の設置は，製糸工業・紡績工業を強化し，製糸・紡績を一大ビジネスに成長させようという三井財閥の意図があったわけである。大規模工場での生産は，問屋制家内工業と異なり，機械を活用した生産性の向上が目指された。このように，この時期に基礎となる技術が確立されており，繊維での大規模生産工場での生産体制の確立は，他ならぬ三井工業部において確立されたのである。このことをきっかけにして，日本の産業構造は大転換し，熟練の手工業から機械生産へとシフトしていくことになる。

第6章　三井財閥による三井工業部の育成と展開　109

表6－2　毎半期各製糸所における売上総金額比較表

（単位：円）

	大嶋	富岡	名古屋	三重
明治29（1896）年上半期	36,086,670	79,677,040		
明治29（1896）年下半期	7,654,678	49,607,497		
明治30（1897）年上半期	28,661,370	111,593,588	31,647,244	53,790,623
明治30（1897）年下半期	50,201,814	367,342,537	243,763,733	257,106,405
明治31（1898）年上半期	15,597,480	78,392,059	98,418,157	50,866,367
明治31（1898）年下半期	43,428,700	40,946,770	82,200,907	59,344,408

（出所）「三井呉服店工業係　各製糸所事業成績比較表」（三井文庫蔵　追2210）より作成。

第2節　三井工業部と三井呉服店の合併

　明治31（1898）年11月，三井工業部は，三井呉服店と合併することになる。資本金100万円でその内訳は，呉服部50万円，工業部50万円であった（「合名会社三井呉服店現行條規類集」（三井文庫蔵　A091－8））。「合名会社三井呉服店契約」（明治31（1898）年10月社員会決議）によると，合名会社三井呉服店では，「呉服類販売并ニ其受託販売及裁縫刺繍ノ事業」，「製糸紡績及織物ノ事業」（「合名会社三井呉服店現行條規類集」（三井文庫蔵　A091－8））の2本柱でビジネスを営んでいくとしている。本店を東京市日本橋区駿河町に置き，呉服部に東京本店，大阪支店，京都支店，桐生出張所，横浜出張所，福井出張所を，工業部に東京本店，富岡製糸所，大嶋製糸所，名古屋製糸所，三重製糸所，新町紡績所，前橋紡績所という組織体制で運用されることになった。

　三井工業部は，三井呉服店と合併することによって，史料6－7にみられるように，商標が丸に井桁三に変更されており，三井越後屋時代からの暖簾が重要視されていることがわかる。三井工業部による丸に井桁三の暖簾の継承は，

三井財閥内外に，三井の工業部であるということを明示することになる。丸に井桁三の暖簾からみても，三井越後屋から工業の可能性が生じてきていて，その後，日本経済の担い手となる大規模製造企業が登場していくことが指摘できよう。

史料6－7

呉服店ニ合併ニ付商標変更ノ件（明治31（1898）年12月）

此度ノ合併ニ付テハ看板用紙其他署名スヘキ名称ハ当然三井工業部何々所ノ代ニ合名会社三井呉服店何々所ト為シ紋章モ⬡ノ代ニ⬡ヲ用ユル事ト御承知被成度候但シ⬡ヲ登録商標ト為シ居ルカ或ハ登録商標ノ一部ト為シ居ル場合ニ若シ之ヲ変更セントスレハ登録変更ノ後ナラサレハ変更シ難キ事勿論ト存候右為念申上候也

（『合名会社三井呉服店現行條規類集』（三井文庫蔵　A091－8））

また，三井呉服店に編入されると，明治31（1898）年12月，史料6－8に示したように，「各製糸所製品予定価格ノ件」が達せられ，価格が明示されることになった。

史料6－8

製品計算規則ニ適用スヘキ予定価格ハ当分左ノ通之ヲ定ム

但市況ノ如何ニ由リ変更スルコトアルヘシ

別製	和百斤ニ付	金九百六十円
飛切上	同	金九百三十円
飛切	同	金九百円
一等	同	金八百六十円
二等	同	適宜
等外	同	同
坐繰	同	同

（『合名会社三井呉服店現行條規類集』（三井文庫蔵　A091 - 8））

　なお，「各製糸所製糸販売規則改定ノ件」（明治32（1899）年3月令）（『合名会社三井呉服店現行條規類集』（三井文庫蔵　A091 - 8））によれば，各製糸所における製糸の販売は，本店の管轄になっている（第一条）。各製糸所における商談についても，基本的には，本店を経由することが義務づけられている（第三條）。売約が成立すると，本店は各製糸所へ製糸の種類，数量，売価，期日等を通知することが盛り込まれている（第四條）（『合名会社三井呉服店現行條規類集』（三井文庫蔵　A091 - 8））。このように，本店が統轄して販売にあたることで，効率化が図られていることが指摘できるだろう。

　製造面においては，中上川彦次郎は工業部について，一つの大きな確信があった。それは，市場で受け入れられるのは，高付加価値商品であるということであった。野口寅次郎は当時を回想して，「中上川氏の製糸に対する主義方針は良品本位を第一の主眼として居られ，其れを遵奉して従事せる結果は，市場に於ても他製品と同じ三百円級の品物でも買手方が三井製糸は三百十円に格上して購入すると云ふ状態にあつた。即ち他会社の製品は一磅半の製糸原料を以てしても一磅のものしか出来ぬが，三井は製糸原料一磅を以てすれば，屑糸も少く梳も良く通つて居る為め正味其の儘のものが出来るからである。」（北山，1927，p.216）と述べていて，製糸における高付加価値路線が強調されている。また，粗製濫造問題にも対応する必要があったため，製造工程での取り組みを強化していった。製造工程では，職工の教育に乗り出していった。

　工業部では，前述の通り，丸に井桁三の暖簾を掲げていたわけであるが，その下に「富岡製糸所工女取扱規則摘要」，「富岡製糸所工女賃銀及賞罰調査規則」，「富岡製糸所養成工女給料規則」，「富岡製糸所検査工女服務規則」，「富岡製糸所工夫服務規則」，「大嶹製糸所製糸工場規定」，「大嶹製糸所工女優待規定」，「名古屋製糸所工女取扱規則摘要」，「名古屋製糸所工女雇入規則」，「名古屋製糸所工女給料規則」，「名古屋製糸所工女満期手当内規」，「名古屋製糸所皆勤賞与内規」，「三重製糸所工場規定」，「三重製糸所雇員及検査工女并工男積立

金規程」,「新町紡績所職工規則」,「新町紡績所職工積立金規則」,「前橋紡績所職工規則」,「前橋紡績所職工勤続賞与規則」(『合名会社三井呉服店現行條規類集』(三井文庫蔵　A091－8))等で成文化した中でマネジメントし,工業部における職工の集団的規範の徹底を図っていった。

　また,職工のスキルによる生産段階からの品質向上が,高付加価値商品の市場への提供につながっていたため,技術に習熟した熟練工の確保に力を入れていった。熟練工の新規採用にあたっては,「富岡製糸所工女賃銀及賞罰調査規則」によると,「熟練工女ニシテ新ニ傭入レタルモノハ試験工女トシテ業務ニ従事セシメ其成績ノ給額ヲ支給シ等級ハ翌月ノ成績ト試験中ノ成績トヲ参酌シテ之ヲ定ム」(第十五條)(『合名会社三井呉服店現行條規類集』(三井文庫蔵　A091－8))とあり,一定の試用期間があった。「熟練工女ニシテ結果劣等ナルモノハ養成工女トス（後略)」(第十六條)(『合名会社三井呉服店現行條規類集』(三井文庫蔵　A091－8))とあり,熟練工になっても,その地位に安住することはできず,絶え間ない努力が求められた。熟練化した職工が機械に携わることが,高付加価値商品の生産に結びついていたわけである。

　そして,職工には,精密な仕事を求めていて,製品規格の厳格化に積極的に乗り出している。「一升糸量賞罰ハ確実ナル方法ニ依リ繭一升ノ固有ノ糸量ヲ査覈シ（工女ニ試験挽ヲナサシムルカ将タ繭ノ空巣ヨリ屑物ノ歩合ヲ定メ糸量ヲ算出スルカ)繭一定量ヲ渡シ其増減ニ因テ左ノ如ク賞罰ヲ行フ」(第二十一條)(『合名会社三井呉服店現行條規類集』(三井文庫蔵　A091－8)),「「デニール」賞罰ハ一綛ニ付一回以上試験ノ中心ヨリ半「デニール」宛ノ差ヲ附シ左表ニ照ラシテ賞罰ヲ行フ」(第二十三條)(『合名会社三井呉服店現行條規類集』(三井文庫蔵　A091－8)),「品位優劣ハ器械或ハ肉眼ヲ以テ検査シ左ニ照ラシテ賞罰ヲ行フ」(第二十四條)(『合名会社三井呉服店現行條規類集』(三井文庫蔵　A091－8)),「切断ノ審査ハ小枠繰返中若クハ他ノ方法ニ依リ切断度数ヲ計算シ左ニ照ラシテ賞罰ヲ行フ」(第二十六條)(『合名会社三井呉服店現行條規類集』(三井文庫蔵　A091－8))とあり,糸量,繊度,品位,切断において基準が織り込まれており,ペナルティーには抑止力が働き,賞には職工の士気を高める効果が期待できた。

第6章　三井財閥による三井工業部の育成と展開　113

表6−3　富岡製糸所における品質に関する各種賞罰

（ⅰ）糸量賞罰

旧器械繰糸	増量1匁に付3銭賞	減量1匁に付3銭罰
新器械繰糸	増量1匁に付2銭賞	減量1匁に付2銭罰
新器械緒立	増量1匁に付1銭5厘賞	減量1匁に付1銭5厘罰

（ⅱ）デニール賞罰（此表は仮りに十四中を以て標準とす）

　（ⅱ-1）飛切以上の糸の場合

		賞金		無償罰	罰金			
1回毎に付ての賞罰金額		4銭	2銭	0	3銭	5銭	8銭	10銭
デニール	小	13,50	13,00	12,50		12,00	11,50	11,00
	太	14,00	14,50	15,00	15,50	16,00	16,50	17,00

　（ⅱ-2）一等以下の糸の場合

		賞金		無償罰	罰金			
1回毎に付ての賞罰金額		3銭	1銭	0	2銭	4銭	6銭	8銭
デニール	小	13,50	13,00	12,50		12,00	11,50	11,00
	太	14,00	14,50	15,00	15,50	16,00	16,50	17,00

（ⅲ）品位賞罰

　品位賞罰（一）

品位	纇節少く品位優等のもの	ビリ纇	附纇小纇	光沢劣なるもの
賞罰金額	1銭賞	5厘罰	5厘罰	5厘罰

　品位賞罰（二）

目的	検査の結果	罰金（1綛に付）
別製	飛切上	3銭
飛切上	飛切	3銭
飛切	一等	2銭
一等	等外	2銭

（ⅳ）切断賞罰

	1綛転繰中の切断	試験審査上の切断	賞罰
優等	2回	2時間中無切断	1銭賞
普通	4回	2時間中2回	0
劣等	5回以上7回以下	2時間中3回	1銭罰
最劣	8回以上	2時間中4回以上	2銭罰

（出所）「富岡製糸所工女賃銀及賞罰調査規則」『合名会社三井呉服店現行條規類集』（三井文庫蔵　A091−8）より作成。

表6－3は，富岡製糸所における品質に関する各種賞罰を整理したものである。職工集団を一定の規律のもとにとりまとめていたと言えよう。職工の機械への関わり方が，品質の優劣に影響を与えていたことが理解できる。その結果，「決められた製品を決められた通りに決められた手順で決められた時間内に正確にきちんと作業をする」ことに結びついていった。品質水準を保持した形で，大量生産体制を維持していくためには，熟練工や職工の教育が必要であり，規格の単純化の壁を乗り越えることの難しさを指摘することができるだろう。

一方で，海外からの技術導入にも関心が示されている。三重製糸所長・野口寅次郎は，明治32（1899）年，アメリカとフランス等に赴き，工場の視察を行った。かねてより中上川彦次郎から繰糸法について，三口取では需要拡大に対応できないため，新しい大量生産方法を海外から学ぶ必要性を説かれていたため，そのことを意識した視察であった（北山，1927，pp.212-213）。それゆえ海外からの技術導入については，間接的にではあるが，中上川彦次郎も関わっていることが指摘できよう。このことから，中上川彦次郎は，江戸時代から連綿と継承されてきた三井越後屋のノウハウと海外の技術を融合させ，最先端の工業部を目指していたと言えるだろう。野口寅次郎の視察には，日本製生糸の海外での評判と需要先，新規の機械の導入といったことも，海外視察の目的に掲げられていた（「明治33年8月三重製糸所長野口寅次郎氏欧米蚕糸業報告筆記」（三井文庫蔵　追2211））。なお，三重紡績所は，繰糸工場（取締長，取締副長，検査，検査補，繰方工女，煮方工女，見習方工女を配す），転繰工場（取締，検査，検査補，転繰方工女，見習方工女を配す），仕上工場（取締，検査，検査補，仕上方工女，見習方工女を配す），屑糸工場（取締，熨斗方工女，生皮苧方工女，見習方工女を配す）を擁する製糸工場である（「三重製糸所工場規定」『合名会社三井呉服店現行條規類集』（三井文庫蔵　A091－8））。海外工場の視察の結果は，明治33（1900）年8月「三重製糸所長野口寅次郎氏欧米蚕糸業報告筆記」としてまとめられている。この報告書には，アメリカにおける機業家，撚糸屋，晒し染屋の動向，工業部の各製糸所で製造された製糸のアメリカ顧客における反応が，フランスでは，ラックロアー製糸所，コンビール製糸所といった工場を視察していることが記載され

第6章　三井財閥による三井工業部の育成と展開　115

ている。とりわけ野口寅次郎が着目したのが，フランス・リヨンのベルト会社
であり，口立を一ケ所に集めることを学びその必要性を説いている。野口寅次
郎の持ち帰った口立の機械を三重製糸所で試みた後，他の製糸所にも導入・拡
大していくことが提言されている（「明治33年8月三重製糸所長野口寅次郎氏欧米蚕
糸業報告筆記」（三井文庫蔵　追2211））。実際に，三重製糸所ではベルト会社から
四口取の機械を100台を購入しており，視察の成果は機械の購入に影響を及ぼ
している。しかも四口取の機械であったが，六口取まで対応可能で，大量生産
に見合う機械であったとされる（北山，1927，p.213）。海外からの技術導入を三
重製糸所から開始していることは，興味深い。

　中上川彦次郎は，大量生産方法の改善のみならず，販売力強化にも着目して
いた（北山，1927，p.213）。販売促進のためのミッションを言い渡されたのが，
朝吹英二である。史料6-9は，明治31（1898）年3月，三井商店理事会におけ
る朝吹理事の陳述である。史料6-9によると，新町紡績所で製造された製品
を，これまで以上に三井呉服店で販売するよう働きかけている。朝吹英二は，
三井呉服店との連携を図ることで，販売拡大を目指していたことが認識できる。

史料6-9

朝吹理事陳述

一，新町紡績絹糸京都呉服店売捌方ニ関スル件

同理事曰ク新町紡績所ノ絹糸ハ重ニ京都ト伊勢崎ニ売捌キ京都ハ高田久七其
十分ノ七ヲ捌キ呉服店ハ其二三分ヲ売ルニ過キス然ルニ岡山ニ絹糸紡績起リ
京都紡績ニ於テモ第二工場出来セリ故ニ競争愈アルヘキヲ以テ若シ高田ニ於
テ故障ヲ生シ不捌ノ場合ニ至ラハ甚シキ影響ヲ来シ危険尠ナカラサルニ依リ
呉服店ヘ是迄ヨリ多分ノ口銭ヲ払ヒ鋭意尽力ヲ乞フカ又ハ相当ノ見世ヲ借受
ケ従来同店売捌ニ従事ノ者ヲ申受ケ尚其他多少ノ人ヲ雇入レ売捌ノ道ヲ立ツ
ルカヲ計画スルハ甚タ肝要ナリ此叓ニ関シテハ篤ト呉服店ト協商スル考ナレ
ドモ予メ状況ヲ陳シ御聴置キヲ乞フトノ議アリ

（『三井商店理事会議事録』（三井文庫蔵　追1856））

ところがその後，三井工業部は三井呉服店と合併するわけであるが，新町紡績所については，「新町紡績糸を注文せらるゝ方は直接新町紡績所又は下に記す当店本支店出張所又は特約販売店へ申込まるべし」(『氷面鏡』(三井文庫蔵 A091 - 10)) とあり，新橋紡績所が販売先になっていたり，表6－4に示した通り，三井呉服店以外に特約販売店が用意されていた。多様な販売先が用意されていたことは，三井呉服店の専属的な工場でないばかりでなく，三井呉服店と合併したにもかかわらず，主要な取引先でもないことを意味していた。新町紡績所と三井呉服店の連携が，図れていなかったわけである。このように，三井工業部と三井呉服店が合併することによって，販売問題を解決しようとしたわけであったが，両者の連携は難しかったと言えるだろう。

さらに言えば，明治35 (1902) 年11月に三井営業店重役会議で可決された史

表6－4　新町紡績所の販売先

販売先	所在地
三井呉服店	東京市日本橋区駿河町
町田徳之助	東京市浅草区黒船町十一番地
三井呉服店支店	京都市室町通り二條上ル
高田久七	京都市室町通り三條上ル
田中兵七	京都市烏丸通り三條上ル
三井呉服店支店	大阪市高麗橋通り二丁目
豊田善右衛門	大阪市高麗橋通り二丁目
三井呉服店出張所	上野国桐生町二丁目
永井傳松	上野国佐波郡境町
久保兵三郎	上野国多野郡新町
星野雄平	上野国多野郡藤岡町
白子屋安平	上野国前橋市竪町
海老原繁之助	下野国足利郡足利町二丁目
中村宗三郎	武蔵国八王子町八日町
佐分愼一郎	尾張国中島郡一宮町
佐久間蔵也	美濃国岐阜市美園町二丁目
田中善次郎	美濃国笠松町下本町
温田呉服商店	安芸国広島市中島本町

(出所)『氷面鏡』(三井文庫蔵　A091 - 10) より作成。

第6章　三井財閥による三井工業部の育成と展開　117

料6-10から，三井呉服店の中において，生産業務と小売業務の両方を運営することの難しさを指摘することができるだろう。産業の立ち上がりの時期であり，商業資本と産業資本は異なった諸条件の下に存立していて，同じ組織内での両立は困難であったと言えよう。

史料6-10

（前略）三井呉服店ハ明治三十一年十一月ニ於テ三井工業部ト合併シタリ而シテ此合併ハ呉服店ニ対シテ非常ノ打撃ヲ与ヘタリ工業部ト合併前ノ呉服店ハ別表ノ如ク資本金五十万円ノ外ニ積立金十六万四千五百円アリテ殆ント他ノ利付借入金ヲ仰カス営業スルコヲ得タルモノカ工業部ト合併後数年今度工業部愈々消滅シタル其結果トシテ一方ニハ積立金中ヨリ十二万三千五百八十七円六十三銭六厘ヲ取リ去ラレ一方ニハ絹糸紡績株券十四万五千円ヲ引受ケタル者ナレハ跡ニ残リシ呉服店ハ非常ノ窮境ニ陥リ此侭ニテハ営業ノ発達ヲ見ルコ思ヒモ寄ラス因テ第一ニハ従前積立金タリシ十二万三千餘円ノ補塡ヲ乞ヒ第二ニハ絹糸紡績株ノ買上ケヲ乞ヒ此両様ノ活路ヲ得テ纔ニ三十一年下季工業部ト合併当時ノ状態ニ復スヘキ次第ニ御座候当初ヨリ呉服店ト工業部ト合併セス別々ニ存立セシモノト仮定セハ呉服店ノ積立金ハ爾来増スアルモ減スルコナカリシハ明白ノ事実ニ候（後略）

（『三井営業店重役会議事録』（三井文庫蔵　追1864））

またこの時期，問屋制家内工業との競争が熾烈になっている。そのため，史料6-11にあるように，明治30（1897）年7月，「経費節約ニ関スル諭達」が達せられ，経費削減が指示されている。

史料6-11

近来諸物価ノ騰貴ニ伴ヒ薪石炭職工賃等非常ノ騰貴ヲ来タシ工費ノ増加尠ナカラス一般ノ工業上容易ナラサル影響ヲ蒙ムルニ至レリ就テハ此際当店各工場ニ於テハ諸事節約ヲ主トシ一方ニ於テ製産額ノ増加ヲ勉ムルト同時ニ事務

費工場費共十分ニ之ヲ節減スルノ方針ヲ採リ将来如何ナル逆境ニ処スルモ
裕々餘地ヲ存スル様致度此段特ニ及諭達候也
　明治三十年七月二十四日

　　　　　　　　　　　　　　　　　　　　　　部長　三井武之助
（『合名会社三井呉服店現行條規類集』（三井文庫蔵　A091－8））

　さらに，原材料価格も影響している。明治31（1898）年5月，三井商店理事
会議で朝吹工業部理事から発議された史料6－12によると，絹が相場変動に左
右され，工業部の言い値でなかなか決まらず，予想を上回る高値での購入と
なっていることが理解しうる。原材料の調達価格が高値となっていたことに
は，絹の調達機構が問屋制家内工業に抑えられていて，新規参入の工業部にお
ける低価格での調達が難しかったことを指摘することができる。

史料6－12

一，当季繭買入ノ件

朝吹理事曰ク昨年繭ノ季節ニ際シ二十七匁取金六百円ニテ買入ル、見込ノ処

六百五十円ヨリ終ニ七百二十円迄ニ騰レリ本年モ最早買入ノ季節ニ相成タレ

ハ二十五匁取金六百五十円ニテ精々上等新繭買入ル、ｺニ致シタシ尤モ右代

価ニテ買入候テモ百斤ニ付諸掛リ凡ソ二百五十円ナルヲ以テ都合九百円トナ

ル次第ナリ若シ右六百五十円ニテ買入ル、ｺ能ハスシテ昨年ノ如ク金

七百二十円ニモ相騰リ候場合ニハ更ニ御評議ヲ乞ヒ可申ナレドモ差当リ前記

ノ見込ニテ買入レニ着手致シ可然哉ト陳述アリ評議ノ末遂ニ之ニ決セリ

（『三井商店理事会議事録』（三井文庫蔵　追1856））

　明治35（1902）年5月には，管理部会議において，史料6－13にみられる通
り，新町紡績所と前橋紡績所の全国絹糸紡績業者大合同に加盟する案が，提出
され可決されている。

第6章　三井財閥による三井工業部の育成と展開　119

史料6－13

（前略）新町紡績所ハ先年迄大ニ利益アリシモ同業者ノ続出セシヨリ供給需用ニ超過シ昨年下半季ノ如キ大ニ損失ヲ来スニ至レリ前途ヲ案スルニ到底此ノ供給過度ノ趨勢ヲ脱スル「能ハサルベシ又前橋紡績所ハ尚ホ多少ノ利益ハアルモ今日ノ如ク同業者間ニ於テ互ニ競争スルニ於テハ其結果亦終ニハ困難ニ陥ルベリ殊ニ新町紡績所ノ機械ノ如キ最モ古物ニテ若シ永ク我手ニ存置センニハ勢ヒ多資ヲ投シテ新式機械ニ換ヘザルベカラズ旁這回ノ一大トラストニ加入シ内ニハ整理ノ一端トシ外ニハ従来ノ弊害ヲ一掃シ将来ノ目途ヲ立ツルコトハ尤モ必要ニシテ実ニ合同ノ好時機ナリトス此合同ニ洩レタルハ僅カニ日本絹綿及ヒ富士紡績ノ二会社ノミニシテ其他重ナル会社ハ加入スル「ナレハ我国ニ於ケル一大紡績会社トナリ競争ヲ絶チ需用供給其宜キヲ謀ル「ヲ得ヘリニ付本案ノ如ク加入可然ト審案ス

（「明治三十五年四月起管理部会議録」（三井文庫蔵　追1930））

すなわち競争が熾烈で，短期的に生産技術を身につけても生産のサイクルが激しく，生産ラインの陳腐化・老朽化が避けられなかった。また，既存設備の維持・管理というランニング・コストがかさみ，投資で回収した利益を追加的な設備投資の費用に振り向ける，という循環が回らなかったことが指摘できよう。このことが，連続的な技術革新の足かせになったのである。運転資金と新規の設備投資のためには，他部門からの資金援助が不可欠で，儲かった事業から新規事業に資金を振り向ける，という部門間の連携のサイクルが回らなかったわけである。

　結果として，工業部で生産される商品が，問屋制家内工業で生産される商品より，価格面・品質面において競争力をもつとは限らなかった。富岡製糸所，新町紡績所をはじめとする工業部は大量生産体制の構築を模索・追求していったわけであるが，紡績業，製糸業における機械化の展開は，従来の問屋制家内工業との二重構造を生じさせることになる。

　以上の要因が複合的に重なり，明治35（1902）年8月工業部は廃止され，新

町紡績所・前橋紡績所は京都絹糸紡績へ，富岡製糸所・大嶹製糸所・名古屋製糸所・三重製糸所は原合資会社へそれぞれ譲渡・売却された（三越本社編，2005，p.37)。生産業務に関して，三井財閥において選別が行われ，三井財閥の方針にそぐわないものは売却されることになり，三井財閥の取り扱いの中心である基礎素材をはじめとする基幹的商品をメインにする方策を打ち出していくことになる。

なお，明治35（1902）年6月の管理部会議で，新町紡績所が，45万円の価格で，絹糸紡績業者大合同に加入する件が可決されている（「明治三十五年四月起管理部会議録」（三井文庫蔵　追1930))。先に述べたように，14万1,000円の価格で官営工場の払い下げをしていたが，三井財閥では，その差額で新しい産業に投資し，次第に軽工業から重化学工業へ戦略を転換していくのである。三井工業部で大規模製造企業を育成したことは，三井財閥の中に工業に関する知識・経験を蓄積することになる。

第3節　三井工業部における日本の工業化への貢献

三井財閥では，官営工場の払い下げを契機に機械化された大規模工場での生産に着手していったわけであるが，とりわけ，三井工業部は次の4点において，日本の工業化に多大な貢献を果たした。

第1に，三井工業部で，「高付加価値商品を規格通りに大量に安定して生産する」という計画的な大量生産体制を構築したことは，戦後，世界的に注目を集めることになる，日本の大規模製造企業における工場管理の原型となる基盤の役割を果たしたと言えるだろう。

第2に，富岡製糸所を三井財閥が受け継ぐことによって，高品質な生糸の大量生産を行い，生産性向上に寄与した。このことは，日本経済にメリットをもたらすのみならず，その後，日本の絹産業が世界を席巻する基盤を築くことになった。また機械による製糸所は，問屋制家内工業と比較して，生産者の個人差がなくなり，均一商品の大量生産を可能にした。現在の製糸技術の基礎は，

この時代に形づくられていたといえよう。三井工業部は，日本の工業化に多大な貢献を果たしていたのである。

第3に，三井財閥では，三井工業部の設置により，それまでの小売業務，卸売業務に特定されることなく産業を手に入れたことは，その後の多くの大規模生産工場に着手する糸口になったことが指摘できよう。また，これらの技術が元になって大量生産が可能になり，この技術は，現在の製糸・紡績工業，電気機械工業を始めとするさまざまな工業分野にも活かされている。三井工業部の果たした役割は，大きいと言えよう。

第4に，芝浦製作所についてである。芝浦製作所については第8章で考察するわけであるが，三井工業部に所属していたわけであり，三井工業部の廃止により三井鉱山に移管された後，明治37（1904）年，三井財閥から独立して株式会社芝浦製作所，昭和14（1939）年東京芝浦電気株式会社，昭和59（1984）年に株式会社東芝となり，現在まで経営が継続している（株式会社東芝「沿革」（https://www.global.toshiba/jp/outline/corporate/history.html）2022年2月12日閲覧）。これは，三井工業部が現在の東芝を育てたということであり，家電・機械工業におけるその後の成長の礎を築いているということになる。

以上で考察したように，三井財閥が育成した工業部は，日本における機械化された大規模工場による大量生産体制の礎を築き，日本における大規模製造企業の成立を促進させていった。この意味において，三井工業部の日本の工業化に対して果たした役割は多大なものがあると言える。

(1) 三井工業部については，『三井工業部條規類聚』（三井文庫蔵　A016 - 14），『合名会社三井呉服店現行條規類集』（三井文庫蔵　A091 - 8），三井本社編（2005），三井文庫編（2015）に基づいている。
(2) 詳細は，武居（2015），pp.162-166を参照。

第7章　三井物産と三井財閥による工業支配

第1節　三井物産における丸に井桁三の暖簾に基づく
三井越後屋の組織文化の継承と信用調査

　三井物産では，明治10（1877）年，上海に出航した貨物に井桁三のマークが使用された（三井物産編，1965，p.21）。その後，井桁三が商標登録されたのは，明治36（1903）年5月である（三井物産編，1965，p.152）。このように三井物産においても，三井越後屋における丸に井桁三の暖簾の信用は，組織文化として引き継がれ，三井物産の行動基準として機能を果たしていくことになる。

　三井物産には，工業分野に進出するにあたって強みがあった。明治9（1876）年6月の「三井物産会社規則」に，「故ニ此会社ハ総テ正実ヲ旨トシ諸事丁寧深切ニ取扱ヒ普ク江湖ノ信用ヲ得以テ商業ノ隆盛ニ至ラン「ヲ目的トスヘシ」（第一條第二節）（三井文庫蔵　追765）とあり，信用重視が謳われている。つまり三井物産のマネジメントにおいても，三井高利の意思として信用が大切であるということが伝承されていた。

　三井物産の雇用にあたっては，「使用人登用規則」（明治32（1899）年3月達）第二條に，「新タニ登用スヘキ使用人ハ当会社ニ於テ信用アリト認ムル者ノ紹介ヲ経タル上（中略），紹介文案ハ左ノ如シ　何某ノ素行並資性ハ拙者熟知致居リ極メテ誠実ノ者ニ付貴会社ニ推薦候モ拙者ノ名誉ヲ毀損候様ノ儀ハ決シテ無之ト固信シ爰ニ紹介致候也」（『現行達令類集』（三井文庫蔵　物産90－1））とあり，信用ある人物の紹介が求められ，紹介者が採用者の人物を保証した。月給者として採用されるためには，試験に合格する必要があった。なお，試験科目は，商業簿記，数学，英会話，英和翻訳，英作文，和作文，和英筆跡，商業地理歴史，経済学，民事商事に関する法律が課せられており，英語も含まれた

写真7-1　益田孝

〈写真提供〉三井文庫。

(『現行達令類集』(三井文庫蔵　物産90-1))。人材の採用時から, 信用が重視されていることがわかるだろう。

　三井越後屋の井桁三の暖簾が信用となって継承されていることは, 益田孝の方針にも示される (写真7-1)。益田孝は,「きょうの利益より明日の信用」(日本経営史研究所編, 1976, p.77) と, 営業店・支店に対して語りかけていたとされ, そこには益田孝の信用に対する信念が伺える。明治28 (1895) 年6月, 益田孝の内訓には,「凡ソ商估ノ要ハ信用ヲ重スルニ在リ, 殊ニ当会社ノ如キハ最以テ永遠ノ利益ヲ期シ世信ヲ厚フスベキコトハ常ニ之ヲ口ニシ, 諸氏ニ在テモ素ヨリ当サニ服膺シテ忘レザル所ナルベシト雖モ, 奈何セン担任職務ニ対シ益金ノ多カラン事ヲ勉ムルノ余リ, 知ラズ識ラズ眼前ノ利ニ迷ヒ永遠ノ利ヲ忘ルル如キ処為ナキヲ保セズ, 是等ハ人情ノ弱点実ニ不得已所ナリト雖モ, 而カモ諸

第 7 章　三井物産と三井財閥による工業支配　125

氏ニ在テハ能ク此弱点ヲ征服シ，誠心実意貨主ノ便宜是計リテ遠大ノ希望ヲ抱
カレン事ヲ望ム。然ルニ唯眼前ノ小利ニ汲々シ，依託貨主ノ感情ヲ冥々ノ裡ニ
損シ，為メニ信用ヲ毀損スルガ如キハ当会社ノ目的ニ違フモノニ付，能ク此意
ヲ了シ執務相成度此段内訓也候」（日本経営史研究所編，1978，pp.186-187）とあり，
信用重視が掲げられていて，信用重視の商売が目指されたことが理解できる。

　益田孝の信用重視の姿勢は，社内にとどまらず，紡績会社，取引先といった
社外においても徹底された。それは，紡績会社や取引先に対して，信用調査と
なって実施されていくことになる。

　明治37（1904）年2月に改訂された「取引先信用程度伺出方ノ事」をみてみ
よう（史料7-1）。史料7-1によると，各取引先の信用程度は，運用面におい
て，毎年雛形に記入して社長に経伺することが義務づけられていた。新規に受
注を獲得した取引先に信用程度を設定する時にも，社長に経伺することが明記
されている。しかも，信用程度は変化することも想定されていて，その推移を
把握し，損失を回避することが謳われている。

　雛形についてみると，「紡績会社信用程度調」と「得意先信用程度調」の2
種類に分かれていた。

　「紡績会社信用程度調」では，信用程度を精査する内容として，営業ならび
に役員の適否に関する点数表（役員の適否，資本運用の良否，営業の見込の平均値），
社債ならびに不動産担保借入金，潰直段に資金の過不足を加減した純資産，地
所建物器械潰直段（一錘に付，全錘数に対し），固定資本に対する資金過不足，
帳簿面地所建物器械代，諸積立金，払込済資本金，運転錘数並機台数といった
合理的基準が設定されており，資産の状態について細かく記入することになっ
ていた。なかでも注目に値するのが，役員も評価基準に入っていることであ
る。どのような人物がマネジメントしているかも，信用の大きな要素であっ
た。また，説明欄をみると，現在の取引関係における期日を守った支払いや関
係性が良好であることも，信用に含まれている。

　次に，「得意先信用程度調」では，営業ならびに本人の状態（相続人の有無状
態，投機関係有無，品行，本人の技倆，融通の良否，営業の見込），当社との一カ年

取引高，純資産又は純負債，負債，資産（不動産，有価証券，その他）が，信用程度を測定する尺度として設定されていた。「得意先信用程度調」は，「紡績会社信用程度調」より簡略化されている。また，「紡績会社信用程度調」では，人物の信用について，役員の適否であったのが，「得意先信用程度調」では，本人の技倆となっていることから，得意先として想定されていたのは，紡績会社より小規模な企業であることが考えられる。もう一つ強調すべきは，相続人の有無という項目が入っていることである。後継ぎがいるかどうかも，信用程度の1つの基準となっており，代替わりした後の取引も見定めていることから，取引の持続性を示す判断基準と言えよう。

そして，融通ノ良否とあり，これは三井物産への協力度を示す一つの指標になっている。信用の確保のために，協力度がその条件の一つに入っていることは興味深い。これは，取引先の三井物産への忠誠度を図るための基準であると言えよう。なお，得意先については，過去1年分の取引高のみならず，営業の見込みとして，今後の収益可能性も記入するようになっている。

また，営業の見込みは，「紡績会社信用程度調」にもあった項目であるが，「得意先信用程度調」では，品行，本人の技倆，融通ノ良否も追加されていて，データで把握できない担当者の力量や経験的知識で決める要素がより多く含まれている。いずれにしても，信用程度調査は，データと経験的知識の両側面から判断されていたと言えるだろう。

史料7－1
取引先信用程度伺出方ノ事
取引先信用程度伺出方左ノ通リ心得ヘシ
一，各取引先ノ信用程度ハ毎年三月中ニ改定ノ上別紙雛形ノ調書ヲ添ヘ社長ニ経伺スヘシ
　　但雛形記載ノ各項取調ノ途ナキトキハ其取調ヘ得タル事項ノミヲ記載スヘシ
一，新タニ信用程度ヲ定メントスル場合ニハ其都度社長ニ経伺スヘシ
一，信用程度ハ単ニ伺出当時ニ於テ取引先ニ与ヘ得ヘキ信用ノ最大限度ヲ示

スニ止ルモノナルヲ以テ当該支店長出張所長又ハ出張員首席ハ常ニ取引先信用ノ変移ニ注意シ其限度以内ニ於テ伸縮ヲ加ヘ若クハ之ヲ全廃スル等適宜ノ措置ヲ執リ以テ不測ノ損失ヲ醸成セサランコトヲ期スヘシ

〈写真提供〉三井文庫。
(出所)『現行達令類集』(三井文庫蔵　物産90-1)。

明治41（1908）年8月に施行された「信用程度届出ニ係ル改正達案」によれば，信用程度届出について変更が行われている（史料7－2）。史料7－2によれば，取引先の信用程度が変化した場合には，迅速に調査課に報告することが新たに追加されている（四）。取引先と契約が成立した後も，取引先の信用程度を常に把握することで定期的に監視し見直す管理の仕組みは継続して導入されている（三）。取引先との継続性に重きを置いていたわけである。その結果，三井物産ブランドの社会的信用をより一層高めることになった。

史料7－2

一，信用程度届出ニ係ル改正達案

達（第二十三号）

　　　　　　　本，支店，部，出張所，出張員

取引先信用程度届出方現今右ノ通心得ヘシ

一，右取引先ノ信用程度ハ毎決算期ニ於テ名前并挑度金高ヲ定メ社長ニ届出ツヘシ

二，前項信用程度ヲ定タルニハ取引先ノ資産負債ノ状態，営業ノ成績并将来ノ見込，取扱者ノ適否，金融ノ模様，取引振，金払ノ遅速等信用ニ関係スル凡而ノ事情ヲ精査シ安全ノ程度ニ於テ之ヲ決定スヘシ

三，前項信用程度ヲ届出ニシタル後ト雖モ取引先ノ信用ノ変移ニハ常ニ注意ヲ施シ其限度以内ニ於テ伸縮ヲ加ヘ若クハ之ヲ全廃スル等適宜ノ措置ヲ執リ以テ不測ノ損失ヲ譲成セサランコトヲ期スヘシ

四，一ノ取引先ニ対シ二店以上ニ於テ取引ヲ為スコトナキニ非ス

故ニ取引先ノ信用上変移ヲ発見シタルトキハ単ニ世間ノ噂ニ止ル場合ト雖モ速ニ之ヲ調査課ニ電報并郵便シ調査課ニ於テ他関係店ヘ注意ヲ与フルノ便ニ資スヘシ

五，明治三十四年五月十四日達第十六号并三十七年二月二十四日達第十二号取引先信用程度伺此方ニ関スル規定ハ現今之ヲ廃ス

六，本年三月以降伺出ノ上許可ヲ得タル信用程度ハ本文届出ニ代用ス但未タ

第7章　三井物産と三井財閥による工業支配　129

此手続ヲ履マサル向ハ此際速ニ本達ニ基キ取引先名前并其信用程度金高ヲ届
出ツヘシ

右相達候也

　年　　月

　　社長

（「会議所」（三井文庫蔵　物産164））

　その後，大正12（1923）年8月，「取引先信用調査事務取扱規程」が新たに制
定される（史料7-3）。これに伴い，「取引先信用程度経伺規程」は廃止される
ことになる。史料7-3によれば，信用程度は，第一信用程度とよばれる債権
に対する信用程度と，第二信圧程度とよばれる売買約定に対する信用程度の2
つに分類されている。第四條から，売付先の第一信用程度は，売掛金受取手形
等の債権残高に対して相手先が支払いうる能力が，買付取引先の第一信用程度
としては，前渡金，融通資金等の債券残高に対して相手先が支払いうる能力
が，設定されている。第七條から，売付取引先の第二信用程度は，売約定残高
に対して相手先が完全に引取り代金の支払を為し得る能力が，買付取引先の第
二信用程度としては，買約定残高に対して相手先が安全に引渡し得る能力が設
定されている。これら合理的基準に基づいて設定された信用調査は，本店調査
課がその情報を統轄すると共に（第十二條），各店に調査事務主査が配されてい
て，売買掛，その他の関係掛，集金掛の調査や把握にあたった（第十三條）。な
お，調査については，興信所を利用することもあり，その場合には，参考資料
として添付することになっていた（第十五條）。信用調査の対象は，仲買人，運
送店，代理店にまで及んだ（第十六條）。このように，信用調査はさらに精緻な
ものとなり，その運用が定着していった。

　　史料7-3

　取引先信用調査事務取扱規程

　第一條　各店ハ慎重ニ取引先ヲ選択シ不断其信用ノ調査ヲ為スヘシ

第二條　各店ハ次年度ノ取引ニ対シ毎下半季末迄ニ信用程度ヲ経伺スルコトヲ要ス

第三條　信用程度ハ之ヲ左ノ二種ニ分類ス

　一，債権ニ対スル信用程度（第一信用程度）

　一，売買約定残高ニ対スル信用程度（第二信用程度）

第四條　債権ニ対スル信用程度ハ相手方カ売買契約ヲ完全ニ履行シ得ルコトヲ前提トシ左ノ通リ申請スヘシ

　一，売付取引先ノ第一信用程度ハ売掛金受取手形等ノ債権残高ニ対シ相手先カ支払ヒ得ル能力ヲ標準トス

　二，買付取引先ノ第一信用程度ハ前渡金，融通資金等ノ債権残高ニ対シ相手先カ支払ヒ得ル能力ヲ標準トス

　三，特ニ協定ヲ為シ当社ト貸借勘定ヲ有スル相手先（引合店勘定）ニ対シテハ貸越限度ニ付信用程度ノ申請ヲ為スヘシ

　四，現金売買ノ約定ト雖モ実際現金引換ニ非サル相手先ニ対シテハ信用程度ノ申請ヲ為スコトヲ要ス

第五條　第一信用程度ハ伺出当時ニ於テ取引先ニ与フル信用ノ程度ヲ示スモノニ過キサルヲ以テ仮令認可ヲ得タル後ト雖モ取引先信用ノ推移ニ注意シ其程度以内ニ於テ伸縮ヲ加ヘ不測ノ損害ヲ醸成セサランコトヲ期スヘシ

第六條　第一信用程度ノ申請又ハ認可ヲ為シタル取引先ニシテ別ニ根抵当物件ヲ提供セル場合ニハ本店ノ認可ヲ得テ是ニ特別信用限度ヲ与フルコトヲ得

　但其限度ハ根抵当物件ヲ処分スル場合ニ於ケル当社ノ手取価格ヲ標準トス

第七條　売買約定残高ニ対スル信用程度ハ左ノ通リ申請スヘシ

　一，売付取引先ノ第二信用程度ハ売約定残高ニ対シ相手先カ完全ニ引取リ代金ノ支払ヲ為シ得ル能力ヲ標準トス

　二，買付取引先ノ第二信用程度ハ買約定残高ニ対シ相手先カ安全ニ引渡シ得ル能力ヲ標準トス

第八條　第二信用程度ハ伺出当時ニ於テ取引先ニ与フル売買約定残高ノ最高程度ヲ示スモノナルヲ以テ仮令認可ヲ得タル後ト雖モ取引先信用ノ推移ニ注

意スルハ勿論引合商品ノ相場ノ変動，受渡期限ノ長短等ヲ考慮シ其認可セラ
レタル程度以内ニ於テ伸縮ヲ加ヘ取引ノ安全ヲ期スヘシ

第九條　本店ノ認可ヲ得タル乗合勘定先ニ対シテモ其債権及約定残高ニ付信
用程度ノ申請ヲ為スコトヲ要ス

第十條　信用程度ハ前年度取引高，本年度取引予想高，資産負債正味身代，
人物，取引振，生産供給能力等ノ状況ヲ精査シ実際当社トノ取引上必要ノ範
囲内ニテ安全ナル程度ニ於テ伺出ヲ為スヘシ

第十一條　季節又ハ其他ノ事情ニ依リ信用程度ノ臨時増額ヲ必要トスル場合
ニハ成ルヘク期間ヲ定メ臨時程度トシテ申請スヘシ又定時申請以外ノ時期ニ
於テ新規ノ取引先ト引合セントスル場合ニハ其都度信用程度ノ申請ヲ為スヘ
シ

右臨時程度又ハ追加増額ヲ要スル場合并新規ノ信用程度ニ付申請ノ手続ヲ為
ス暇ナキ場合ニハ金額ノ多額ナラサルモノハ安全ナル取引先ニ限リ必スシモ
事前ニ手続ヲ為スヲ要セス事後承認ノ手続ヲ為スコトヲ得，但大口ノモノハ
事前ニ経伺ノ手続ヲ為スコトヲ要ス

第十二條　取引先，事業ノ消長，信用ノ変化，組織又ハ当事者ノ変更其他重
要ナル変化ニ付テハ其都度之ヲ本店調査課並関係店ニ報告シ連絡ヲ取ルコト
ニ注意スヘシ，特ニ急ヲ要スルモノハ電信ニテ報告スヘシ

第十三條　信用調査ハ各店調査事務主査之ヲ担当シ常ニ売買掛ハ勿論其他ノ
関係掛並集金掛ノ諸報告ヲ総合シテ調査スヘシ

第十四條　各店ハ信用調査ニ関スル台帳ヲ備ヘ記録ノ完備ヲ計ルヘシ

第十五條　信用程度申請ニ際シテハ売約定先並買約定先別トシ別紙雛形ノ用
紙ニ各必要事項ヲ記入シ且必ス取引先考査表ヲ添付スヘク又興信所報告ノ如
キ参考書類ハ成ルヘク之ヲ

添付スヘシ

第十六條　仲買人，運送店，代理店等ノ関係先ニ付テモ常ニ信用ヲ調査シ特
ニ当社トノ関係程度ヲ詳細ニ説明セル考査表ヲ作成シテ本店ニ送付スヘシ

　　但当社ト債権関係ヲ生スヘキ相手先ニ対シテハ信用程度ノ申請ヲ為スコト

ヲ要ス

第十七條　取引及商品ノ性質並各店ノ事情ニ依リ信用程度ニ関シ本規程ヲ適
用スルコト困難ナル場合ニハ予メ本店ニ経伺ノ上特別ノ打合ヲ為スヘシ

第十八條　信用程度ニ関スル伺出書類ハ総テ調査課長ヲ経由スヘク又信用調
査ニ関スル情報ハ必ス本紙又ハ写ヲ同課長ニ送付スヘシ

　　　　（別紙雛形ハ之ヲ略ス）

備考　本規程ハ大正十三年度ヨリ実施シ在来ノ取引先信用程度経伺規程ハ本
規程実施ト同時ニ廃止ノ事

（『現行達令類集』（三井文庫蔵　物産90－6））

　以上で考察したように，三井物産では，信用調査のノウハウを組織能力とし
て社内に蓄積していった。そして，次節以降で展開される工業分野へ進出する
にあたって発揮されたのが，暖簾に象徴されるこの信用調査の組織能力であ
る。信用できる製造企業とどれだけパートナーとなれるかが，大きなポイント
になっていた。社内に蓄積された信用に関する組織能力は，三井物産の工業分
野への進出を容易なものにした。また，信用に基づくマネジメントでは持続性
が重んじられたため，製造企業との関係性を継続させることが可能となった。
三井物産で信用をベースにした製造企業との関係性を重視したことは，確実な
製造企業を掌握することになる。

第2節　一手販売契約による製造企業へのコミットメント

　三井物産は，明治9（1876）年7月に創業し，スタートアップは小規模であっ
た。ビジネスの利益の源泉は，「専ラ他人ヨリ依頼ヲ受ケ物産ヲ売捌キ或ハ買
収シテ手数料ヲ得ル問屋即チ欧州謂フ所エジェント商売」（日本経営史研究所編，
1978，p.49）とあることから，市場開拓努力や産地開拓努力に対して支払われ
る手数料収入であることが理解できる。明治26（1893）年6月，「三井物産合名
会社契約」においても，「当会社営業ノ目的ハ内外物産ノ依托売買ニ従事スル

第7章　三井物産と三井財閥による工業支配　133

ニ在リ」（第二條）（「三井物産合名会社契約及諸規則」（三井文庫蔵　物産57－1））を業務と謳っており，B to B 取引を基本とする委託取引による手数料を収益源としていた。

　表7－1に，製造企業との取引契約の一例を示した。表7－1より井桁三の暖簾の信用に基づいて，「決められた取引条件で決められた通りに高付加価値の卸売サービスを提供する」ことが，三井物産の提供するサービス価値となっていることが認識できる。また，三井越後屋時代から継承される品質管理のノウハウは，三井物産からの品質指示に役立てられた。製造企業の生産する製品の品質について介入したことは，製造企業の品質水準を高める効果が期待できた。なお，豊田式織機，鐘淵紡績，小野田セメントの取引契約書については，第8章で考察することになる。

　一手販売契約は，日本国内企業のみならず，海外の有力製造企業とも契約を結んでいる。明治31（1898）年頃における主要な一手販売・代理店契約を取りつけた海外製造企業名と取扱商品を表7－2に示した。工業分野へコミットメントするため，新しく台頭する製造企業とリレーションシップを構築することから出発していたことが認識できる。いち早く製造企業に楔を打ち込んで，これらの製造企業とリレーションシップを構築していったのである。生産財の調達や販売を担うことで，間接的に三井財閥や日本の工業化に貢献していたと言えよう。

　このような海外の製造企業への接近は，工業に見識を深める一つのきっかけになっていく。明治31（1898）年の「英国各製造所巡廻日記」によると，産業革命発祥の地であるイギリスへ視察に赴いている。イギリスにおける工場の視察によって，Hnlse & Co., Wm. Muir, Craven Bros., Beyer Peacock & Co., J.Hetherington & Sons, Greenwood & Batley, Joshna Bucton & Co., Henly Berry & Sons, Stesm Hammers, B & S. Massey, Thwaites Bros., Nasmyth Wilson & Co., Woodworking Machines, Thomas Robinson & Sons といった企業の機械が使用されていることが報告の一つとしてなされており，技術面に関心を示していることが理解できる（「英国各製造所巡廻日記」（三井文庫蔵　物産

134

表7-1 製造企業との取引契約

製造企業名	主な契約項目	内　　容
日本鉛管製造株式会社	契約年	明治32（1899）年5月
	取扱商品と内容	鉛管の販売、鉛管製造原料の仕入れ
	品質管理	見本提示「注文品ノ品質、寸法、重量等総テ見本品ト同一タルベキ事」（第四條一）
		品質についての責任の所在「買入品ノ廻送中又ハ受渡中ニ生シタル品質ノ損傷滅失ハ一切日本鉛管製造株式会社ノ負担トス」（第十三條）
		不良品への対応「製品粗悪、寸法重量等ノ相違、引渡期限ノ遅延、其他不合格ニ由リ生ジタル損害ハ総テ日本鉛管株式会社ニ於テ之ヲ賠償スベシ」（第十七條）
		不良品への対応「買入品ノ粗悪引渡期限ノ遅延ニ依リ生ジタル損害ハ総テ三井物産合名会社ニ於テ之ヲ賠償スベシ」（第十八條）
	取引条件	一手販売契約「日本鉛管製造株式会社ハ本契約ノ有効期限内其製造ニ係ル鉛管ノ一手販売方及其鉛管製造原料ノ一手仕入方ヲ三井物産合名会社ニ依托シ三井物産合名会社ハ誠実ニ之レカ販売及仕入方ヲ務ムベシ」（第一條）
		一手販売契約「日本鉛管製造株式会社ハ本契約ノ有効期限内三井物産合名会社ノ承諾ヲ経ルニ非レバ他ノ需メニ応ジテ其製品ヲ販売シ若クバ他ヘ其原料ノ仕入方ヲ依託セザルベシ」（第二條）
		定価の設定「日本鉛管製造株式会社ハ豫メ鉛管ノ定価ヲ設ケ三井物産合名会社ヘ通知シ置クベシ而シテ之レガ変更ノ必要アルトキハ三十日以内ニ三井物産合名会社ニ通知スベシ」（第三條）
		数量、価格、引渡期間「三井物産合名会社ニ於テ鉛管ノ注文ヲ受クル場合ニハ其注文品ノ数量、価格及ヒ引渡期日等ニ付日本鉛管製造株式会社ト協議スベシ而シテ愈注文ヲ引受ケタル以上ハ日本鉛管製造株式会社ハ左ノ義務ヲ履行スベシ」（第四條）
		手数料「日本鉛管製造株式会社ハ製品売捌手数料トシテ売捌金額ノ百分ノ二分五厘（即百円ニ付二円五十銭ノ割）ヲ三井物産合名会社ニ支払フベシ」（第十條）
		手数料「日本鉛管製造株式会社ハ原料仕入ノ手数料トシテ其買入品ノ原価諸掛及立替金額百分ノ一半（即チ百円ニ付一円五十銭ノ割）ヲ三井物産合名会社ニ支払フベシ」（第十一條）
		三井物産への報告「日本鉛管製造株式会社ハ毎週一回製品ノ種類数量及現在高ヲ三井物産合名会社ニ通知スベシ」（第五條）
		貸金「日本鉛管製造株式会社ニ於テ鉛塊又ハ販売豫備ノ為メ製造シタル鉛管ヲ買入トシ借用金ヲ望ムトキハ三井物産合名会社ハ鉛塊時価ノ十分ノ八（即百円ニ付八十円ノ割）以内ノ貸金ヲ為スベシ」（第六條）
品川毛織株式会社	契約年	明治36（1903）年12月
	取扱商品と内容	製造原料の供給
	品質管理	両社の協定「物産会社ハ時々原料并ニ製品ノ売買ニ関スル協定ヲ為ス為メ役員ヲ毛織会社ニ出張セシムヘク毛織会社モ亦製品製造法協定等ノ為メ物産会社ヘ社員ヲ出張セシムヘシ」（第七條）
	取引条件	一手販売契約「毛織会社ハ本契約有効期限間其所要ノ製造原料ハ総テ物産会社ヨリ供給ヲ受クヘキコト及其製品ハ悉ク物産会社ヘ売渡スヘキコトヲ約ス」（第一條）
		手数料「物産会社ヨリ毛織会社ニ供給スル物品ニ対シテハ毛織会社ハ口銭トシテ次ノ定率ヲ以テ物産会社ヘ払渡スヘシ　一、製造原料ニ付テハ原価ノ一分　二、機械石炭ニ付テハ原価ノ二分五厘」（第二條）
		三井物産からの融通「毛織会社ニ於テ製造上必要ノ流動資金ハ可成低利ヲ以テ物産会社ヨリ融通スヘシ」（第六條）

（出所）「書類」（三井文庫蔵　物産274）、「品川製絨工場書類」（三井文庫蔵　物産270）より作成。

第7章　三井物産と三井財閥による工業支配　135

表7-2　三井物産と海外製造企業との一手販売・代理店契約（明治31（1898）年頃）

製造企業名と所在地	取扱商品
Platt Brother's & Co., Ltd., Oldham	綿糸，屑糸，毛糸紡績機械，綿布，羅紗製造織機
John Musgrave and Sons, Ltd., Boston	蒸汽機械，汽罐，暖水管，鉄製建物，エコノマイザー管
E. Green and Son, Manchester	エコノマイザー
John Ormerod and Sons, Castleton	ロール革，調革，各種製革品
Steward & Co., Glasgow	水道鉄管，瓦斯管，異形管，錬鉄管
M. Sheard and Son, Ltd, Batley	軍用羅紗
James Kenyon and Son, Lancashire	陸軍用毛布
Meredith-Jones & Sons, Wrexham	ローラー・クローズ
A. Ransome & Co., London	木工機械
Rosedowns and Thomsons, Hull	製油機械
Somuel Lowsons & Sons, Leeds	製鋼機械
Jeorge Cradock & Co.,wakefield	鉱山用鋼索
Hulse & Co., Manchester	工具，航海用，鉄道用各種機械，大砲
Greenwood & Batley, Ltd., Leeds	紡績機械，鋳造機械，水雷艇，弾薬
The Campbell Gas Engine Co., Ltd, Halifax	瓦斯機関，石油機関
Mather and Platt, Ltd., Manchester	発電機，電気鉛機械，電線
Dowson Taylor & Co., Manchester	自動消火器
Wilson Brother's, Ltd., Todomorden	木管
H. Marinoni, Paris	印刷機械
The Waterbury Watch Co., Waterbury	白銅龍頭片硝子実用時計，同高等時計，銀側龍子片硝子大形及小形時計，金着龍頭片硝子保険附時計
The Carnegie Steel Co., Pittsburg	車両，汽罐車，汽罐，橋梁，高架鉄道，鉄柱其他各種

（出所）三井物産編（1965），pp.150-152より作成。

413））。イギリスにおける最先端の工場視察により吸収した知識は，商社として取扱うための製品知識だけではなかった。工場，機械，技術に関するノウハウや，製造工程に関する知識にまで精通することとなった。

　以上，三井物産は生産と販売の結節点となることで，製造企業の生産拡大に寄与する。この意味で，三井財閥や日本の工業化の基礎を間接的に形作ったと

言えよう。三井物産は，製造企業のサポート的な役割を担っていたわけであるが，工業分野にも積極的に経営関与していくことになる。この点について，次節以降で考察することにしよう。

第3節　貸金による影響力の強化

　三井物産では，炭坑に貸金を施している。明治29（1896）年12月に理事会に提出・可決された史料7－4によると，豊国炭坑に15万円の貸金を行う見返りとして，豊国炭坑の一手販売権を獲得している。貸金と一手販売契約が連動していることが指摘できよう。

　　史料7－4
　　一，豊国炭坑ヘ金十五万円貸渡シ同炭一手販売引受ケノ件
　　理由　別紙約定書草案ノ趣旨ニ拠リ筑前国豊国炭坑主平岡浩太郎外二名ニ豊
　　国炭坑抵当金十五万円ヲ貸渡シ該坑出炭ヲ当会社ノ一手販売物ト為シ近来供
　　給欠乏ヲ補足候ノ事ニ致度事
　　右ノ理由ニ依リ本案提出候也

三井物産合名会社

（「理事会議案」（三井文庫蔵　物産118））

　また明治38（1905）年8月，管理部会議に「岸岳炭坑ヘ貸金同炭一手販売引受之件」が提出されている（史料7－5）。史料7－5から，貸金について岸岳炭坑の方から持ちかけていることがわかる。炭量が豊富なこと，採掘コストが安価なことが，三井物産が資金面において支援する決め手になっており，その見返りとして，一手販売権による専属体制を構築しようとしていることが指摘できるだろう。貸金により，炭坑への支配を強めていったわけである。

第7章　三井物産と三井財閥による工業支配　137

史料7－5

一，岸岳炭坑ヘ貸金同炭一手販売引受之件

野依範治氏等所有ニ係ん肥前国唐津岸岳炭坑ヘ貸金同炭一手販売引受ノ件ニ就テハ是迄再三門司支店ヨリ伺出来候相場ノ炭坑ヘ貸金ハ自今見合ノ方針ナル旨ヲ以テ断然非認致来リ候処此度坑主上原右ノ理由ヲ以テ懇談有之候

一，目下炭坑ヲ一番抵当トシテ唐津銀行ヨリ五万円二番抵当トシテ沢山精八郎ヨリ十万円借入申而シテ沢山ニ対シ石炭一手販売ヲ託シ申然ルニ同炭坑永遠ノ計ヲ策スルニ沢山ノ安キモノニ一手販売ヲ託シ置候ハ不利益ナルヲ以テ是非三井ニ一手販売ヲ托シ度之ヲ為スニハ沢山ヨリノ借入金ヲ返却セサルヘカラサルヲ以テ此際十万円借入度事

一，採炭費用ハ貸車積入迄一屯ニ付金三円究アレハ十分ナルヲ以テ三井ニ販売ヲ委托シ先石炭ニ就テハ尽上代金中ヨリ一屯三円割ヲ以テ生産原費支払ヲ得レハ足レリ□テ其残額ヨリ諸掛ヲ控除シ先差引尻ハ全部借入届ニ返入スヘシ

一，前項通リトスルトキハ炭坑ノ如何ニ依リ変化アルモ仮リニ一屯ニ付一円丈返弁スルトスルモ毎月ノ出炭約八千屯ニ対シ八千円丈返済シ得ヘキ勘定トナル（一屯ニ付一円丈返済仮令炭価下落スルモ裕ニ之ヲ為シ得ヘシ）

一，返済期限ハ先以明年二月限リト定メ置キ夫レ迄ニハ如何ニ内輪ノ見積ルモ借入金十万円中五万円□ニ返済シ得ヘシ而シテ其際ニ至リ三井ニ於テ延期ヲ済マシサルトキハ最早五万円ナシハ他ヨリ金融スルコトモ周稚ニアラサルヘキヲ以テ三井ノ借入金ハ全部完済シ一手販売丈ハ依然三井ニ託スルコトヘ為スヘシ

一，前項返済金ノ確実ヲ証スル為メ明年二月迄ノ出炭ヲ直安ヲ定メテ門司支店ヘ売約スルモ一つは然ルトキハ其内三円丈ノ生産原費ヲ控除シ三井ヘ返入シ得ヘキ金額立所ニ明白トナル也

大要以上ノ通リニ有之坑主ノ目的ハ三井ノ取扱損ヲ信認シ同炭一手販売ヲ三井ニ托セシトスルノ外他側ヨリ云ヘハ同炭坑ノ含有炭量豊富ニシテ採掘費比較的割安ナルコト別冊牧田氏ノ調査根性書ニ明カナル同炭ノ販売ヲ引受ケル

事ハ唐津出張所ノ石炭商売被延テハ門司支店ノ石炭商売上便答少ナカラズ候
間短期ノ貸金ノ事方旁先方依頼ノ通リ炭坑ヲ二両抵当トシテ金十万円貸渡シ
同石炭ノ一手販売ヲ引受申度此義御評決ヲ□□候ハ，利息之事其他細目ハ坑
主□□候ヘ者可致候

右為御評議候也

（「管理部会議案」（三井文庫蔵　物産127））

第4節　役員の就任による製造企業の経営支配

　三井物産では，製造企業の役員に就任して，直接的に発言力を高めていく動
きがある。まず力を入れたのが，製造企業として成長可能性があると見込んだ
台湾製糖と上海紡績である。

　明治33（1900）年12月に設立された台湾製糖株式会社（台湾製糖と略する）は，
取締役に益田孝が，監査役に上田安三郎が，相談役にアーウィンが就任した[1]。
台湾製糖には，三井物産が1,500株，益田孝，上田安三郎がそれぞれ500株出
資していて，取締役就任と投資の両側面から経営を主導した。

　上海紡績についてみてみると，明治35（1902）年の設立に伴い，上海支店
長・山本条太郎が取締役に就任した[2]。上海紡績の設立には，興泰沙廠を上海
支店が30万テールで買収したことがベースになっていて，取締役就任と投資
の両側面から経営を握った。明治41（1908）年3月に管理部会議に提出され同
年4月に施行された史料7-6によれば，藤瀬政二郎も取締役に就任し，役員
の増員が図られている。同時期に，上海紡績は三泰紡績を合併して第2工場に
していることから，発言力の強化がその目的の一つとして考えられる。

史料7-6

一，藤瀬政二郎上海紡績株式会社取締役ニ就任認可之件

理事山本条太郎従来上海紡績株式会社取締役ニ就任致来リ候処這回帰朝ニ付
上海ニ於テ当社ノ上海紡績ニ対スル利益ヲ擁護セシムル為メ藤瀬政二郎ヲモ

取締役ニ差加ヘ置申度事

　（備考）当地上海紡績ヲ大株主ナルノミナラス同紡績ノエゼントヲモ引度
候間本文ノ通上海在任者一人ヲ取締役ニ就任セシメ置事必要ニ御座候

（「管理部会議案」（三井文庫蔵　物産132））

　三井物産が上海紡績を成長に導いたことは，在華紡績の先んじた取り組みと
なり，日本綿花や内外綿が追随することになる（日本経営史研究所編，1978,
p.276）。

　表7－3は，明治26（1893）年から明治41（1908）年にかけて，「理事会議案」,
「重役会議案」,「管理部会議案」より，主要な製造企業への役員の就任を整理
したものである。表7－3をみると，役員就任による製造企業への経営支配の
動きは，明治30（1897）年頃から高まっていることが理解できる。強く信用で
きる企業は限られている中，信用をもとに三井物産と特定製造企業との結束を
図っていった。いずれにしても，産業の立ち上がりの時期であったため，三井
物産の庇護の下に，製造企業が開拓・育成されていったのである。製造企業の
役員に就任することによって製造過程を掌握したことは，三井財閥の工業支配
に寄与した。

第5節　投資による製造企業の掌握

　三井物産の製造企業への経営支配の動きは，加速する。図7－3に示される
ように，三井物産の取扱高は増加傾向を示し，大正13（1924）年には，
1,035,509,000円に達し，大規模化を果たす（三井物産編，1965，p.143）。その過
程で，利益の余剰分を新たな製造企業への投資に振り向けていくようになる。
表7－4に示したように，急速に需要が拡大する可能性がある分野に絞り込ん
で投資していった。三井鉱山，三井物産共同出資の匿名組合，東洋レーヨン，
三鱗煉炭原料，東洋無煙炭，関西石油，Portuguese India Mining & Syndicate,
日本製粉，吉江飼料，三昭自動車，三治運輸，ボルネオ油田組合，日本配合飼

表7-3　製造企業への役員の就任

会議年	企業役員名	人名
明治26年12月会議	東京帽子株式会社監査役	馬越恭平
明治28年12月廻議	中国鉄道株式会社取締役	馬越恭平
明治29年1月廻議	鐘淵紡績株式会社取締役	飯田義一
明治30年5月可決	大阪燐寸株式会社取締役社長	飯田義一
明治30年5月可決	朝日紡績株式会社監査役	飯田義一
明治31年5月可決	玉島紡績株式会社監査役	山本条太郎
明治31年6月可決	朝日紡績株式会社監査役	飯田義一
明治31年8月可決	柴島紡績株式会社監査役	飯田義一
明治31年8月可決	柴島紡績株式会社取締役	山本条太郎
明治32年10月提出	三池紡績株式会社取締役	益田孝（専務理事）
明治32年10月提出	三池紡績株式会社監査役	山本条太郎（大阪支店次長）
明治32年11月提出	日本鉛管製造株式会社取締役	上田安三郎（理事）
明治33年4月提出	大阪毛糸株式会社監査役	飯田義一（大阪支店長）
明治33年12月提出	台湾製糖株式会社取締役	益田孝
明治33年12月提出	台湾製糖株式会社監査役	上田安三郎
明治35年2月提出	日本フランネル製造株式会社取締役	藤瀬政次郎（大阪支店長）
明治35年7月提出	日本精製糖株式会社取締役	飯田義一（理事）
明治36年8月提出	日本フランネル製造株式会社取締役	堀内明三郎（大阪支店）
明治38年1月提出	日本精製糖株式会社監査役	飯田義一（理事）
明治38年7月提出	日本フランネル株式会社取締役	福井菊三郎（大阪支店長）
明治38年12月施行	名古屋織布株式会社取締役	岡野悌二（名古屋支店長）
明治39年6月施行	三泰紡績株式会社取締役	山本条太郎（上海在勤理事心得）
明治39年6月施行	三泰紡績株式会社取締役	藤瀬政次郎（上海支店長）
明治39年9月施行	三泰紡績株式会社監査役	幡生弾治郎（上海支店綿花糸布掛主任）
明治39年12月施行	日本燐寸株式会社取締役	飯田義一
明治39年12月施行	日本燐寸株式会社取締役	武村貞一郎（神戸支店長）
明治39年12月施行	日本燐寸株式会社取締役	友野欽一（大阪支店燐寸掛主任）
明治40年2月施行	王子製紙株式会社取締役	岩原謙三（理事）
明治41年4月施行	株式会社三泰油房取締役	井上泰三（牛荘支店長）
明治41年4月施行	上海紡績株式会社取締役	藤瀬政次郎
明治42年4月施行	上海紡織有限公司取締役	藤瀬政次郎（上海支店長）
明治42年4月施行	上海紡織有限公司取締役	幡生弾治郎（上海支店綿花糸布掛主任）

（出所）「理事会議案」,「重役会議案」,「管理部会議案」各年版（三井文庫蔵）より作成。

第7章　三井物産と三井財閥による工業支配　141

料研究所，湯本鉱業所，桜島組，東洋石油，瓦斯電熱器製作所，日本配合飼料
は，過半数以上の議決権を握っており，生産を主導した。三井物産による出資
は，新しい工業分野を開拓したり，製造企業を育成することにつながった。ま
た，大量生産体制を備えた製造企業の大規模化を促し，諸工業を発達させて
いった。

　さまざまな業種で投資が可能であった背景には，三井物産には信用調査とい
う組織能力が蓄積されていたことがある。この信用調査のノウハウに基づく組
織能力の蓄積・活用により，投資先の拡大を短期間に行うことを可能にした。
この組織能力を活用して確実な製造企業を投資先として拡大できたことは，三
井財閥の裾野を広げることにつながり，三井財閥内でさらなる存在感を示して
いくことになる。

　しかも，表7-4をみると，投資の主体が三井物産の各部であることを確認
できる。明治44（1911）年7月に綿花部，石炭部，機械部，木材部，砂糖部と
いった形で部制度が成立したわけであるが，部制度の確立により安定した経営
基盤を確立できたことは，三井物産の投資を促進させた一つの要因であると言
える（武居，2017）。各部が直接，投資に乗り出すことになり，部のスタッフに
よる恒常的な投資判断が可能になった。

　なお，先にみた，貸金，役員への就任は，三井物産が製造企業に経営支配を
強めるものであったが，利益にダイレクトにつながるとは限らなかった。株式
保有は，配当を受け取るという形で，三井物産の利益拡大が期待できた。

　『査業課総誌』（昭和11（1936）年上期）でみると，昭和11（1936）年上期の投
資金額は103,551,059円で，昭和10（1935）年上期98,303,564円，昭和10（1935）
年下期102,018,064円から増加傾向にある。昭和11（1936）年上期の投資企業の
配当収入は2,389,048円，取引口銭収入は2,256,953円になっていて，取引口銭
収入が配当収入を上回っていることが指摘できるだろう（『査業課総誌』（昭和11
（1936）年上期）（三井文庫蔵　物産2675-1））。もはや三井物産は，三井財閥や日
本の工業化に対して製造企業の添えという補完的な役割を越えて，中心的な役
割を果たしていたのである。間接的なコミットメントのみならず，直接的にも

表7－4　三井物産の投資ビジネス（大正13（1924）年～昭和6（1931）年）

取締役会決定	関係部名	投資先企業名	三井物産の持株比率
大正13年5月	石炭部	三四石炭（株）	10
大正13年7月	石炭部	鶴見臨港鉄道（株）	2.5
大正13年10月	機械部	国際無線（株）	10
大正14年2月	石炭部	三井鉱山，三井物産共同出資の匿名組合	50
大正14年3月	機械部	三機工業（株）	
大正14年8月	営業部	東洋レーヨン（株）	100
大正15年4月	石炭部	三鱗煉炭原料（株）	55
大正15年7月	石炭部	東洋無煙炭（株）	55
大正15年10月	石炭部	朝鮮無煙炭（株）	11.5
大正15年12月	石炭部	関西石油（株）	66.7
昭和2年3月	機械部	沼津毛織（株）	10
昭和2年6月	機械部	東洋バブコック製造（株）	29.4
昭和3年2月	マカオ支店	Portuguese India Mining & Syndicate	100
昭和3年2月	営業部	日本製粉（株）	61
昭和3年6月	名古屋支店	吉江飼料（株）	57.2
昭和3年7月	木材部	Tagun Trading Co.,Inc.	40
昭和3年8月	石炭部	（株）宗像商会	33.3
昭和3年12月	機械部	三昭自動車（株）	100
昭和4年3月	神戸支店	（株）新港相互館	5
昭和4年4月	石炭部	（株）六三商会	33.3
昭和4年4月		南満州鉄道（株）	
昭和4年8月	石炭部	三鱗煉炭原料（株）	55
昭和4年9月	石炭部	三治運輸（株）	100
昭和4年9月	石炭部	ボルネオ油田組合	66
昭和4年9月	営業部	（株）日本配合飼料研究所	60
昭和4年10月	機械部	紡織機械用品（株）	20
昭和4年11月	石炭部	湯本鉱業所	50
昭和4年12月	石炭部	（株）桜島組	100
昭和4年12月	石炭部	東洋石油（株）	100
昭和5年2月	シドニー支店	シドニーBond社	2
昭和5年7月	上海支店	インターナショナル・シンジケート	1.25
昭和5年7月	営業部	東洋モスリン（株）	
昭和5年10月	大阪支店	（株）瓦斯電熱器製作所	100
昭和5年11月	川崎埠頭事業所	鶴見臨港鉄道（株）	
昭和5年11月	機械部	東洋キャリア工業（株）	（45）
昭和6年1月	営業部	日本配合飼料（株）	76
昭和6年4月	営業部	日本冷凍鮪輸出（株）	
昭和6年8月	機械部	東洋オーチス・エレベーター（株）	40
昭和6年10月	石炭部	（株）カノト商会	16.7

※東洋キャリア工業の（　）内は，三機工業の持株比率。

（出所）日本経営史研究所編（1978），pp.510-513より作成。

第7章　三井物産と三井財閥による工業支配　　143

製造企業を支配し，日本の工業化を牽引していった。

　投資先の選定に当たっては，①採用確定せるもの，②懸案中のもの，③不採用に終りしものに分類して検討され，戦略的投資先や戦略的商品が決定された。表7－5は，昭和11（1936）年上期において，採用が確定した投資先と株数，金額を示している。

　以上から，三井物産は総合商社として成長していく過程において，工業機能も併せもっていったと言えるだろう。三井物産は三井財閥の中で，三井鉱山とともに工業化を主導する存在となり，三井財閥の工業支配に貢献する。さまざ

表7－5　採用が確定した投資先（昭和11（1936）年上期）

企業名	株数	金　額
東北セメント株式会社新設ニ付出資	12,500	625,000円
東洋化学染工株式会社新設ニ付出資	4,000	200,000円
北洋鹽業株式会社新設ニ付出資	2,500	125,000円
三吉麵粉廠新設ニ付出資	2,500	銀125,000円
日本空気機械株式会社増資株式引受	5,000	250,000円
三新プライウッド株式会社増資株式引受	1,000	50,000円
三洞運輸株式会社増資株式引受	2,000	100,000円
宗像商会増資株式引受	3,000	150,000円
三四石炭株式会社増資株式引受	1,200	60,000円
三四石炭株式会社旧株一部売却	800	40,000円
満州製糖株式会社新設株式追加引受	2,000	100,000円
基隆炭礦株式会社増資優先株追加引受	2,304	25,200円
ボルネオ油田組合資金追加出資	2/三	220,000円
フキッシヤー法合成石油特許実施権買収		3社共同出資　1,300,000馬
哈爾賓洋灰股份有限公司追加融資		1,100,000円
新京石油販売組合参加出資	60口	3,000円
奉天煤油類批発聯合組合参加出資	90口	4,500円
針布植針機械試作研究費追加支出		12,000円
極東煉乳株式会社株式売却	10,500	525,000円
太平セメント株式会社株式一部分譲	1,000	50,000円
日伯綿花株式会社新設出資	1,000	50,000円
安東石油卸売組合	75口	3,750円
安東煤油総批発股份有限公司株式買入	132	13,200円

（出所）『査業課総誌』（昭和11（1936）年上期）（三井文庫蔵　物産2675－1）より作成。

まな製造企業を掌握したことは，三井越後屋の丸に井桁三の暖簾の信用を継承した三井財閥の流儀「高付加価値商品を規格通りに大量に安定して生産する」にそった大規模製造企業の成立や成長を促がし，巨大三井財閥の形成に貢献した。

第6節　三井財閥の垂直統合と多角化による工業支配

　三井銀行の預金高推移，三池炭礦の出炭量推移，三井物産の取扱高推移をみていこう。

　図7－1は，大正12（1923）年から昭和7（1932）年における三井銀行の預金高推移であり，順調に預金高推移を拡大していっていることが指摘できるだろう。

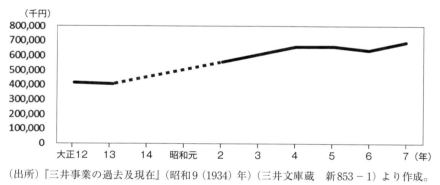

図7－1　三井銀行の預金高推移

（出所）『三井事業の過去及現在』（昭和9（1934）年）（三井文庫蔵　新853－1）より作成。

　図7－2は，大正12（1923）年から昭和7（1932）年にかけて，三池炭礦の出炭量推移である。比較的安定して推移していることが指摘できよう。

第7章　三井物産と三井財閥による工業支配　145

図7-2　三池炭礦の出炭量推移

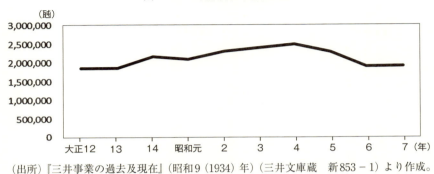

（出所）『三井事業の過去及現在』（昭和9（1934）年）（三井文庫蔵　新853-1）より作成。

　図7-3は，三井物産の取扱高推移であり，右肩上がりに推移している[3]。

図7-3　三井物産の取扱高推移

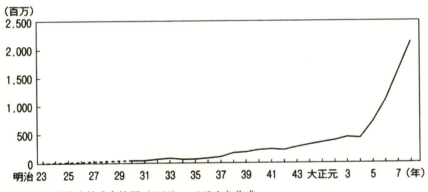

（出典）三井物産株式会社編（1965），p.143より作成。
　　　なお，明治27（1894）年は，下半期のデータを2倍した。
（出所）武居（2017），p.9。

　三井銀行，三井鉱山，三井物産を主軸にしながら，昭和3（1928）年頃には，図7-4にみられるように，工業分野を中心に多事業化が繰り広げられていることが理解できる。三井財閥では，新規企業の設立に携わったり，三井物産が

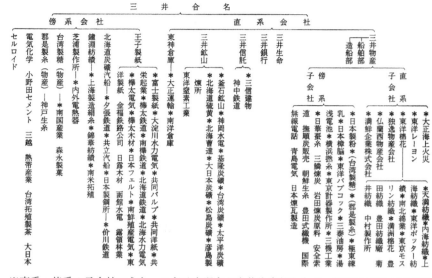

図7-4　三井系諸会社系統図（1928年頃）

※直系・傍系の子会社のうち，＊印は支配力が大体決定的なもの，無印は同じく準支配的なもの。
※この図では，三井のみを取り上げたため，高橋亀吉『日本財閥の解剖』の出典は，p.50等となる。
（出所）三和・原編（2010），pp.118-119。

　取引の過程でビジネス・チャンスを発見して，垂直統合することにより諸企業を傘下に取り込んだりするのみならず，経営多角化の一貫としても三井財閥の傘下に組み入れていった。このように，三井財閥が垂直統合と多角化の両側面から工業支配に乗り出したことは，高い参入障壁を形成し，市場での新規参入を困難なものにした。
　昭和5（1930）年には，全国主要企業433社の全資本金額の中で，三井財閥系企業が約15パーセントを占め，日本財閥最大のシェアを誇り，日本市場において覇権を握る。これに，三大財閥とされる競合の三菱財閥（10パーセントのシェア），住友財閥（5パーセントのシェア）が追従した。さらに言えば，昭和7

第7章　三井物産と三井財閥による工業支配　147

（1932）年には，三井財閥傘下における持株比率30パーセント以上の企業が，62社に達するという巨大財閥を形成しており，日本市場の支配が進む（三井文庫編，2015，p.88）。

「本邦工業総生産額」（昭和13（1938）年）によると，本邦工業生産額は，196億7千万円に達している。その内訳は，金属工業66億円8千万円，紡織工業39億8千万円，機械器具工業38億円，化学工業35億円，食料品工業17億円となっており，三井財閥として日本の工業化に貢献し，日本経済を主導した（「三井化学工業会社設立案」（三井文庫蔵，本社157））。

(1) 台湾製糖については，日本経営史研究所編（1978），pp.270-273，三井物産の砂糖ビジネスについては，武居（2017），pp.150-158を参照。
(2) 正式名称は，上海紡織有限公司。上海紡績については，日本経営史研究所編（1978），pp.273-276を参照。
(3) 武居（2017）では，取扱高推移のみならず，部商品別・主要支店別の結了高推移も記載している。

第8章 三井財閥による大規模製造企業の育成と掌握

第1節 三井財閥による芝浦製作所の育成と掌握

本章では，芝浦製作所，豊田自動織機，鐘淵紡績，小野田セメントを取り上げて，三井財閥の工業支配について，考察していくことにしよう。

芝浦製作所は，明治8（1875）年7月，田中久重が新橋南金六町に電信機の製造のための工場を設立したことに始まる[1]。日本の電信機械生産の濫觴とも言われる。明治26（1893）年11月，三井銀行がこの田中製造所を買い取り芝浦製作所と改称する。電気機械の製造の開始には，中上川彦次郎の強い後押しがあった（木村編，1940，pp.24-25）。中上川彦次郎は，紡績だけに頼らない，新しい工業を立ち上げる必要性を認識していた。電気事業の需要拡大を見越し，電気機械の製造に三井財閥として投資する決断をするのである。それゆえ，三井財閥による芝浦製作所の買収は，販売先としてではなく，製造に乗り出すためであったことが理解できる。

三井財閥の傘下に入った芝浦製作所は，工場・倉庫の新設も図っていった。明治27（1894）年に，鋳物工場（1棟300坪），仕上組立工場（1棟133坪），製罐工場（1棟130坪），明治28（1895）年に，木型工場（2棟68坪），仕上工場（2棟99坪），倉庫（2棟125坪），鋳物工場（1棟91坪），電線製作場（1棟72坪），明治29（1896）年に，試験場（1棟36坪），明治30（1897）年に倉庫（1棟60坪），明治31（1898）年に鋳物工場（1棟20坪），造船工場（1棟42坪），鍛冶工場（1棟111坪）明治32（1899）年に，第2仕上工場（1棟85坪）と，段階的に規模拡大し合理化を図っていった（木村編，1940，p.265）。

その過程で，第6章で論じたように，明治27（1894）年10月，三井工業部の

設置によりその傘下に入る。明治28（1895）年，『太陽』に掲載された広告には，芝浦製作所長・藤山雷太から，「（前略）技師長理学士吉田朋吉外十一名ノ技師以下悉ク熱心事ニ当リ材料ハ品質ヲ精撰シ製品ハ堅牢巧緻ヲ旨トシ萬般機械類ノ製作設計可仕候就中電気部ハ技師工学士潮田傳五郎専ラ担任シテ欧米最新最良ノ製品ニ毫モ劣ル「ナキ発電機発動機等総テ製作可仕候」（木村編，1940，p.22）と，国産の製造で，しかも海外の品質と遜色ない商品であるということが発信されている。このうち，吉田朋吉は鐘紡技師長との兼任という形をとり，潮田傳五郎は逓信省技師からの採用といったように，国内の有能な技術者を引き抜きにより採用した（木村編，1940，p.23）。

　一方で，明治29（1896）年，芝浦製作所の方針転換が史料8－1のように打ち出されている。

史料8－1
芝浦製作所営業方針改革ノ件

芝浦製作所ハ去ル明治廿六年田中久重ヨリ引受ノ後種々改革ヲ施シ其製造高及ヒ製作物ニ付テハ多少面目ヲ改メタル「ハ確信致候得共其営業ノ方向ニ至テハ従来仕来リノ侭ニテ所謂ヨロヅヤ主義ノ小製作所タルヲ免レズ将来尚ホ此方向ニテ進行スルトキハ仮令多少ノ利益アルニモセヨ其製造物ハ平凡ノモノニテ其営業ハ甚タ不完全ニシテ面白カラス因テ今般更ニ営業ノ方針ヲ改メ其作業ヲ稍々ニ専科ノ製作ト定メ専ラ欧米ノ製作物ト競争スルノ覚悟ニテ後来ノ大成ヲ期シ進行致度就テハ

第一，製作ハ専ラ電気機及ヒ電気応用ノ機械類ト定メ電気ニ関係ナキモノハ一切之ヲ製作セサル事

第二，前項ノ如ク製作ハ電気機及ヒ電気応用ノ諸機械類ト定ムレトモ該機械中大形ノモノ或ハ機械ノ一部分ニテ製作充分ニ行届キ兼ヌルモノハ当分ノ内悉皆之ヲ外国ニ購求スベシ製作物大小ノ制限ハ予メ之ヲ定メ難シ製作所作業力ノ度合ニ従ヒ注文ヲ請ケタル時ニヨリ其力ヲ測量シテ之ヲ購求シ之ヲ製造スル事

第8章　三井財閥による大規模製造企業の育成と掌握　151

第三，営業ヲ電気機及ヒ電気応用ノ機械類製作ノ専門ト確定スル以上ハ専ラ
欧米同業者トノ競争ヲ目的トシ製造物ノ精巧落成ノ期限等一歩モ彼ニ譲ラズ
純然等一ノ地位ニ進行セサルベカラズ就テハ此後三ケ年若クハ五ケ年ノ間ニ
工場ノ建築◯機械ノ据付◯技士ノ雇入◯技士ノ洋行◯見本品ノ買入◯時宜ニ
ヨリテハ外国技士ノ雇入等随分多額ノ資金即チ起業費ノ入用アリ此費用ハ未
タ十分ニ予算ニ能ハザレトモ当今ノ資金弐拾四万円余ニ加ヘ凡ソ五拾万円迄
ヲ極度トスル事
第四，右営業ヲ専門トシ十分整頓シタル製作所ト為スニ就テハ三ケ年若クハ
五ケ年ノ年月ヲ期セザルベカラズ此年月中ト雖トモ各地ノ注文ニ応シ製作上
多少利益ノ収入アルコト勿論ナレトモ此年期中ハ重モニ後来大成ヲ期スル準
備中ニ付キ収入ノ利益ハ漸ク営業ノ実費ヲ支ユルニ足ルモノト覚悟シ現今ノ
資本金及ヒ今後支出スベキ起業資金ハ何レモ無利足置据ト予定ノ事
第五，営業ヲ専科製作トシ後来ノ大成ヲ目的トスル以上ハ之ニ従事スル支配
人及技士等ハ専ラ此業ニ熱心ノモノニテ此後終身此業ト共ニスル覚悟ヲ有ス
ルモノヲ選定スル事
右御裁可ヲ仰キ候也
　明治二十九年十月五日

三井工業部長
三井武之助

三井家同族会
　議長三井高生殿

（「三井銀行，鉱山会社，物産会社，呉服店，工業部提出議案」（三井文庫蔵　追2013））

　すなわち，工業分野を強化するためには，世界的な競争力をもつことが必要
であることを認識しており，そのためには，電気に特化して高品質で競合他社
との優位性を形成することが望ましいという。しかし，この営業改革は，明治
30（1897）年9月，三井工業部部長・三井武之助から三井同族会議長・三井高
生に宛てて「芝浦製作所営業方針改革ニ付同第一号伺出ノ義取消之件」（「三井

銀行，鉱山会社，物産会社，呉服店，地所部，工業部提出議案」（三井文庫蔵　追2015））が提出され，撤回されることになる。このように判断した背景には，「昨明治二十九年十月五日伺出デ既ニ認可ヲ得タリ然ルニ條約改正ノ暁ニハ我邦ニ於テモ他外国ト同ジク万国専売特許同盟ニモ加入セザルベカラズ今日他ノ発明ニ係ルモノヲ容易ニ模造シ得ルモ自今普通ノモノ、外発明特許ニ関スルモノハ自由ニ之ヲ製作シ能ハザルベシ」（「三井銀行，鉱山会社，物産会社，呉服店，地所部，工業部提出議案」（三井文庫蔵　追2015））とあり，電気機械工業は萌芽期で，新製品開発の実情としてさまざまな新製品の可能性があった中において，事業機会の不断の変化を考慮すると，専業化しない方が得策であると考えられたことがあった。つまり，臨機応変に生産部門を変更していくという方法よりも，よろずや経営の方が合理的であるとされた。

　明治31（1898）年12月，三井鉱山合名会社の所管となり，三井鉱山合名会社支店芝浦製作所と称するようになる。明治36（1903）年に発行された『芝浦製作所営業案内』では，表8−1に示したように，第1工場，第2工場，第3工場，第4工場，第5工場と工場内の大量生産体制が整備された。

　芝浦製作所の職員数の推移をみると，明治26（1893）年35人，明治31（1898）年96人，明治34（1901）年95人，明治37（1904）年146人に増加している（木村編，1940，p.160）。職工数の推移については，明治26（1893）年100人，明治31（1898）年750人，明治34（1901）年437人，明治37（1904）779人と増大しており，大規模化が図られている（木村編，1940，p.169）。

　そして，『芝浦製作所営業案内』（明治36（1903）年）によると，芝浦製作所では，次の3点にみられるように，ものづくりのマネジメントが整備されていった。

　第1に，生産活動にあたって，「製作品は総て入念を主とし，毫も之を忽諸に附せず。故に我国にて購入すべからざる用材は直接に海外の取引先より極めて精選したるものを取寄せ，一時粗悪の品を以て間に合せを為すが如きは決して之有る事なし。殊に製作出来品に対する試験の如きは製品の堅牢を証明し，需用家の信用を博すべき唯一の必要件たるを以て，試験所は設備を完全にし，

第8章　三井財閥による大規模製造企業の育成と掌握　153

表8－1　芝浦製作所の工場

工場名	装置された製作用機械
第1工場	大型機械の製作仕上場
	スクリュー・カッチング・レース，エンジン・レース，キヤプスタン・レース，フエース・レース，シエーピング・マシン，スロッチンク・マシン，プレニング・マシン，サイド・プレニング・マシン，ミリーング・マシン，ドリリング・マシン，ラデイヤル・ドリリング・マシン，ポーテーブル・フレキシブル・シヤフト・ドリリング・マシン，シリンダー・ボーリング・マシン，ホールド・エンド・ナット・カッチング・マシン，キー・ウエー・カッチング・マシン，エメリー・ホイール・グライデング・マシン，ホイール・バランシング・マシン，スプリング・ラスチング・マシン，ゲージ・テスター
第2工場	電気機械の製作所
	スクリュー・カッチング・レース，ツールメーカース・エンジン・レース，キヤプスタン・レース，ドリリング・マシン，ポーテーブル・エレクトリック・フレキシブル・シヤフト・ドリリング・マシン，スフエリック・ボーリング・マシン，プレニング・マシン，ユニバーサル・ミリング・マシン，エメリー・ホイール・グライデング・マシン，スクリューイング・マシン，ヲートマチック・ギヤー・カッチング・マシン，ナット・タツピング・マシン，ハイドロリック・プレス，インクリネーブル・パワー・ブース，アーマチュア・ディスク・カッチング・プレス，アーマチュア・ディスク・ノッチング・プレス，サーキューラー・スリッチング・シヤー，ス ムーシング・ロール，パワー・スクエヤー・シヤー，コッパー・テープ・ドローイング・ニンド・エツヂワイズ・ワインティング・マシン，ワイヤ・ストレーニング・エンド・カツチング・マシン
第3工場	木型製造所
	帯鋸機械及木工に要する機械
第4工場	銑鉄類，砲金類等の鋳造場
	斬新な洋式の溶解炉2台，送風機，起重機及び乾燥室
第5工場	錬鉄物，汽罐及び煙突類の製作場
	ポールド・リベット・エンド・ナット・メーキング・マシン，ドリリング・マシン，ユニバーサル・ドリリン グ・マシン，ガーダー・ドリリング・マシン，ポーテーブル・エレクトリック・ドリリング・マシン，ポンチング・シヤリング・エンド・アングル・カッチング・マシン，プレート・エッヂ・プレーニング・マシン，ボイラー・シェル・ドリリング・マシン，プレート・ベンディング・ロールス，アングル・バー・ベンディング・ロールス，ハイドロリック・リベッチング・マシン，スチーム・ハンマ

（出所）『芝浦製作所営業案内』（明治36（1903）年）（三井文庫蔵　A092－2）より作成。

発送前同所に於て盡く十分なる試験を施行する事とせり。」(『芝浦製作所営業案内』(明治36(1903)年)(三井文庫蔵　A092-2))とあり，部品調達において粗悪品を用いないこと，完成品については品質検査を実施すること，といった不良品を排除する過程が設けられていた。不良品が生じない，規格通りの商品が生産できるといった工夫を施したことは，芝浦製作所の品質を保証することにもつながっていった。

　第2に，完成日の厳守である。「製作品の完成期日を誤るは当所の信用に関する事勘少ならざるを以て，此点に関しても亦極めて厳重なる例規を制定せり。例へば発電機の注文ありとせんか，先づ設計，製図，木型，鋳物等順次に各関係工場の落成期日を定め，然る後各工場の職長をして必す其受持期間内に落成せしむべき責任を負はしむるが如き類是なり。斯の如く製作の順序に応じて各部分の受持期日を定め，敢て其期間以上に遷延する事を許さゞるを以て，全部完成の時に至り，注文主との契約期日に対して毫も差異を生ずる事なし。」(『芝浦製作所営業案内』(明治36(1903)年)(三井文庫蔵　A092-2))とあり，製品というのは，内容のみならず正確にその期日に完成することも含めて製品であることを認識していて，このことは，芝浦製作所の製品の信頼性を高めたと考えられる。

　第3に，「製作品に対する当所の注意は略ぼ前項陳述の如くなるが，尚茲に特筆すべきは製作に要する機械にして特種のものは種々研究工夫の上自家の手にて案出製造する事是なり。現に技師小林作太郎の如きは直線定寸機械及び銅帯巻機械を新案して製作上尠からぬ利便を与へ，又工学士岸敬二郎の如きは発電機及電動機の磁田鉄心を発明して新に専売特許を受けたり。是等の事は作業全般中の一部分たるに過ぎずと雖も，其効果の及ぼす所決して少々ならす亦以て当所員一般が製作品に対して如何に留意せるかを証するに足るべし。」(『芝浦製作所営業案内』(明治36(1903)年)(三井文庫蔵　A092-2))とあり，芝浦製作所製，すなわち国産の機械による優良商品の製造にこだわっていることがわかる。このように，三井財閥の中での経営活動は，「高付加価値商品を決められた期間内に決められた通りに決められた手順で正確に生産する」ことを実現

第 8 章　三井財閥による大規模製造企業の育成と掌握　155

していった。三井越後屋時代から三井財閥に継承されている品質管理のノウハ
ウが活用され，高付加価値の国産ブランドが確立されたと理解しうる。
　なお，三井鉱山の傘下に入った時，元方より資金約28万円の提供はあった
ものの，芝浦製作所の経営は三井財閥内において，「鉱山会社ハ単ニ之ヲ元方
ヨリノ一時預リ物」（「管理部会議録」（三井文庫蔵　追1931)），と位置づけられて
いた。一時は，「近年我国ニ於ケル電気事業ノ発達ニ伴ヒ其需要日ヲ逐フテ増
加セシヲ以テ特ニ力ヲ之ニ注キ幸ニ経営宜キヲ得爾来漸次社会ノ信用ヲ増シ随
テ漸次利益ノ増加ヲ見ルニ至リ候」（「管理部会議録」（三井文庫蔵　追1931)）と，
需要拡大のビジネス・チャンスは拡大していたものの，三井鉱山の傘下にある
メリットが享受できなかった。そこで，技術革新の激しい電気機械の工業分野
を成長事業に育成させるため，独立問題が浮上することになる。
　明治37（1904）年 6 月，三井鉱山から独立して，株式会社芝浦製作所（芝浦製
作所と略する）を設立した。資本金100万円，取締役会長には三井守之助，専務
取締役には大田黒重五郎，取締役には団琢磨，飯田義一，監査役には朝吹英
二，大島雅太郎が就任し，三井財閥が芝浦製作所の経営支配権を握った（木村
編，1940，pp.45-46)。このように，企業としては独立しても，取締役会長をは
じめとする役員は三井財閥から就任していて，経営支配が及んでいる。独立し
た企業においても経営支配していったことは，三井財閥としての裾野を広げる
ことにつながっていった。
　ただし，三井鉱山の所属において丸に井桁三の暖簾を商標として掲げていた
ため，独立後も継続したい旨，三井財閥に申し出たが，了承を取り付けること
は難しかった（木村編，1940，p.300)。暖簾の威光が活用できるのは，三井財閥
に限定されていたわけである。
　芝浦製作所の株主と持株数は，表 8 - 2 の通りであり，三井財閥が議決権を
握っている。明治42（1909）年10月，三井合名が設立されたわけであるが，そ
の後の明治43（1910）年 1 月においても，三井財閥が芝浦製作所の株式20,000
株を保有して，持株比率100パーセントとなっており，議決権は維持されてい
る（三井文庫編，2015，p.77)。このように三井財閥は，芝浦製作所を育成・掌握

表8-2　芝浦製作所の株主と持株数（明治37（1904）年6月）

株主	持株数
三井三郎助	5,000
三井養之助	3,000
三井守之助	3,000
団琢磨	1,500
朝吹英二	1,500
飯田義一	1,500
益田孝	1,000
早川千吉郎	1,000
渡辺専次郎	1,000
太田黒重五郎	1,000
大島雅太郎	500
合計	20,000

（出所）木村編（1940），pp.45-46より作成。

することによって，電気機械工業において支配を及ぼし，日本の工業化を牽引した。戦後，日本の電気機械のものづくりは，グローバルにその品質が認められることになり世界を席巻することになるが，三井財閥がその礎を築いたと言えよう。

第2節　三井財閥による豊田自動織機の育成と掌握

豊田佐吉は，明治30（1897）年，日本初といわれる木製の小巾動力織機を開発し，資本金6,000円で乙川綿布合資会社を設立した（日本経営史研究所編，1978，p.266）[2]。三井財閥と豊田佐吉の関係性のきっかけは，三井物産織物審査部員が，「国内の綿布会社から送られてくる綿布を審査しているうち，名古屋の乙川綿布というメーカーの製品が，10反が10反とも寸分違いのないことに気がついた」（日本経営史研究所編，1976，p.72）とあり，乙川綿布の織り出す織物の品質が優良であると評価したことに始まる（この時には，豊田佐吉は，乙川綿布から離脱し，武平町工場での織機製作に専念していた）。以後，三井物産は，豊

第8章　三井財閥による大規模製造企業の育成と掌握　157

田佐吉と深い関わりをもつことになる。

　なかでも注目したのが，三井物産の綿糸布係主任・藤野亀之助である。三井財閥と豊田佐吉の関係において，藤野亀之助という人物が鍵を握ることになる。藤野亀之助は，名古屋支店長・寺島昇，三井銀行名古屋支店長・矢田績と豊田佐吉の工場に赴いたり，三井合名理事長・益田孝，理事・上田安三郎に挨拶や紹介をして，三井財閥と豊田佐吉のパイプの強化に尽力した（豊田自動織機製作所社史編集委員会編，1967，p.34）。三井物産から評価された豊田佐吉は，「無名の発明家」から「日本一の織機の発明者」へと飛躍する（豊田自動織機製作所社史編集委員会編，1967，p.33）。

　明治32（1899）年9月，三井物産営業部から社長・三井元之助に宛てた「豊田式織機一手製造販売ニ関スル願」によれば，「目下，一般ノ機業者ハ人力以外ノ動力ヲ用ユル織機ニテ，小資本ニテ営業為シ得ル方法ヲ需ムル事，頗ル急ニ迫リ居ル場合ニ候間，豊田式織機ハ恰モ此好機ニ投ジタル者ニシテ，若シ織機製作ノ準備ヲ整ヘ，堅固ニ，且ツ廉価ニ売リ出ス時ハ，世上ニ需用セラルル高，意外ノ巨額ニ上リ可申ト愚考仕リ候。然ルニ，右豊田ハ其織機ノ製造販売共，挙ゲテ当社ヘ一手ニ依托シ，拡ク需要ニ応ジ得ラルル事ヲ希望シ，且ツ，特許権ニ対スル若干報酬ヲ得テ，尚改良発明ヲ継続シ度キ素志ヲ以テ，其意ヲ当社ヘ申込ミ候」（豊田自動織機製作所社史編集委員会編，1967，p.35）とあり，豊田佐吉は，三井物産の庇護の下で技術革新を行い，大量生産体制を志向していることが理解できる。また，豊田佐吉の特許権や改良・発明へのこだわりも読み取れ，獲得した技術に特許を取得することは，他企業からの模倣・参入を防ぐことにもなった。この「豊田式織機一手製造販売ニ関スル願」は，同年10月，三井物産と豊田佐吉との間に交わされた一手販売契約につながる（日本経営史研究所編，1978，p.267）。

　ところで，藤野亀之助から紹介を受けた理事・上田安三郎は，明治32（1899）年10月6日，三井商店理事会で史料8-2にみられるような陳述を行っている。上田理事の陳述によれば，豊田佐吉は，専売特許にこだわり織布機の開発を進めていて，それは「我国ニテハ第一ノ良機」と評されている。この分野のエキ

スパートである高辻奈良造に調査にあたらせても，良機とされている。豊田佐吉が必要としているのは資金であることから，三井物産が出資することによって，織機の開発・改良に専念できるとしている。三井財閥では，この時点ですでに繊維工業の成長可能性に注目しており，織布の販売先のみならず，織機といった軽工業にも関心を示していることが指摘できるだろう。

史料8－2

上田理事陳述

一，豊田織布機ニ関スル件

曩ニ台湾香港等ニ売込ム茶木綿ノ織屋穿鑿ヨリ不図モ名古屋市ニ於テ三河人豊田佐吉発明ニ係ル専売特許豊田織布機ノ良巧ナルコヲ見出シタリ此機ハ竹木鉄等ヨリ成リ僅カニ二十二三円ニテ出来シ今日ノ見込ニテハ売直凡ソ三十五円ヨリ四十円位ナルベク薄資ノ本邦機業家ニハ最モ適当スルモノ殊ニ織布中若シ緯糸切断スルコアレハ運転自然ニ止リ一人ニテ三台ヲ扱ヒ二倍ノ産出力ヲ有スル至極簡便ノモノナリ現今織布機ノ第一ト称スヘキハノースロツプ機ニテ之ニハ迚モ及フヘカラサルモ先ツ今日我国ニテハ第一ノ良機ナラシ目下豊田一手ニ於テ製造及ヒ販売トモ致シ居ルモ資本ノ不足ナルヨリ三井物産会社ニ於テ出資ノ上製造及ヒ販売トモ引受ケラレ間敷ヤ左スレハ特許ニ対スル相当ノ配分ヲ受ケ一切委任致シ自分ハ猶専ラ此機ノ改良ニ心ヲ用ヒ度旨申来レリ当会社ニ於テモ前述ノ如ク良機ナルヘシト信スルモ尚斯道ニ精通スルト申ス高辻奈良造ヲシテ篤ト調査ヲナサシメシニ同人モ至極良機ナリト称美セリ現在豊田ニ於テ五十台据付ケ使用ノ結果申分ナキ次第ニ付早速来意ニ応スル見込ノ処プラツトトノ約定熟読セシニ何分同社ニ対シ当会社ノ名義ヲ出シ又ハ公然売捌ノ周旋等致兼ヌル次第ヲ見出シタルニ付非職者ナリ誰カ三井関係ノ可然人ニ多少ノ資本ヲ貸出シ利益ノ幾分ヲ収メテ名義ト共ニ担当為致度其機械製造ハ羽車ハ羽車，台ハ台ト各其機ノ者ニ分造セシムルトキハ廉価ニ製造シ得テ多分ニ販路モ可有之ニ依リ出来得ル丈ケノ便宜ヲ与ヘ製造販売ノ旁ラ見本トシテ数十台ヲ以テ織布ヲ為サシメ其直接ノ収益ト共ニ間接ニ此機

第 8 章　三井財閥による大規模製造企業の育成と掌握　159

ニ由リ製出セシ織物ノ販売ヲ引受ケ双方ヨリ利益ヲ得ル「ニ致度見込ニ付此
義御承知置キ

被下度云々陳述アリタリ

（「三井商店理事会議事録」（三井文庫蔵　追1859））

　三井商店理事会での上田理事の陳述が契機となり，明治32（1899）年12月，
三井物産が資本金8,000円，100パーセント出資して，合名会社井桁商会（井桁
商会と略する）が設立される運びとなる。三井財閥は，卓越した技術優位性を
もつ豊田佐吉に着目して経営支配を及ぼしていき，木製動力織機の大規模な製
造に関与していった。なお井桁商会の井桁は，三井越後屋時代から三井財閥に
継承される丸に井桁三に由来している（日本経営史研究所編，1978，p.267）。これ
は，現代におけるトヨタ自動車株式会社（トヨタ自動車と略する）の生産システ
ムの優位性である「必要なものを必要な時に必要なだけ作る」というジャスト
インタイムにつながる動きとして，注目できるだろう。
　そして，明治35（1902）年12月の三井営業店重役会で，「松本常盤，服部種
次郎両名ハ三十二年十一月豊圧式織機ノ製作事業ニ従事セシムル為メ罷役ト為
シ例ノ井桁商会ナルモノヲ組織セシメタル」（「三井営業店重役会議事録」（三井文
庫蔵　追1864））が可決されており，三井物産から井桁商会に送りこんだ松本常
盤，服部種次郎が，その経営に全面的に携わり，繊維工業の基礎である織機の
生産を掌握した。豊田佐吉は技師長として，技術開発に専念することになっ
た。資金が潤沢にある三井物産と，高度な専門的技術を有する豊田佐吉の思惑
が一致したわけである。井桁商会は，当初，供給が需要に追いつかなくなるほ
どのニーズを獲得することになったが，その経営は長くは続かなかった。
　再び三井物産と豊田佐吉の間で関係性が構築されたのが，明治38（1905）10
月である。三井物産は，名古屋織布株式会社の設立に大規模投資する。資本金
20万円は，三井物産と尾張紡績社長・奥田正香，伊藤清七，志方勢七，田中
市太郎といった紡績業者から出資された。三井物産は，豊田佐吉が国産にこだ
わり，明治36（1903）年自動杼換装置，明治37（1904）年鉄製杼換式自動織機

と，矢継ぎ早に技術革新の試みを継続して起こしていることに対して，支援に乗り出し経営支配していったのである。しかしながら，その経営は短期にとどまる（日本経営史研究所編，1978，p.268）。

　その後，三井物産と豊田佐吉の関係性を保持することになる中心人物は，三井物産大阪支店長・藤野亀之助である。藤野亀之助の進言により，明治39（1906）年12月，豊和工業株式会社の前身となる豊田式織機株式会社（豊田式織機と略する）が資本金100万円で設立されることになる。藤野亀之助は，豊田佐吉が38年式，39年式，軽便織機といったように，ひたむきに自動織機のイノベーションに挑戦して開発し続けていたことに着目していた（日本経営史研究所編，1978，p.269）。

　史料8－3は，豊田式織機が株主にあてた手紙である。この手紙の内容から，豊田佐吉は，常務取締役に就任して経営の意思決定を担っていることがわかる。そして三井物産側からは，藤野亀之助が相談役に就任しており，マネジメントに関わっている。三井物産は，高付加価値の自動織機の国産化にこだわり続ける豊田佐吉にコミットメントしたわけである。しかし，業績は振るわず他企業の子会社として吸収されることになる。

　史料8－3
　拝啓
　明治四十年二月九日大阪市東区高麗橋二丁目三井物産合名会社支店樓上二於テ当社創立総会相開キ左ノ順序ヲ以テ議事決定致候此段及御通知候也
　一，発起人総代谷口房蔵氏ヨリ会社創立ニ関スル事項ノ報告アリタリ
　一，谷口房蔵氏ヲ議長ニ推挙セリ
　一，定欵第十九條「取締役ハ三名乃至五名」トアルヲ田中市太郎氏ノ提議ニ依リ取締役ハ「三名乃至七名」ト変更シ他ハ皆原定欵ノ通リ可決セリ
　一，会社対豊田佐吉氏特許讓渡契約ハ原案通リ満場一致ヲ以テ之レヲ承認セリ
　一，取締役及ヒ監査役左ノ如ク撰挙セラレタリ

第8章　三井財閥による大規模製造企業の育成と掌握　161

取締役　岩下清周氏　　　監査役　伊藤傳七氏

同　　　豊田佐吉氏　　　同　　　田中市太郎氏

同　　　岡野悌二氏　　　同　　　藤本清兵衛氏

同　　　奥田正香氏

同　　　谷口房蔵氏

同　　　益田太郎氏

同　　　志方勢七氏

一，田中市太郎氏ノ動議ニ依リ当会社ニ三名ノ相談役ヲ置キ之レガ撰任ハ取締役会ニ一任スル丁ニ決定セリ

一，発起人総代トシテ谷口房蔵氏会社ノ負担ニ帰スヘキ創立費用ハ金四百十円六十九銭ニ止マリシコトヲ報告シ満場一致之ヲ承認セリ

一，取締役及ヒ監査役ハ商法第百三十四條ノ規定ニ従ヒ左ノ如ク調査報告ヲ為シタリ

一，株式総数二万株ノ引受ケアリタルコト

一，各株ニ付第一回金十二円五十銭宛ノ払込アリタル丁

一，発起人カ受クヘキ特別利益ナキコト

一，金銭以外　財産ヲ以テスル株式ノ引受ナキコト

一，会社ノ負担ニ帰スヘキ設立費用金四百十円六十九銭ヲ正当ト認メタルコト及ヒ発起人ノ受クヘキ報酬ナキコト

　　以上

　明治四十年二月二十三日

　　　　　　　　　　　　　　　豊田式織機株式会社

株主　　　　　殿

追啓

一，当会社設立登記ノ義明治四十年二月十九日ヲ以テ登記済ト相成申候

一，取締役互撰会ノ結果左ノ如ク決定致候

　　社長　　　谷口房蔵氏

常務取締役　　豊田佐吉氏
一，取締役会ニ於テ左ノ三氏ヲ相談役ニ撰任致候
　　　　　　　　山辺丈夫
　　　　　　　　藤野亀之助氏
　　　　　　　　斉藤恒三氏
右併セテ申添候也
（「管理部会議案」（三井文庫蔵　物産130））

　その後，大正7（1918）年1月，豊田紡織株式会社を資本金500万円で設立した。役員には，取締役社長・豊田佐吉，常務取締役・豊田利三郎，取締役・藤野亀之助，監査役・児玉一造が就任した。筆頭株主は豊田佐吉で48,000株，藤野亀之助が29,400株の保有と続いている（豊田自動織機製作所社史編集委員会編，1967，pp.70-71）。役員をみても，株主をみても，依然として三井物産の影響力の高さが指摘できる。藤野亀之助とのつながりが，三井物産と豊田佐吉とのネットワークにつながっていたわけである。藤野亀之助との強固な信頼の下に，関係性が継続していたと言っても過言ではないだろう。大正15（1926）年11月，豊田自動織機製作所（豊田自動織機と略する）が設立された。三井物産は，豊田自動織機への経営関与により，繊維工業の発展に主導的な役割を果たしたと言えるだろう。
　昭和8（1933）年には，三井物産と豊田式織機の間において，史料8－4にみられるような契約が締結されていて，販売契約上においてもリレーションシップが継続していることが理解しうる。「販売契約書」をみてみよう。豊田式織機は，三井物産に対して綿糸紡績機械の一手販売契約が成立していて（第一條），販売手数料は3パーセント以下となっている（第五條）。一方で，三井物産は豊田式織機以外に，英国紡機製造，豊田自動織機にも，3社が競合しない限りにおいて販売が認められていた（第三條）。ただし，これまでの繊維工業における関係性があることから，生産設備の全面的な支援が義務づけられていて（第一條），両社の関係性の深さが指摘できるだろう。

第8章　三井財閥による大規模製造企業の育成と掌握　163

史料8－4

販売契約書

豊田式織機株式会社（以下単ニ甲ト称ス）ノ製作スル綿糸紡績機械（スペアーパートヲ含ム）ヲ三井物産株式会社（以下単ニ乙ト称ス）ニ販売セシムルニ付契約スルコト左ノ如シ

第一條　甲ハ乙ヲシテ甲ノ製作ニ係ル綿糸紡績機械（スペアーパートヲ含ム）ヲ販売セシメ乙以外ノモノヲシテ販売セシメズ乙ハ常ニ甲ノ生産設備ノ全機能ヲ発揮シ得ル様努力スルモノトス

第二條　販売区域ハ大日本帝国満州国及中華民国トス

第三條　乙ハ甲ノ製品以外ニ英国紡機製造株式会社ノ製品ノ輸入販売及株式会社豊田自動織機製作所製作ニ係ル紡織用諸機械（スペアーパートヲ含ム）ノ販売ヲモ併セテ行フコトヲ得

但乙ハ甲及前記二社ノ製品ヲ販売スルニ当リ三社ノ競争ヲ避クルタメ之ガ統制ヲ為スコトニ尽力スルモノトス

第四條　甲ニ於テ直接ニ注文ヲ収受シタル場合甲ハ遅滞ナク其要領ヲ乙ニ報告スルモノトス

第五條　甲ノ乙ニ支払フヘキ販売手数料ハ乙ノ売上代価ノ百分ノ三以下トシ半ケ年毎ニ甲乙協定スルモノトス

第六條　甲カ乙ニ差出ス値段ハ常ニ前條手数料ヲ加算シタルモノトス

第七條　乙ハ甲ノ乙ヲ通シテ為シタル注文ノ内毎月二十日迄ノ出荷ニ対シ甲ノ出荷証明書類添付ノ請求書ニ依リ代価ノ七割ヲ其月末ニ於テ甲ニ支払フモノトス

乙ハ全金額買主ヨリ入金ノ場合右ノ毎月支払金額及自己ノ手数料ヲ引去リタル金額ヲ其月末ニ於テ甲ニ支払フモノトス

第八條　乙ハ甲ノ直接引受ケタル注文ニ対シ甲ノ請求アル場合ハ甲ノ出荷証明書類ニ依リ相当金額ノ金融ヲ為スコトアルベシ

此場合其金融利子ハ半ケ年毎ニ甲乙協定スルモノトス

第九條　乙ハ甲ニ対シ為シタル注文ノ解約ヲナスコトヲ得ス

但乙ノ得意先ニ於テ已ムコトヲ得サル理由ニ依リ解約ヲ申出テタルモノニシ
テ甲ノ責ニ帰スルモノ又ハ不可抗力ニヨルモノハ此限リニアラス
第十條　本契約ノ有効期間ハ満三ケ年トス
右期間経過後ト雖モ甲乙協議ノ上更ニ本契約ヲ継続シ又右期間内ト雖モ六ケ
月前ノ予告ニヨリ甲乙何レヨリモ解約スルコトヲ得
右ノ通リ契約シタル事ヲ証スルタメ本書二通ヲ作成各々記名調印ノ上右一通
ヲ保有ス
　昭和八年七月四日

名古屋市西区島崎町一番地

豊田式織機株式会社

取締役社長　兼松熈

大阪市東区高麗橋二丁目一番地

三井物産株式会社大阪支店

支店長　田島繁二

（「豊田自動織機製作所契約書写」（三井文庫蔵　2367-11　FOD449））

　以上で考察したように，三井物産が商社の枠を越え，豊田自動織機のマネジメントに影響力をもつことによって，織機の動力化へとつながる道筋をつけたと言えるだろう。このように繊維の生産において大きく経営関与したことは，大量生産体制の確立や生産性向上をもたらし，繊維工業の基盤を構築することになる。豊田自動織機の成長は，三井物産の経営主導のプロセスを省いて説明することは困難であろう。三井物産は，豊田自動織機の育成と掌握を通して，三井財閥に対して繊維工業における支配という点で貢献する。

　三井財閥が，三井越後屋から継承される商人で培ったノウハウを活用して，主体的に国産にこだわった織機の「ものづくりのマネジメント」に経営関与したことは，トヨタ自動車の基盤形成にもつながっており，ドイツで発祥し，アメリカで大量生産に成功した自動車を，日本型に改良して世界最先端の「ものづくり日本」に導いていく呼び水としても機能することになる[3]。トヨタ自動

車のみならずグループ各社まで伝承・共有が図られている「豊田綱領」は，豊田佐吉の意思を継承して作成されたもので，豊田利三郎，豊田喜一郎等により5カ条に整理され，昭和10（1935）年に公表された。5カ条は，「一，上下一致，至誠業務に服し，産業報国の実を挙ぐべし　一，研究と創造に心を致し，常に時流に先んずべし　一，華美を戒め，質実剛健たるべし　一，温情友愛の精神を発揮し，家庭的美風を作興すべし　一，神仏を尊崇し，報恩感謝に生活を為すべし」（トヨタ自動車「トヨタ自動車75年史」（https://www.toyota.co.jp/jpn/company/history/75years/data/conditions/precepts/index.html）2024年5月5日閲覧）から構成される。このように，三井越後屋から繊維工業の可能性が生じてきていて，それは軽工業のみならず，自動車工業に発展することになり，江戸時代から連続している。今日の「ものづくり日本」を代表するトヨタ自動車の成長をみる時，この当時の三井財閥の先見性やそれに基づく経営関与を抜きにして語ることはできない。

第3節　三井財閥による鐘淵紡績の育成と掌握

明治19（1886）年11月，東京綿商社を資本金10万円で設立し，三越呉服店の三越得右衛門が頭取に就任し経営権を支配した[4]。明治21（1888）8月，社名を有限責任鐘淵紡績会社に変更する。

明治23（1890）年，筆頭株主・三越得右衛門の持株は1,779株，三井銀行副長・西邑虎四郎が1,300株で，両名の持株を合計すると，全体15,234株に占める割合は約20パーセントであり，経営に大きく関わっている。明治24（1891）年になると，西邑虎四郎が2,245株，三越得右衛門が1,556株保有しており，合計すると全体15,305株の約25パーセントの持株比率となっている（三井文庫蔵別2632－9，別2632－13）。これらのことから，三井が，経営支配力を及ぼしていることを指摘できるであろう。

中上川彦次郎が経営を主導するようになるのは，明治25（1892）年1月副社長に，明治26（1893）年5月会長に就任してからであり，三井財閥が経営支配

権を掌握する。会長就任早々の同年11月，社名を鐘淵紡績株式会社（鐘淵紡績と略する）に改称している。先述の通り，中上川彦次郎は三井銀行の改革を実行に移していったわけであるが，銀行業務の枠を超えて，三井財閥における工業化の方向性を模索していた。それゆえ，副社長や会長に就任したことは，三井財閥内外で注目を集めた。

　中上川彦次郎の会長就任により，三井財閥と鐘淵紡績の関係はより強まっていった。中上川彦次郎については，三井工業部の所でも考察したが，ものづくりにおいて一つの確信があった。それは，国産での高付加価値商品を目指したものづくりである。三井高利以来，継承されてきた品質管理を重視する方針が反映されたものである。この確信に基づいて，鐘淵紡績で力を入れたのが，技術的向上と大量生産体制の確立である。意図して三井財閥における工業戦略の一貫として鐘淵紡績に着目し，紡績工業を開拓し，成長の柱の一つに育成しようとしたわけである。そのため，吉田朋吉技師長を工場視察のため，海外に送り込む。吉田朋吉技師長の帰国後，革新的技術を導入した新工場設立に動き始めた。明治27（1894）年3月，大規模投資した第2工場（建坪1,345坪）が操業を開始し，イギリス・プラット社製のリング26台1万400錘を導入して機械による合理化を図り，ジョン・マスグレーブ商会の最新鋭のエンジンを用い，大量生産体制による生産能力の増強を図っていった（鐘紡社史編纂室編，1988，pp.34-35）。

　中上川彦次郎の経営手腕で注目に値するのが，戦略的投資を行うにあたって，イギリス・プラット社のエンリー技師から，「紡機は御注文により如何なるものにても製造致す可きも乍失礼貴国現時の経済事情には，平均三十番手以上のみを紡出するは，決して策の得たるものにあらざるべければ，須らく三十番手以下の太糸も併せ紡出する様なされては如何」（鐘淵紡績編，1914，p.22）という進言を受けたにも関わらず，高付加価値商品を追求したため，30番手の糸にこだわり，それが紡出されることになったことである。この品質面での指示は，鐘淵紡績の技術的向上を刺激し，同社の製品価値の向上につながっていった。

第8章　三井財閥による大規模製造企業の育成と掌握　167

　エンリー氏は，その当時の様子を，「一工場の設計に十三時間に亘る討論を
なせるは，之を以て最初とし又恐らくは之を以て最後となす可し」（鐘淵紡績編，
1914，p.23）と回想しており，中上川彦次郎が，工業製品についてどれほど高
付加価値を追求していたのか，鐘淵紡績にかける情熱が伝わる。

　明治34（1901）年6月，中上川彦次郎が武藤山治にあてた手紙においても，
「○○紡績の○○氏よりの来書に支那帰の意見として鐘淵の製糸は日本第一の
良品なれども其割合に高価に売れざるゆへ寧ろ品質を今少し粗悪にする方利益
あらんと申来り候得共小生は此品質退歩論には同意致兼候良質は此儘に維持し
置き（後略）」（北山，1927，pp.34-35）と，品質面での優位性にこだわりを示し
ている。その上，「毎一括の糸に商標用の小さき紙片を挿むの工風如何と奉存
候其紙片は辻占の煎餅などに挿みある様のものにて唯一括の糸を買ひし者にて
も此糸は鐘淵製のものなりといふ事をしら知むるに足ればよろしと奉存候」
（北山，1927，p.34）とあり，鐘淵紡績製のブランド化に向けて，見せ方につい
ても指示している。高付加価値商品の生産性向上への取り組みを加速させたこ
とは，鐘淵紡績の商品のブランド確立に寄与することになる。

　このように，中上川彦次郎がイニシアティブを発揮し，「高付加価値商品を
規格通りに機械により大量に安定して生産する」ことを実現していった。した
がって，三井越後屋の品質管理のノウハウが，紡績工業に関与する時にも活用
されていることが理解できる。中上川彦次郎の工業化戦略は，鐘淵紡績のみな
らず紡績工業を牽引し，軽工業発達の道を切り開いていった。

　一方で，三井物産と鐘淵紡績の関係性も構築・維持されていたことは，注目
に値する。史料8-5は，明治25（1892）年5月，三井物産と鐘淵紡績の間で交
わされた取引契約書である。この契約書によると，第一条から，鐘淵紡績は三
井物産から原料となる印度綿花各種を，毎月1,000俵以上，委託により購入す
る契約となっている。この委託仕入れによる手数料は，第五条より1.5パーセ
ントである。第二条で注目すべきは，三井物産が主導して品質管理を行ってい
ることである。三井物産がインド綿花の見本を鐘淵紡績に提示していて，この
見本に基づいて取引が行われた。どのような綿花を使って完成品に加工し仕上

げていくかは大切なことであり，綿花の輸入にあたっては，三井物産の品質管理へのこだわりがワンクッション入っていた。三井物産から役員が就任した企業においても，三井財閥の流儀を求めていたのである。第三条では，鐘淵紡績の工場に納入された綿花は，同社で品質検査の上で，粗悪品が発見された場合には，三井物産側が責任をもつことが明記されている。なお，三井物産に責任の所在が置かれた背景には，中上川彦次郎の存在が多大であったことがあり，このような力関係になったとも考えられる。価格は産地とのやりとりの中から，三井物産が主導して決めることになっていた（第四条）。なお，相場状況により売買が成立しなかった電信料は鐘淵紡績の負担となっている。そして，三井物産は，あらかじめ決められた期日に（第六条），見本に沿う商品を（第二条），決められた数量（第一条），横浜沖着まで（第四条），責任をもって受け渡すことになっており，原料の供給という所で，間接的に紡績工業の発達に貢献した。

史料8－5

一，鐘渕紡績会社ト綿花買入方委託約定仕候ニ付旨者別紙約定書草案ヲ該約提出可致ト存候ニ付此段御伺候也

契約書

鐘渕紡績会社製糸原料ニ供スル印度綿花各種ヲ今般東京三井物産会社ヘ其買入方ヲ依託シタルニ付契約スルコ左ノ如シ

第一条　鐘渕紡績会社ハ綿糸原料ニ供スル印度綿花各種ノ内毎月一千俵ヨリ下ラザル購買方ヲ必ズ三井物産会社ヘ委託スルモノトス

第二条　三井物産会社ハ印度綿花各種標準ヲ定メ見本トシテ鐘渕紡績会社ヘ差出シ置キ此見本ニ拠リ売買取扱スルモノトス

第三条　綿花受渡シハ横浜波止場ニ於テスルト雖現品東京鐘渕紡績会社工場ヘ到着ノ上品質ノ検査ヲ遂ゲ尚ホ使用スルトキニ際シ粗悪品現ハレ候節ハ其責三井物産会社ニ於テ負担シ是レニ相当スル償ヒヲスベキモノトス

第四条　三井物産会社ハ鐘渕紡績会社ヨリ毎月注文ヲ受タル毎ニ其代価ヲ産

第8章 三井財閥による大規模製造企業の育成と掌握 169

綿地へ電信ヲ以テ問合セ横浜沖着直段ヲ取極メ置キ現品到着ノ上ハ「インボイス」ニ依リ清算シ諸掛電信料ハ実費ヲ鐘渕紡績会社ヨリ三井物産会社へ支払フモノトス但シ電信ヲ以テ印度「ボンベー」へ相場問合セ万一売買出来ザル場合アルモ此電信料ハ鐘渕紡績会社ノ負担トス

第五条　三井物産会社ハ綿花買入手数料トシテ扱金高ノ百分ノ1.5ヲ鐘渕紡績会社ヨリ申受ルモノトス

第六条　三井物産会社ハ鐘渕紡績会社ヨリ毎月注文受タル綿花到着ノ日限ヲ鐘渕紡績会社其係員へ予メ届出置クモノトス

　但天災其他避クベカラザル出来事ヨリシテ生ジタル延着ハ此限リニアラズ

第七条　綿花代金支払ハ総テ綿花仕入地ニ於テ荷為替ヲ取組マシタル此荷為替手形東京へ参着ノ当日ヨリ起算シ向フ六十日目ニ鐘渕紡績会社ハ三井物産会社へ悉皆支払フモノトス

第八条　此契約年限ハ詰約ノ当日ヨリ向フ満三ケ年トスト雖期限ニ至リ双方示談ノ上継続スルヿアルベシ

右条々詰約ノ証トシテ双方連署ノ上二通ヲ製シ各自一通宛領収シ置クモノナリ

（「重役会議」（三井文庫蔵　物産113））

　鐘淵紡績の海外向け輸出製品においても，三井物産と鐘淵紡績の関係性は効果を発揮した。明治38（1905）年3月，管理部会議で「大阪支店へ鐘紡綿糸直段先約認可之件」が承認されている。これによれば，鐘淵紡績の製品は，海外市場において品質が良いことで知られており，三井物産としては，鐘淵紡績製品の一手販売の方向性を模索している。さし当たって，鐘淵紡績の輸出向綿糸の四分の一，すなわち6千俵（毎月2千俵×3カ月）を先約したいこと，そのためには買付直段を予約する必要があるとしている。この方法は，自由競争よりも有効であるともしている（「管理部会議案」（三井文庫蔵　物産127））。先約においても，三井物産と鐘淵紡績の関係性が強調されていて，紡績工業の成長のためには，原材料を加工した後の販路を確保する必要があり，三井物産の役割が

期待されていたのである。三井物産が介在することで，鐘淵紡績の輸出拡大につながっていった。

　以上で考察したように，三井財閥による鐘淵紡績の育成と掌握は，三井物産と鐘淵紡績の密接な関係性とも関連しながら，鐘淵紡績を紡績市場において主導的立場へと導いていくと共に，三井財閥における軽工業の多角化への呼び水となった。三井財閥における鐘淵紡績を通した紡績工業の支配は，紡績を外貨が獲得できる競出競争力をもった日本の軽工業の柱の一つとして発展させていった。

第4節　三井財閥による小野田セメントの育成と掌握

　小野田セメントは，明治14（1881）年5月，社長・笠井順八のもと，社名・セメント製造会社として発足したのが始まりとされる[5]。セメント製造会社では，ドイツの最新鋭の製造法に着目し，規模拡大を目指すことになる。明治20（1887）年7月，月俸銀貨250円で雇用されたドイツ人ブリーグレップが，新工場設立の指揮にあたった。新工場は，日本で初めてとされるドイツ式乾式製造法を採用した。製造用機械は，5万6,343マルク40ペニッヒかけてドイツのナーゲルケンプ社製で揃えた。原動機は，ドイツのフンボルト社製で揃え，4万500マルクの支出を伴った（日本経営史研究所編，1981，p.51，p.54）。新工場には，ドイツの設備が用意されることになり，明治21（1888）年12月，日本初のドイツ式乾式製造法に基づく国産でのセメント製造が実現することになる。ドイツのノウハウを取り入れていったわけであるが，当初，予定した成果は得られず，明治23（1890）年8月，井上馨の配慮もあり，笠井順八の次男である17歳の笠井真三がドイツに派遣される（日本経営史研究所編，1981，pp.50-59）。そうした中，社名を明治24（1891）年10月，有限責任小野田セメント製造株式会社に，明治26（1893）年11月，小野田セメント製造株式会社に変更している。

　小野田セメントの規模拡大に伴って，三井物産との関係性も生じてくるよう

第8章 三井財閥による大規模製造企業の育成と掌握 171

になる。三井物産が，小野田セメントと深く関わるようになったきっかけが，明治27（1894）年，両社の間に締結された販売契約である（史料8－6）。この契約書によると，小野田セメントは，三尾北越地方から以東と海外において，三井物産に対してセメントの委託による一手販売契約を締結している（第一条）。一方で，三井物産の方は，日本セメントの海外一手販売を引き受けている（第九条）。小野田セメントは，第一条に規定する区域内に販売することはできず，テリトリー制が敷かれていて，三井物産に有利な契約となっている。セメントは，優良セメントに限定されていて，決められた期日に（第五条），決められた価格で（第六条），決められた数量（第七条）を，所定の場所で（第五条），引き渡すことになっていた。

　なお，第八条では，需要拡大に柔軟に対応する文言も織り込まれている。このように，ただ単に小野田セメント側から注文されて輸出するのではなく，マッチングを更に進めて，三井物産から販売先の需要予測を考えて輸出していたと理解することができる。

　史料8－6

一，小野田セメント一手販売契約近約ノ件

山口県下小野田セメント株式会社製造ノセメント一手販売ノ義去ル二十四年六月ヨリ来年五月迄満三ケ年ノ契約取結置キタルニ右満期ニ付先般尚向フ三ケ年間継続ノ義該会社ヘ交渉セシ処目下セメント価格モ上騰ノ折柄ナレハ将来ノ約定価格一樽金二円二拾銭ヲ金二円四拾銭ト修正シ（約定書第六条）継続ノ事回答有之右ニ由リ別紙約定案ノ通リ尚向フ三ケ年間約定継続致度事

三井物産合名会社ハ山口県下小野田セメント製造株式会社ノ製品ニ係ルセメントノ一手販売ヲ為スニ付双方ノ間ニ結約スル条件左ノ如シ

第一条　小野田セメント製造株式会社ハ三尾北越地方ヲ横断シタル以来并ニ海外ニ於テ該社製造ニ係ルセメントノ一手販売ヲ三井物産合名会社ニ委託スルモノトス

第二条　各官衙ノ命令ヲ除クノ外第一条ニ規定スル区域内ヘ小野田セメント

製造株式会社ノ製品ニ係ルセメントヲ売却セメントスル目的ニテ該社ヘ需用ヲ申込ムモノアルモ該社ハ三井物産合名会社ヘ一手販売ヲ依託シアレハ其会社ヲ経テ購入スヘキ旨ヲ以テ謝絶シ誓テ直接売捌ヲ為サ丶ルモノトス

第三条　小野田セメント製造株式会社ハ他ニ需用者アリテセメントヲ売却スル場合ニ於テハ其購入者ヨリ第一条ニ規定スル区域内ニ売却セサルコトノ約諾ヲ取ル可シ若シ購入者ニ於テ此約諾ニ背クトキハ後来売渡ヲ謝絶シ三井物産合名会社ノ販路ヲ保護スヘシ

第四条　セメントハ一樽正味四百封度入ニシテ効力ハ独乙国千八百八拾七年制定ニ係ルセメント条例に記載シアル耐力ニ劣ラサル精良品ニ限ルモノトス若シ不良品アルトキハ積戻ノ上其費用ハ悉皆小野田セメント製造株式会社ニ於テ負担スルモノトス

第五条　セメント授受ハ長門国馬関ニ於テ為スモノトス此場合ニ在テハ三井物産合名会社ハセメント受授ノ日時ヲ定メ其日ヨリ少ナクトモ日数十五日以前ニ小野田セメント製造株式会社ヘ通知スヘシ又小野田セメント製造株式会社ハ其通知ヲ受ケタルトキハ該受授日限迄ニ必ス馬関ヘセメントヲ送達スヘキモノトス

第六条　セメント代価ハ一樽金二円四拾銭トス但シ将来双方協議ノ上増減スルコトアル可シ

　　但海外販売代価ハ時価ニ拠ルモノトス

第七条　委託売捌ニ係ルセメント樽数高ハ一ケ年ヲ通シテ一万樽トシ其余多数ノ注文ハ小野田セメント製造株式会社ノ承諾ヲ経ルモノトス

　　但毎月販売高ニ増減アルモ成ルヘク多数ノ販売アルコトヲ勉ムヘシ若シ不勉強ニシテ一手売捌ノ任ヲ尽スニ足ラサル事実立証アルトキハ小野田セメント製造株式会社ハ他ノ方法ヲ以テ売捌カサルヲ得サレハ此契約ヲ解除スルコトアルヘシ

第八条　前条ノ外更ニ一ケ年一万樽以上ノ売捌増加アル見込アリテ三井物産合名会社ヨリ小野田セメント製造株式会社ヘ通知シタルトキ該会社ハ工場ヲ拡張シ六ケ月ノ後製品ノ増殖ヲ計リ決シテ怠ラサルモノトス

第8章　三井財閥による大規模製造企業の育成と掌握　173

　第九条　三井物産合名会社ハ日本セメント株式会社ノセメントモ海外一手販
売ヲ引受ケ居ルコトヲ小野田セメント製造株式会社ニ於テ承認スヘシ又三井
物産合名会社ハ公平篤実ニ小野田セメント製造株式会社ノ収益ヲ増殖セシコ
トヲ勉ム可シ
　第十条　本約定ハ明治二十七年七月ヨリ明治三十年六月迄満三ケ年トシ満期
ノ上尚継続ヲ望マハ双方協議ノ上継続スルコトヲ得
　右締役ノ証左トシテ本書二通ヲ製シ各自記名調印ノ上各一通ヲ所持スル者也
　　　　　　　　　　　　　山口県厚狭郡須恵村
　　　　　　　　　　　　　　　小野田セメント製造株式会社
　　　　　　　　　　　　　　　　　社長　笠井順八

　　明治二十七年七月

　　　　　　　　　　　　　東京市日本橋区兜町
　　　　　　　　　　　　　　　三井物産合名会社
　　　　　　　　　　　　　　　　　社長　三井養之助
（「重役会議案」（三井文庫蔵　物産115））

　史料8－7は，明治34（1901）年12月，小野田セメントと三井物産の間で交
わされたセメントの一手販売に関する「約定書」である。この内容をみると，
小野田セメントは，一手販売を三井物産に委託しており，三井物産経由以外で
セメントの販売を行うことができなかった（第一条）。一方で，三井物産の方
も，原則として，小野田セメント以外でセメントの販売ができなかった（第二
条）。この点，先にみた史料8－6では，小野田セメント以外に日本セメントの
セメントも取扱っていたわけであり，より三井物産に拘束のかかった内容に
なっている。これを受けて小野田セメントでは，これまで各地に設置していた
売捌所を廃止することになっている（第三条）。売捌所を廃止してまで，この契
約を締結した背景には，三井物産が小野田セメントに対する一手販売を承諾し
たことが大きいと考えられる。なお，セメントの売却地や売却方法について
は，三井物産に決定権があった（第六条）。一方で，セメントの価格について

は，小野田セメントが主導した（第六条）。門司港で引き渡し後においても，三井物産側で販売するにあたり，品質管理が施されており，不良品と認められた場合には，小野田セメントが引換積戻又ハ損害賠償といった責任を負った（第十一条）。三井物産に引き渡し後，変質等が生じた場合にも，小野田セメントの責任となった（第五条）。

　特筆すべきは，第十条である。第十条では，三井物産が小野田セメントに対して5万円の貸金を行うことが明記されている。貸金の利子は，三井銀行門司支店当座貸越日歩の割合によるものとなっている。この契約は，先にみた「小野田セメント一手販売契約近約ノ件」にはみられなかった内容である。一手販売契約からより生産に踏み込んでいることが指摘できる。つまり，一手販売契約でセメント工業の可能性を探っていった後に貸金を施し，小野田セメントに支配を及ぼしていったわけである。

　史料8－7

　約定書

　小野田セメント製造株式会社ノ製造ニ係ルセメントノ一手販売ヲ三井物産合名会社ニ委托スルニ付両者間ニ締結スル条項如左

　但本約定書中甲ト称スルハ小野田セメント製造株式会社乙ト称スルハ三井物産合名会社ノ略称トス

　第一条　甲ハ其製造ニ係ルセメントノ一手販売ヲ乙ニ依托シ乙ハ本邦并海外ニ於テ誠実熱心ニ之カ販売ニ努ムヘシ

　第二条　甲ハ本約定有効期間中ハ乙ノ手ヲ経ズシテ他ニセメントヲ販売セサルコトヲ約ス従テ甲カ他ヨリ需要ノ申込ヲ受ケタルトキハ直ニ之ヲ乙ニ通知シ乙ノ取扱ニ移スヘキモノトス

　乙ハ本約定有効期間中甲ノ依托ニ係ル以外ノセメントヲ販売セサルコトヲ約ス

　但需要者ガ特ニ甲製造以外ノ特定ノセメントノ供給ヲ望ム場合ハ此限ニアラス

第8章　三井財閥による大規模製造企業の育成と掌握　175

第三条　甲ニ於テ従来各地ニ設置セシ売捌所ハ本約定締結ト同時ニ一切之ヲ廃止シ以テ一手販売ノ実ヲ明ニスベシ

乙ハ本約定締結ト同時ニ各地支店ヲシテ甲ノセメントノ販売方ニ十分尽力セシムベシ

第四条　甲ハセメントノ製造高并貯蔵高ヲ常ニ乙ニ通知シ乙ヲシテ販売ノ緩急ヲ計ルノ便ニ資セシメ又乙ハ常ニ内外市場ニ於ケルセメントノ景況ヲ甲ニ通知シ以テ甲ヲシテ製造ノ増減ヲ計ルノ料ニ資セシムベシ

第五条　甲ハ其製造セシセメントヲ乙ニ協定ノ上漸次門司港ニ運搬シ同地ニ於テ乙ニ引渡スベシ

但右引渡後ト雖トモ乙ノ過失怠慢ニ原因セスシテセメントニ生シタル変質,欠減其他ノ損害ハ総テ甲ノ負担トス

第六条　セメントノ売却地并其売却方法ニ就テハ甲ハ乙ニ一任シ乙ハ専ラ甲ノ便益ヲ計ルヘシ

但セメントノ売価ニ就テハ甲ハ予メ最低直段ヲ定メテ乙ニ通知シ置キ乙ハ通知ヲ受ケタル最低直段以上ニ精々良価ニ売捌キヲ努メ而シテ其売捌価格数量受渡期日等ヲ其都度売捌地ヨリ直ニ甲ニ通知スベシ

第七条　入札其他大口注文アル場合ニ於テハ乙ハ予メ甲ニ通知シ其承認ヲ経テ入札又ハ注文引受ヲ為スベシ此場合ニ於テハ甲ハ其製造数量日限并品質等ニ付責任ヲ負フヘキモノトス

第八条　セメントノ輸送并販売ニ要スル運賃,人足賃,艀賃,火災保険料,海上保険料,倉敷料,外国ニ於ケル仲買口銭（必要アレバ）海外并台湾地方引合電報料輸入税等ノ諸掛ハ乙ニ於テ立替支払置キ売上代金中ヨリ差引精算スヘシ

第九条　甲ハ販売手数料トシテセメント売上代金ノ百分ノ三半（即チ百円ニ付金三円五十銭）ヲ乙ニ支払フベシ

第十条　乙ハ甲ニ対シ金高五万円ヲ限リセメントヲ担保トシテ貸金ヲ為スコトアルベシ此貸金ニ対スル利子ハ三井銀行門司支店当座貸越日歩ノ割合ニ依ルセメントノ担保価格ハ当分ノ内三百八十封度入台樽分ニ付二円五十銭トス

但相場ノ高低ニ依リ増減スルノミナラス担保不足ノ場合ニハ甲ハ乙ノ請求ニ依リ何時ニテモ増担保ヲ供スルカ又ハ差金ヲ支払フヘキモノトス

本文担保ニ供スルセメントハ必ス其占有ヲ乙ニ移スベキモノトス

第十一条　乙ニ於テ甲ヨリ受取リタルセメントヲ買手ヘ引渡スニ当リ其品質不適当ナルカ為メ排斥引受ケタルトキハ甲ハ之カ引換積戻又ハ損害賠償等ノ責任ヲ負担スベキモノナリトス

但乙ハ甲ニ協議ノ上可成甲ノ損失ヲ軽減スルノ策ヲ講スベシ

第十二条　乙ハ委托セメント売捌受渡済ノ上ハ代金取立ヲ為シ可成速ニ売上仕切書ヲ調製シ第十条貸金元利（若シ貸金アルトキハ）第八条立替諸掛及立替諸掛ノ利息并第九条ノ販売手数料ヲ差引其残額ヲ甲ニ支払フモノトス

但万一精算ノ上不足ヲ生シタルトキハ甲ハ乙ニ対シ速ニ之ヲ弁済スルモノトス

第十三条　天災地変其他不可抗力ニ依リ委托セメントニ生スル滅失損害ハ甲ノ負担トス

但火災保険会社又ハ海上保険会社ニ対シ補償ヲ請求シ得ベキ場合ニハ乙ハ甲ノ為メニ請求ノ手続ヲ為スヘシ

第十四条　当事者ノ一方ニ於テ本契約ニ違背シタルトキハ他ノ一方ハ違背者ヲシテ損害ヲ賠償セシメ且ツ本約定ヲ解除スルコトヲ得

第十五条　本契約ハ締結ノ日ヨリ満三ケ年間有効トス

但期間満了ノ際双方協議ノ上更ニ本契約ヲ継続スルコトヲ得

第十六条　本契約ハ双方ノ合意ヲ以テ何時タリトモ其条項ヲ加除増減スルコトヲ得

右契約ノ証トシテ本書二通ヲ作成シ双方記名調印ノ上各一通ヲ所有スルモノ也

　明治三十四年十二月二十一日

　　　　　　　　　　　　山口県厚狭郡須恵村小野田

　　　　　　　　　　　　小野田セメント製造株式会社々長

　　　　　　　　　　　　専務取締役　河北勘七　印

第8章　三井財閥による大規模製造企業の育成と掌握　177

東京市日本橋区阪本町四十三番地

三井物産合名会社

代表社員社長　三井八郎次郎　印

「書類」（三井文庫蔵　物産275））

　「約定書」の締結を受けて，三井物産では，「小野田セメント取扱規則」（明
治35（1902）年2月達）（『現行達令類集』（三井文庫蔵　物産90-1））が制定された。
これによると，大阪支店を販売主店として東京，横須賀，横浜，名古屋，神
戸，呉，舞鶴，門司，若松，唐津，長崎，佐世保，杵島，三池，口ノ津，台
北，仁川，京城，芝罘，営口，天津，関東省，上海，香港，厦門，馬尼剌の各
支店・出張員を販売店とする体制となっている（第一條）。セメントの品質・斤
量・受渡期日等は小野田セメントの責任となっているが，三井物産の販売店も
受け渡しが完了するまで目を配るとしている（第九條）。前述の「約定書」第十
條において三井物産から小野田セメントへの貸金の項目が設定されたことに対
応して，貸金については，主店の承認を経ることが義務づけられた（第十三條）。
貸金をなす時には，原則として当地の三井銀行の貸越日歩率を記載して，金額
は主店に移すこととなった（第十四條）（『現行達令類集』（三井文庫蔵　物産90-1））。
主店がとりまとめることで，小野田セメントの貸金に対応したことが理解でき
るだろう。

　明治39（1906）年12月に，三井物産の管理部会議に提出された「小野田セメ
ント会社へ貸金ノ件」（「管理部会議案」（三井文庫蔵　物産130））が，明治40（1907）
年1月に施行されている。これによると，小野田セメントは，長年，取引関係
のある三井物産に資金10万円の融通を依頼している。利率は年7分で，明治
41（1908）年から明治42（1909）年の6月，12月に2万5千円づつ返済する内容
となっている。小野田セメントでは，拡大する需要に対応して，セメントの供
給量が追いつかず得意先が離反していて，1年に約10万樽の増加を目標として
工場拡張を計画しているとしている。三井物産がこの小野田セメントから貸金
の依頼を承諾した理由の一つに，一手販売契約を締結していることがあり，小

野田セメントの生産力拡大は，三井物産の利益拡大につながり，ウイン・ウイン関係にあるとしている（「管理部会議案」（三井文庫蔵　物産130））。一手販売の契約の積み重ねによる信頼関係の構築が，貸金につながっていることを指摘できよう。

　このようにセメント工業は基礎素材として魅力的であり，必要不可欠な分野であったため，小野田セメントへ貸金を行い，生産にコミットメントして拘束をかけていった。小野田セメントのように，貸金でセメント工業に影響を及ぼす場合もあった。

　明治43（1910）年1月には，三井財閥が小野田セメントの株式2,500株を保有していて，株式保有による議決権を有しており，三井財閥によるセメント工業への支配が及んでいる（三井文庫編，2015，p.77）。このように，三井財閥が経営関与を高めていったことは，「高付加価値をベースにしたセメントの確実な大量生産」につながり，基礎素材の分野から日本の工業化に寄与していった。

　以上で考察したように，三井財閥と，芝浦製作所，豊田自動織機，鐘淵紡績，小野田セメントでは経営関与度は異なっていたが，いずれにしても，三井財閥による工業の育成や支配に向かっていったことについては共通していた。三井高利以来継承される三井財閥の流儀を踏襲してこれらの企業を大規模製造企業へと成長させたことは，「高付加価値商品を規格通りに大量に安定して生産する」という国産による計画的な大量生産体制の適用範囲の拡大につながっていった。それゆえ，三井越後屋から工業の可能性が生じてきており，その後の軽工業・重工業を牽引する大規模製造企業の成長・発展に結びついていると言えるだろう。日本における工業化の確立に，三井財閥の存在が多大であったことが指摘できる。

(1)　芝浦製作所については，木村編（1940）に基づいている。
(2)　豊田自動織機の記述については，豊田自動織機製作所社史編集委員会編（1967），日本経営史研究所編（1976），日本経営史研究所編（1978）に基づいている。
(3)　本書におけるトヨタ自動車のものづくりのマネジメントや生産システムの優位性に

ついては，トヨタ自動車工業社史編集委員会編（1967），トヨタ自動車75年史編纂委員会編（2013）を参照。
(4) 鐘紡の記述については，鐘紡社史編纂室編（1988），北山編（1927）に基づいている。
(5) 小野田セメントについては，日本経営史研究所編（1981）に基づいている。

第9章　三井物産のコーディネーションと
　　　　　三井財閥による工業支配

第1節　三井物産の三国間貿易

　三国間貿易が三井物産で企画されたのは，明治30（1897）年である（三井物産編，1965，p.59）。明治34（1901）年頃には，アメリカから鉄道材料，オレゴン松などを中国に輸入するというコーディネーションが行われた（日本経営史研究所編，1978，p.222）。また，ボンベイ支店がインド産の商品をイギリス領内に販売して取扱高1位になったり，海峡植民地（シンガポール，マレーシア）の錫をU.S.スチールに販売して，ほとんどすべてを供給するようになったりと，コーディネーションで成功を収める（日本経営史研究所編，1978，p.225）。

　なお，三国間貿易は，大豆・大豆粕，石炭，綿花，生糸，小麦・小麦粉，米，砂糖，麻袋，綿糸布，金物類といった多様な商品において行われていて広がりをみせる（日本経営史研究所編，1978，p.299）。

　表9－1は，明治43（1910）年から大正8（1919）年における三国間貿易の伸び率の推移を示したものである。三国間貿易の伸び率が急拡大していることから，三国間貿易は，三井物産の総合商社としてのメリットを最大限に活用した仕組みであることが理解できる。

　このうち，綿花についてみてみよう。図9－1から，三国間貿易の結了高が増大していて，これには図9－2から，アメリカ綿のイギリスを中心とするヨーロッパへの販売，インド綿の中国への販売を実現させたことが大きいと言えるであろう（日本経営史研究所編，1978，pp.358-360）。つまり，三国間貿易をコーディネーションしたことにより，綿花の急成長を支えていることが認識できる。

表9-1　三井物産における三国間貿易の伸び率の推移

（単位：千円，％）

年　度	金　額	伸び率
明治43年	42,346	100
44	35,479	83.8
45	55,656	131.4
大正 2	54,793	129.4
3	63,225	149.3
4	100,483	237.3
5	193,859	457.8
6	313,962	741.4
7	479,614	1,132.6
8	713,981	1,686.1

（出所）日本経営史研究所編（1978），p.298。

このように綿花においては，グローバルに商品が動くようになっており，地域別に商品を変えて仕入れ，その地域に合った商品を販売することができるようになっている。綿花は，生産される地域でばらつきがあり，地域によりニーズも異なっていた。それゆえ最適地域で仕入れ，最適地域で販売することが可能となったことは，よりグローバルに展開するメリットが享受できた。

この三国間貿易を支えたのが，部制度である。三井物産では，明治44（1911）年7月，部制度を全社的に導入した[1]。部制度の全社的な適用により，各部では各部長の権限が支店長の権限より強力になったため，本店と支店の二者間取引から，三国間貿易をも大規模に展開することが容易になった。そして，専門的知識を有した人材が取引を行ったため，国際分業が管理しやすくなった。したがって，部制度が三国間貿易をコーディネーションしていたという意味において，部制度から三国間貿易が形成・発展していったと言える。

綿花部について言えば，取引価格，取引数，取引時期，その他の取引条件にまつわる意志決定を綿花部が独自に判断できた[2]。そのことは，三国間にまたがり綿花取引をコーディネーションすることを可能にした。綿花部では，仕入

第9章 三井物産のコーディネーションと三井財閥による工業支配　183

図9-1　綿花における輸出，輸入，内地売買，外国売買別結了高推移

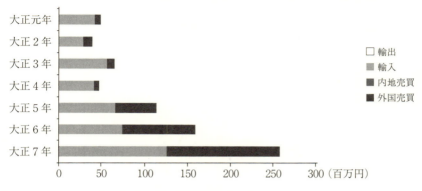

(出所)「三井物産事業報告書」各年版（丸善，2007年）より作成。

図9-2　綿花の品目別推移

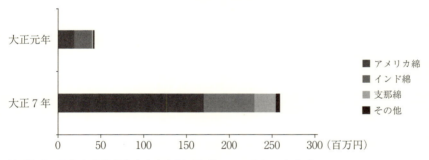

(出所)「三井物産事業報告書」各年版（丸善，2007年）より作成。

れと販売に関して一元的な指揮や判断が行えたため，国をまたいだ調整が可能になったのである。

　三国間貿易をさらに促進させたのが，明治31（1898）年7月に制定された共通計算規程である[3]。共通計算規程によれば，「本規程ヲ設クルノ趣旨ハ各店間ニ於ケル競争ヲ避ケ相互ノ気脈ヲ通シ商務ノ敏活ヲ計ルニ在リ」（第一條）（「達」（三井文庫蔵　物産65））とあり，支店単位での競争回避がその目的になっていることが確認できる。そして支店単位で利益が計上されないことから，三

国間貿易が容易に行える計算制度となっていた。

そして，明治44（1911）年7月，部制度が全社的に適用された時にも，「部ト組織ノ下ニ取扱フヘキ商品ノ損益ハ総テ共通計算トス」（第四條）（「達」（三井文庫蔵　物産75））とあり，共通計算は依然として残されたままであった。しかも，この部制度の全社的な適用は，「特種商品取扱規則」に基づいて権限が委譲されたため，その傾向は加速することになる[4]。三国間貿易の素地は，明治時代に整備され，大正時代に大きく展開されていったのである。

このように，三井物産の生み出す価値は，取引相手と取引相手を結びつけることのみならず，よりグローバルな展開が図られる三国間貿易として進化を遂げた。三国間貿易の経験は，三井物産社内にコーディネーション能力を組織能力として蓄積することになる。

第2節　三井合名と三井物産の合併

昭和15（1940）年8月，これまで三井物産社内において蓄積・活用されてきたコーディネーション能力であったが，三井財閥において発揮する機会が訪れる。当時，三井財閥内で工業分野が成長するにつれ，財閥内の再構築が迫られていた。そこで三井財閥において，大規模な組織イノベーションが実施され，それが三井合名と三井物産の合併である[5]。昭和16（1941）年12月に開催された第64回定時株主総会によれば，取締役会長代表取締役に向井忠晴が，代表取締役に，伊藤與三郎，大塚俊雄，塙雄太郎，久山寅一郎が就任している。とりわけ注目に値するのは，取締役に三井高長，三井高遂，三井高陽，三井高修，三井高光が，監査役に三井高篤が就任しており，株主総会における三井家の発言権を保持していることである（「第65回事業報告書」（丸善，2007））。三井物産では，堅実路線をいく三井家と専門経営者の間で，協調関係を構築してきたわけであるが，それは三井財閥におけるビジネス継続の秘策の一つとなり継承されていると言えるだろう。

三井物産の資本金推移をみると，明治26（1893）年7月100万円であったが，

第9章　三井物産のコーディネーションと三井財閥による工業支配　185

明治42（1909）年11月には2,000万円，大正7（1918）年2月に1億円，昭和11
（1936）年12月に1億5,000万円と着実に増資されている。そして昭和15（1940）
年8月の三井合名と三井物産の合併にあたっては，資本金4億5千万円となり，
三井財閥として発展を遂げる（三井物産編，1965，pp.26-27）[6]。

　合併後における三井財閥の事業態勢は，図9－3に示した通りである。図9
－3をみると，三井物産の下に三井鉱山，三井化学といった大規模製造企業が
配置される形になっていて，三井物産を中心にした組織の運営体制が構築され
ていることが理解できる。「三井ノ現機構ヲ見ルニ，一昨夏合名，物産両社合
併ニ伴ヒ，旧合名会社保有株式ハ金融三会社株式ヲ除キ総テ物産会社ノ保有ニ
移リ，（中略）三井全事業ヲ管掌スルノ地位ニ立ツコトトナレリ。」（「『三井家財
政方策ト事業進出并ニ態勢整備ニ関スル構想』試案」（三井文庫蔵　総元方38－3））と
あり，三井物産が株式も保有する形となっていた。

　三井財閥を統轄する機能を三井物産が引き継ぐ形となり，三井鉱山，三井化
学といった大規模製造企業は，三井物産の配下で生産性向上に取り組むことに
なった。指揮命令系統は，三井物産が判断して指示を出す仕組みが目指されて
いて，三井物産が包括的に三井財閥を掌握する形になったわけである。三井財
閥において，三井物産が覇権を握っていることが強調できる。

　次に，各種商品卸売商である三井物産が，組織内で主役の座に登場すること
になったその詳細について検討していこう。合併にあたり，三井合名代表社
員・三井高公と三井物産代表取締役・石田禮助の間で，「合併契約書」が締結
され，それは十一條からなる（史料9－1）。この「合併契約書」によれば，第
一條から三井物産が三井合名を引き継ぐ組織に再編されていること，第二條か
ら規模拡大が図られていること，第四條から資本の償却がなされていることが
理解できる。

図9－3　三井財閥の事業態勢（昭和17（1942）年）　　（％は持株比率）

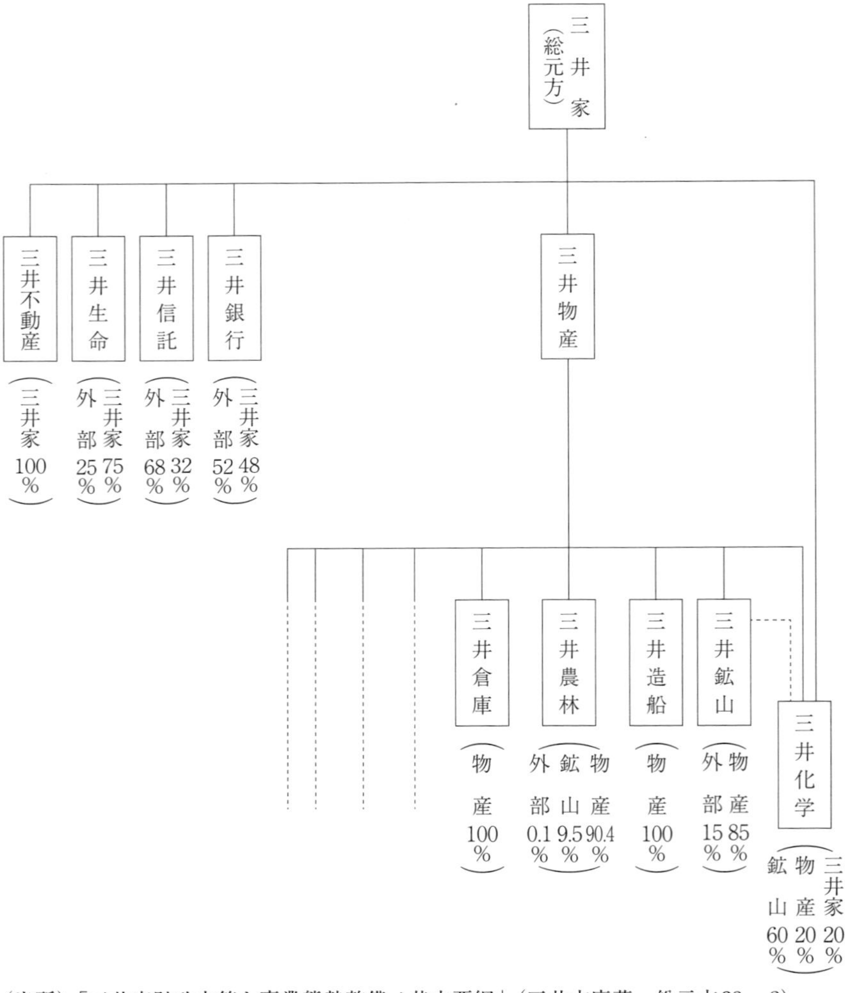

三井家（総元方）

三井不動産
（三井家 100％）

三井生命
（外部 25％ 三井家 75％）

三井信託
（外部 68％ 三井家 32％）

三井銀行
（外部 52％ 三井家 48％）

三井物産

三井倉庫
（物産 100％）

三井農林
（外部 0.1％ 鉱山 9.5％ 物産 90.4％）

三井造船
（物産 100％）

三井鉱山
（外部 15％ 物産 85％）

三井化学
（鉱山 60％ 物産 20％ 三井家 20％）

（出所）「三井家財政方策ト事業態勢整備ノ基本要綱」（三井文庫蔵　総元方38－2）。

第9章 三井物産のコーディネーションと三井財閥による工業支配 187

史料9－1

合併契約書

三井合名会社（以下甲ト称ス）ト三井物産株式会社（以下乙ト称ス）トノ間ニ
合併ニ関シ契約ヲ締結スルコト左ノ如シ

第一條　甲乙両社ハ合併シ甲ハ解散シテ乙ニ於テ甲ノ権利義務一切ヲ承継ス
ルモノトス

第二條　乙ハ合併ニ因リ資本金三億円ヲ増加シ新ニ左記各号ノ株式ヲ発行ス
ルモノトス

　一，額面金五十円全額払込済株式四百万株

　二，額面同上内金二十三円五十銭払込済株式二百万株

第三條　乙ハ合併期日現在ニ於ケル甲ノ社員ニ対シ其持分一個（金三十万円
内払込額金二十四万七千円）ニ付乙ノ額面金五十円全額払込済株式四千株及額
面同上内金二十三円五十銭払込済株式二千株（此額面総額金三十万円内払込金
二十四万七千円）ヲ割当交付シ且金七千五百円ノ交付金ヲ支払フモノトス

第四條　乙カ合併ニ因リ甲ヨリ承継スル左記乙ノ自己株式ハ乙ニ於テ合併ト
同時ニ之ヲ償却シ資本ヲ減少スルモノトス

　一，額面金五十円全額払込済株式百九十九万四千株

　二，額面同上内金二十二円五十銭払込済株式九十九万七千十株

右株式償却後ノ乙資本金及株式左記ノ如シ

　資本金総額　金三億四十四万九千五百円

　　内払込額　金二億四千七百三十六万七千二百七十五円

　株式総数　六百万八千九百九十株

　　内額面金五十円全額払込済株式　四百万六千株

　　　額面同上内金二十三円五十銭払込済株式　二百万株

　　　額面同上内金二十二円五十銭払込済株式　二千九百九十株

第五條　合併期日ハ昭和十五年八月十五日トス但シ已ムヲ得サル事情生シタ
ルトキハ甲及乙ハ協議ノ上合併期日ノ変更ヲ為スコトヲ得

第六條　甲ハ合併期日ニ於テ現存スル一切ノ資産及負債ヲ乙ニ引渡スヘシ

但シ右引渡ニ付テハ昭和十四年十二月三十一日現在ノ財産目録及貸借対照表ニ基キ其後ノ異動ハ別ニ計算書ヲ以テ之ヲ明確ナラシムルコトヲ要ス

第七條　本契約締結後合併期日迄ニ甲又ハ乙カ其ノ財産ニ重大ナル影響ヲ及ホスヘキ行為ヲ為サントスルトキハ相手方ノ承諾ヲ得ルコトヲ要ス

甲又ハ乙カ最近ノ配当率ヲ超ユル利益配当ヲ為サントスルトキ亦同シ

第八條　乙ノ合併成立後最初ノ決算期タル昭和十五年下期（昭和十五年四月一日乃至同年九月三十日）ニ於ケル利益配当ニ付テハ乙ハ合併ニ因リ新ニ発行シタル株式ニ対シ昭和十五年七月一日ヨリ起算シ従来ノ株式ト同率ノ配当ヲ為スモノトス

合併ノ成立カ昭和十五年十月一日以後ト為リタル場合ニ於テハ乙ハ昭和十五年七月一日以降ノ配当金額ニ相当スル金額ノ交付金ヲ甲ノ社員ニ支払ヒ且昭和十六年上期ニ於ケル利益配当ニ付テハ新ニ発行シタル株式ニ対シ従来ノ株式ト同額ノ配当ヲ為スモノトス

第九條　本契約締結後合併期日迄ニ天災其他ノ事由ニ因リ甲又ハ乙ノ資産ニ重大ナル変更ヲ生シタルトキ其他已ムコトヲ得サル事由アル場合ニハ甲及乙ハ協議ノ上本契約ヲ解除スルコトヲ得

第十條　合併ニ必要ナル事項ニシテ本契約書ニ記載ナキモノハ本契約ノ趣旨ニ反セサル限リ甲及乙ニ於テ協定ノ上之ヲ処理ス

第十一條　甲及乙ハ昭和十五年三月二十五日各其社員総会及株主総会ヲ開キ本契約ノ承認ヲ受クヘキモノトス但シ合併ニ付主務大臣ノ許可ヲ得ルコト能ハサルニ至リタルトキハ本契約ハ其効力ヲ失フ

右契約締結ヲ證スル為メ本書二通ヲ作成シ各自一通ヲ保持スルモノナリ

　昭和十五年　　月　　日

東京市日本橋区室町二丁目一番地一
　　三井合名会社
　　　代表社員　三井高公
東京市日本橋区室町二丁目一番地一
　　三井物産株式会社

第9章　三井物産のコーディネーションと三井財閥による工業支配　189

代表取締役　石田禮助

（「合名・物産両社合併関係資料」（三井文庫蔵　本社145））

さらにこれを確認する形で，史料9－2にみられるように，「合併ニ因ル権利
義務承継書」が作成されている。

史料9－2

合併ニ因ル権利義務承継書

昭和十五年三月二十五日開会ニ係ル三井合名会社臨時社員総会及三井物産株
式会社臨時株主総会ニ於テ承認議決アリタル同年三月二十日附締結ノ両会社
合併契約書第六條ニ基キ昭和十五年八月十五日現在ニ於ケル三井合名会社ノ
権利義務一切ヲ別紙財産目録及貸借対照表ノ通リ三井物産株式会社ニ承継ノ
手続ヲ了シタルコトヲ茲ニ確認ス

　　昭和十五年　　月　　日

東京市日本橋区室町二丁目一番地一

三井合名会社

代表社員　三井高公

東京市日本橋区室町二丁目一番地一

三井物産株式会社

代表取締役　石田禮助

（「会社合併関係資料」（三井文庫蔵　本社43））

三井合名と三井物産の合併理由として注目できるのが，「三井合名会社及三
井物産株式会社合併理由」に，「三井合名会社及三井物産株式会社両社ノ出資
関係ヲ総合整理シ，金融関係各社ヲ除ク全事業会社ノ統制ヲ一元化シ度キコ
ト」（「三井本社設置ニ伴フ三井家ノ機構改組試案」（三井文庫蔵　合名142））とあり，
統率が図れるとしている。三井合名は，「三井合名会社ハ，明治四十二年十一
月旧三井鉱山合名会社ヲ改組設立シ爾来三井系各社ノ親会社トシテ其総合統轄

金融等ヲ掌リ，関係事業ノ振興並ニ新規事業ノ育成ニ努メ以テ今日ニ及ヒタル

カ，此間我国経済界ノ発展ニ聊カ寄附シ得タリト確信スル次第ナリ」（「三井本

社設置ニ伴フ三井家ノ機構改組試案」（三井文庫蔵　合名142））とあり，三井財閥を

統轄してきたとしている。また三井物産は，「国際的信用ノ昂揚ニ資シ度キコ

ト」（「三井本社設置ニ伴フ三井家ノ機構改組試案」（三井文庫蔵　合名142））とあり，

これまでに総合商社として培ってきた国際的信用に基づいた経験を活用できる

としている。

　一方で，三井合名では，「総社員同意書」で合併について同意することが，

三井家から構成される社員の間で決議され同意されている（史料9－3）。

史料9－3

総社員同意書

三井合名会社社員ハ全員一致ヲ以テ左ノ決議ヲ為シタリ

一，三井合名会社及三井物産株式会社両社間ニ於テ別紙契約書ニ基ク合併契

約締結方ニ同意ス

　右決議ヲ明確ナラシムル為メ総社員左記ノ通リ記名調印ス

　　昭和十五年三月　日

　　　　　　　　　　　　　　　　　　　三井合名会社

　　　　　　　　　　　　　　　　　社員　三井高公

　　　　　　　　　　　　　　　　　社員　三井高長

　　　　　　　　　　　　　　　　　社員　三井高逞

　　　　　　　　　　　　　　　　　社員　三井高精

　　　　　　　　　　　　　　　　　社員　三井高陽

　　　　　　　　　　　　　　　　　社員　三井高修

　　　　　　　　　　　　　　　　社員三井高素

　　　　　　　　　　　　　　　　　右後見人

　　　　　　　　　　　　　　　　　　　三井高堅

　　　　　　　　　　　　　　　　社員　三井高篤

第9章　三井物産のコーディネーションと三井財閥による工業支配　191

社員　三井高昶

社員　三井弁蔵

社員　三井高光

（「会社合併関係資料」三井文庫蔵　本社43））

さらに，三井高素の自宅で催された親族会で，合併について「親族会決議
書」で，三井家として同意している（史料9－4）。

史料9－4

親族会決議書

未成年者三井高素ノ為メニ同人後見人三井高堅ノ招集ニ基キ昭和十五年三月

　　日三井高素宅ニ開催セラレタル親族会ニ於テ全員ノ同意ヲ以テ左記ノ決議

ヲ為シタリ

左記

一，三井合名会社社員未成年者三井高素ノ後見人三井高堅ニ於テ三井合名会

社ト三井物産株式会社間ニ於テ三井物産株式会社ヲ存続会社トシ別紙合併契

約書締結ニ同意スルコトヲ同意ス

右決議ヲ明確ナラシムル為メ親族会員全員左記ノ通リ記名調印ス

　　昭和十五年三月　　日

未成年者三井高素親族会員　三井高公

同　　　　　　　　　三井元之助

同　　　　　　　　　三井高精

同　　　　　　　　　三井高陽

同　　　　　　　　　三井守之助

同　　　　　　　　　三井高昶

同　　　　　　　　　三井弁蔵

同　　　　　　　　　三井高光

（「会社合併関係資料」三井文庫蔵　本社43））

合併に伴い，三井鉱山も三井物産の所管となっていて，それは，三井物産が
三井鉱山の牙城にチャレンジすることを意味するものでもあった。

合併前の動きとして，昭和12（1937）年6月，三井物産の業務課長から文書
課長に宛てて，「営業部ニテ三井鉱山製品取扱掛新設ノ事」が差し出されてい
る（「廻議綴」（三井文庫蔵　物産2407））。これによると，営業部長から申請のあっ
た薬品係から派生して三井鉱山製品取扱掛を新設することに，業務課長として
も支障はないとしている。その詳細は，薬品掛を2分して，薬品掛第一部とし
て，「三井鉱山株式会社及同社関係会社ノ製造ニ係ル化学製品一切ノ製品」（「廻
議綴」（三井文庫蔵　物産2407））が，薬品掛第二部は，第一部に属さない製品と
いう分類となっている。これは，合併前から三井物産と三井鉱山の関係性が強
化される動きとして注目できるだろう。

これも，合併前の動きであるが，三井物産と三井鉱山は，日本合成化学工業
株式会社（日本合成化学工業と略する）製造の醋酸を納入するにあたって協業で
取り組んでいる。昭和14（1939）年11月，「契約証」（案）が三井鉱山と三井物
産の間で作成されている。「契約証」（案）によると，日本合成化学工業の製氷
醋酸は，合成大垣工場より積み出され，三池染料工業所引込線貨車乗渡で受け
渡す契約となっている。とりわけ注目に値するのは，まず第1に，品質は，工
業用98パーセントの保証品，純良96パーセントの保証品という品質が求めら
れていることである。第2に，最終的には三池染料工業所において，品位，品
質，数量，荷造，破損の検収を受けて，受け渡しが完了するとしている。しか
も不良品と判断された場合には，返品され代品の即座の納入と品質が重視され
ている（「廻議箋」（三井文庫蔵　物産2705））。合併前から，三井物産と三井鉱山
の間における蜜月関係の取引の一つとして指摘できよう。

三井総元方企画部による昭和15（1940）年9月に開催された第2回企画部委
員会議では，三井鉱山を傘下に置くことによって，「外地及ビ海外ノ金属鉱区
ノ買収ニハ物産ガ斡旋スルノガ捷径ダ。」，「鉱山資源ニシテモ内地ニハ少イカ
モシレヌガ，東亜全体ニ就イテ見レバ資源ガ豊富ニアル。支那ノ炭山，フィ
リッピンノクローム，銅山，仏印ノ無煙炭等々。而シテ今迄ハ三井物産ガコレ

第9章　三井物産のコーディネーションと三井財閥による工業支配　193

ラ諸国ノ鉱区獲得ニ奔走シテ」（「三井化学工業株式会社創立迄の関係書類」（三井文庫蔵　本社151））といったコーディネーションの提案が打ち出されており，三井鉱山の三井物産への依存体制を指摘することができる。

　史料9－5は，社長が重役に挨拶した時の内容である。史料9－5から，名称は三井物産株式会社であること，三井総元方を設置して，三井家全ての事業を統括することが強調されている。

史料9－5

社長殿各社重役ニ対スル御挨拶

合名会社ノ改組ニ就キマシテハ去四月一日内外ニ発表イタシマシテ以来物産会社トノ合併ニ関スル法規上ノ諸手続モ極メテ順調ニ運ビマシテ愈々本日物産会社ニ於テ合併報告総会モ無滞終了イタシマシタ是カラ合名，物産両会社合併登記並ニ合名会社解散登記ヲ申請イタシマシテ両三日中ニ其完了ヲ待ツテ夫々完全ニ其効力ヲ発生イタシマス

合併ニ関スル今日マデノ世上ノ反響ヤ批判ハ中央ト地方トヲ通ジ概シテ良好デアリマシテ官民ニヨリ能ク好意的ニ其真相ガ理解セラレマシタ事ハ御同慶ニ堪ヘマセヌ又是ハ各社当路者ガ細心ノ注意ヲ以テ誤解ノ生ズル余地ナキ様善処セラレタ所大ナルニ因ルモノト存ジマス

却説合併後ノ新組織ハ三井物産株式会社ノ名称ヲ踏襲スルコトニ決定イタシマシタ（中略）

三井家全事業ノ統轄，事業方針ノ決定，寄附関係，及社交関係ノ事項等ニ対シテハ今回三井総元方ト云フ事務所ヲ新設イタシマシテ之ニ当ラシムルコトニナリマシタ此ノ総元方ト各社間ニハ以前ニモ増シテ連絡ヲ密ニシ御協力ヲ俟ツベキ事多々アリト存ジマス此点ニツキ特ニ各位ノ御諒解ヲ得タイ次第デアリマス

（「三井本社設置ニ伴フ三井家ノ機構改組試案」（三井文庫蔵　合名142））

　なお，昭和16（1941）年12月には，「（前略）三井ノ事業ノ重点ヲ産業部門ニ

移行セシメントスルニ当リ金融部門ニ於テモ之ニ呼応シ銀行，信託，生命ノ連絡提携ヲ一層緊密ニシ運営上三社一体化ノ態勢ヲ整ヘ三井全事業ノ発展ニ寄与セシムル必要有之ト存ジ之ガ方策ニ付キ考究仕リ試案トシテ別添「三井金融協議会」案ヲ作成致候間茲ニ許御高覧ニ奉供候」（「三井ノ事業態勢再整備案上部機構改革ニ依ル物産改造案」（三井文庫蔵　本社147））とあり，三井金融協議会の設置が提案されており，金融部門も含んだ統轄が三井全体として求められていることが理解できる。

　昭和17（1942）年には株式が分譲されることになり，分譲要綱は史料9−6に示される通りである。すなわち，さらなる重化学工業分野への進出を意図していて，重化学工業という方向性においても，三井物産の機能が必要とされていることが確認できる。三井物産が三井財閥全体を包括的に掌握することにより，組織の許容能力を拡大することが可能になったわけである。

　史料9−6
　三井に於きましては，一昨年三井合名会社及三井物産株式会社合併の際の既定方針に従ひまして，今般物産会社株式を分譲することに致しました。即ち三井物産会社は今や三井鉱山，三井化学，三井造船，三井精機，東洋綿花，東洋レーヨン等を始めとして約4百の関係会社を有し，傘下重点事業の拡充発展に伴ひ之が増資払込等に要する資金は莫大に上りますのみならず，現下の情勢に鑑み更に重工業に進出のため巨額の資金を要しますので，茲に同社の株式を分譲し，広く一般の資金的協力を仰ぎ度いと思ふのであります。分譲の要綱は大体左記の通りであります。

　　　　分譲要綱
1.　分譲株数　150万株見当（総数約6百万株
　　　　　　　の内）
　　内訳　旧株（額面50円全額払込済）50
　　　　万株（総数約400万株の内）
　　　　第1新株（額面50円，内23円50

銭払込）　100万株（総数200万

株の内）

2.　分譲価格　旧株　1株135円

第1新株　1株90円（但し昭

和17年下期配当付）

3.　分譲先　関係会社従業者，三井物産取引先等

4.　分譲の時期　本年11月実行の予定

5.　減配　近き将来に1割に減配の予定（現行1割2分1厘4毛）

（日本経営史研究所編（1978），p.670）

第3節　三井物産のコーディネーション

　三井合名と三井物産の合併後，「合名，物産合併後ノ三井ノ様相ヲ観ルニ，新物産ハ三井最大ノ生産部門タル鉱山ノ親会社トナリ，金融部門ヲ除ク三井全事業ヲ管掌スル態勢ヲ採ルコトトナレリ。」，「更ニ又伝統的ニ商事会社トシテ商権拡張ヲ主トシ来リタル物産ガ全三井ノ事業ヲ支配スル態勢」（「三井ノ事業態勢再整備案上部機構改革ニ依ル物産改造案」（三井文庫蔵　本社147））と，三井物産が組織図的に製造企業の上位に立つことになったのであるが，その時に活用されたのが，総合商社で培ったコーディネーション能力である。

　昭和16（1941）年，「海外ニ於ケル三井事業ノ統轄機関設置案」では，「1.各社関係事業ノ連絡統制　2.各社共同ノ企業，投資事業ノ調整　3.三井全体トシテ考慮スベキ事業ノ企画調査」（「三井ノ事業態勢再整備案上部機構改革ニ依ル物産改造案」（三井文庫蔵　本社147））等といったことが，打ち出されている。

　それより以前の三井総元方企画部による昭和15（1940）年10月に開催された第6回企画部委員会議では，「三井系統ノ工業会社ハスベテ三井系機械工場へ発注スルコトニシナケレバ三井ノ機械工業ハ発達シナイ。南洋，印度方面ニハ機械輸出発展ノ余地多シ。」，「連絡ヲ図ル一方法トシテ各社共同ノ部課長食堂ヲ設ケル案ハ如何。」，「物産，鉱山，或ハ銀行ヲモ入レテ，共同事業ヲ為スノ

モ一方法ナラン。」(「三井化学工業株式会社創立迄の関係書類」(三井文庫蔵　本社
151))と，一案として製造企業と連携・統合する方向性が模索されている。

　このような流れの中で，三井物産では，これまで総合商社として培ってきた
三国間貿易における商品間取引のコーディネーション能力を，製造企業との関
係性の中において取り入れて活用していった。すなわち事業部を設置して，投
資ビジネス，企画ビジネスの強化に乗り出していった。これらについて，考察
していくことにしよう。

(1) 事業部による投資ビジネス

　「事業部総誌」(各年版)において，投資活動についてみてみると，昭和16
(1941)年下期の新設企業への投資は23社，既存企業への増資は10社，株式買
入れは6社となっている(「事業部総誌」(昭和16 (1941)年下期)(三井文庫蔵
2676 - 1))。昭和17 (1942)年上期の新設企業への投資は31社，既存企業への
増資は8社，株式買入れは14社となっている(「事業部総誌」(昭和17 (1942)年
上期)(三井文庫蔵　2676 - 2))。昭和17 (1942)年下期の新設企業への投資は30
社，既存企業への増資は10社，株式買入れは31社となっている(「事業部総誌」
(昭和17 (1942)年下期)(三井文庫蔵　2676 - 3))。このように，新設企業，既存
企業とも，積極的に投資していることが指摘できるだろう。

　昭和16 (1941)年下期についてみると，投資額1,000万円以上が14社，500万
円以上が14社，300万円以上が8社であり，合計すると，投資先は368社にの
ぼる(表9 - 2)。このような膨大な規模・数にわたる投資先の確保の背景には，
三井物産に信用調査のノウハウが蓄積されていたことがあり，このノウハウを
活用して，製造企業を中心とする投資先の選定・選抜が容易であったことがあ
げられる。また，投資先拡大に伴う三井物産による資金配分のコーディネー
ションも可能になった。

第9章　三井物産のコーディネーションと三井財閥による工業支配　197

表9－2　企業別投資額

（単位：千円）

	企業名	投資額
1,000万円以上	三井鉱山	167,129
	東京芝浦電気	25,572
	北海道炭礦	24,441
	三池石油合成	19,330
	三井化学	16,000
	大洋興業	15,000
	三井工作機	15,000
	東洋レーヨン	12,587
	満洲合成燃料	11,300
	東洋精機	14,480
	王子製紙	10,492
	玉造船所	10,000
	東洋綿花	30,895
	東神倉庫	15,000
500万円以上	日本製粉	9,917
	帝国石油	8,400
	富永鋼業	5,960
	日本製鋼所	5,645
	電気化学社	6,973
	大東紡織	5,250
	北海道人造石油	5,000
	日本水産	5,000
	東洋海運	5,000
	三泰油房	5,000
	日東拓殖	9,452
	北支那開発	6,632
	昭和通商	5,250
	三泰産業	5,000
300万円以上	帝国燃料	4,650
	湯浅蓄電池	4,040
	朝鮮レーヨン	4,000
	東洋葉煙草	3,000
	三機工業	4,960
	満洲石油	4,000
	東亜製粉	3,045
	満洲航空	4,300
100万円以上	54社	
50万円以上	46社	
30万円以上	15社	
10万円以上	83社	
10万円以下	134社	
合計	368社	

（出所）『事業部総誌』（昭和16（1941）年下期）（三井文庫蔵　物産2676－1）より作成。

198

表9－3　事業別投資責任額

（単位：千円）

事業内容	投資責任額
鉱業	209,778,300
金属工業	13,248,922
機械工業	95,083,540
繊維工業	32,518,200
化学工業	83,350,000
窯業	9,215,600
食料品工業	25,952,582
木材，加工製紙	14,554,284
雑工業	8,735,500
海運	22,500,850
運輸，埠頭，倉庫	19,556,240
交通，通信，電力	8,874,165
銀行，信託，保険	6,255,000
拓殖	30,771,850
商業	40,883,682
統制及共販	29,510,943
其他	4,435,900
合計	655,225,558

（出所）『事業部総誌』（昭和16（1941）年下期）（三井文庫蔵　物産2676－1）より作成。

　表9－3は，事業別投資責任額である。表9－3から，総合的にさまざまな分野に投資していることが理解できる。また，鉱業が全体の約32パーセント，機械工業が約14.5パーセント，化学工業が約12.7パーセントを占め，鉱業，機械工業，化学工業の発展に貢献していることが指摘できる。

(2) 事業部による企画ビジネス

　事業部における新規事業の企画は，「新規事業案企画及審査手続要綱（昭和17（1942）年12月制定）によると，2つのルートがあった（史料9－7）。一つ目は支店長が自らが企画する場合であり（二），2つ目は各店が企画する場合であ

る（三）。そして，事業部長を経由して総務部参与にあげられる仕組みとなっていた（四）。このように「新規事業案企画及審査手続要綱」の制定は，製造企業も取り込んで，三井物産社内に蓄積されたコーディネーション機能の活用を容易なものにした。三井物産が，新事業を企画するための中枢機関となったのである。三井物産における生産の付加価値活動により，三井財閥の活動範囲は拡大し，工業支配が及んだ。なお，三井越後屋では，小売商である三井越後屋がオーガナイズして量産仕入れを実現させており（武居，2014），三井物産においては，大規模製造企業の掌握を進めるプロセスにおいてコーディネーション機能を活用しており，共通性が認識できる。

史料9－7

新規事業案企画及審査手続要綱

新規事業ノ企画ハ単ニ一部，課ノ担当ニ委ヌヘキニ非ス社内外ノ連絡ヲ密ニシ衆智ヲ集ムルハ勿論各部店長ハ率先思索研究スルト同時ニ各職員ノ創意ヲ活カシ常ニ幹部ノ方針ヲ體シ大局的見地ニ立脚シ諸般ノ情勢ヲ勘案洞察シ当社事業トシテ相応シキ計画案ノ創造ニ努ムヘキコト多言ヲ要セサル所ナルモ其事務処理ニ関シテハ概ネ本要綱ノ定ムル所ニ拠ル

一，新規事業ノ企画ハ主トシテ営業各部其衝ニ当リ本店事業部之ニ参画ス

二，営業各部長及各店長ハ新規事業案ヲ自ラ企画スヘシ

三，各店ニ於テ新規事業案ヲ企画シタルトキハ所轄営業各部長ニ提出スヘシ

四，営業各部長ハ各店長ヨリノ計画案ヲ事業部長ト協議シ成案ノ上総務部参与ニ提出スヘシ

五，前記何レノ場合ニモ電信，書状其他関係書類ハ其写ヲ関係各部店長ニ送附シ連絡，疏通ヲ保ツヘシ

（『現行達令類集』（三井文庫蔵　D436 - 155））

第4節　三井財閥による重化学工業支配

三井物産が，三井財閥の工業支配において重要な役割を果たしたのは，他にもある。三井物産による三井財閥の一元管理体制の下，重化学工業化に向けて方針が打ち出されている。具体的には，昭和17（1942）年6月，三井家財務に関する委員会（構成員：三井総元方，三井家同族会事務局，三井物産）において，三井物産常務取締役・伊藤与三郎から，進出予定の重化学工業企業について提案されている[7]。提案企業は，日産自動車，日本製鋼所，東京芝浦電気，大同製鋼，石川島造船，帝人，電気化学工業が含まれ，重化学工業への転換を強化する意図が理解できるだろう。

このうち，(1) 日産自動車，(2) 電気化学工業，(3) 日本製鋼所，(4) 東京芝浦電気の動向について考察していこう。

(1) 日産自動車

日産自動車については，昭和17（1942）年1月，三井物産（乙）と日産自動車販売株式会社（甲）の間における「契約書」（案）でみてみよう。これによると，「甲ハ泰国及ビ仏領印度支那ニ対スル商品ノ輸出及同地域内ニ於ケル販売ヲ乙ニ一手ニ委託シ乙ハ之レヲ引請クモノトス」（第一條）（「廻議箋」（三井文庫蔵　物産2719））とあり，一手販売契約となっている。また，「甲ノ販売セル商品ニ就イテハ甲ハ其ノ品質，数量，包装，性能，構造，工場積出期日，仕向地ニ於ケル工業所有権問題等ニ対シ一切其ノ責ニ任スルモノトス（後略）」（第五條）（「廻議箋」（三井文庫蔵　物産2719））とあり，品質についての責任の所在は，日産自動車側にあることが明記されている。さらに，「乙ハ商品ト競争トナルヘキ類似又ハ同種ノ他製品ニ付キ第一條ノ販売区域ヨリ引合ヲ受ケタルトキハ甲ニ通知シ双方合議ノ上之レカ受否ヲ決定スルモノトス」（第三條）（「廻議箋」（三井文庫蔵　物産2719））と，競合関係におけるテリトリーの契約も盛り込まれている。日産自動車には，一手販売権を活用してのアプローチと理解できるだ

第9章　三井物産のコーディネーションと三井財閥による工業支配　201

ろう。

(2) 電気化学工業

　昭和17（1942）年9月の廻議で，電気化学工業株式会社（電気化学工業と略する）の新株3万9,790株を143万2,158円で買い受けることが決議されている。その理由として，石灰窒素，カーバイドといった化学工業事業を取り込むことがあげられている。株式買取りにより，三井物産の持株は17万9,240株になり，三井物産の電気化学工業に占める持分比率は15.6パーセントとなった（「廻議箋」（三井文庫蔵　物産2718））。

　また，昭和18（1943）年8月の廻議で，三井物産は，電気化学工業に利息を日歩1銭2厘5毛で20万円を融資することが決議・施行されている。融資の理由として，三井物産と電気化学工業との間で，東洋合成工業株式会社に対して出資比率，50％，50％の約束にもとづいて，その追加融資金にあてることがあげられている（「廻議箋」（三井文庫蔵　物産2719））。

(3) 日本製鋼所

　昭和16（1941）年10月の廻議によると，株式会社日本製鋼所（日本製鋼所と略する）への株式払込資金70万円（利率日歩1銭1厘5毛）の調達資金を三井銀行より買入れる件が提出されている（「廻議箋」（三井文庫蔵　物産2718））。

　昭和18（1943）年7月，「株式会社日本製鋼所株式買受ノ件」によると，日本製鋼所の株式40,990万株を買入れることが取り上げられている。買入金額は，3,505,054円90銭で，株式買入後の持株は505,360株，持株比率は21パーセントとしている。三井生命が167,100株，全体の7パーセント，三井鉱山が200,000株，全体の8パーセントを保有しており，3社合計すると872,460株，全体の36パーセントを占めることになる（「日本製鋼所」（三井文庫蔵　本社428））。

(4) 東京芝浦電気

　昭和17（1942）年9月の廻議によると，東京芝浦電気株式会社（東京芝浦電気

と略する）は，芝浦マツダ工業株式会社（芝浦マツダと略する）との合併により，芝浦マツダは，タンガロイ，ダイヤロイの販売における協議機関である特三会を結成していたため，この販売経路を吸収し，営業基盤を強化することになるとある（「廻議箋」（三井文庫蔵　物産2718））。

　また，昭和18（1943）年3月，「「東京芝浦電気株式会社」ガ「東京電気株式会社」及「東京耐火煉瓦株式会社」ノ二社ヲ合併ノ事」が事業部より提出されていて，この合併により三井物産の持株数972,223株，持分比率15.63パーセントになるとしている（「東京芝浦電気株式会社（芝浦マツダ工業）」（三井文庫蔵　本社543））。昭和18（1943）年9月，機械部長から事業部長に提出された「東京芝浦電気株式会社弊社トノ取引情勢ニ就テ」によると，東京芝浦電気の持株比率は，16パーセントであり，東京芝浦電気系傍系を含めると，持株比率42パーセントを占めている（「東京芝浦電気株式会社（芝浦マツダ工業）」（三井文庫蔵　本社543））。

　役員については，明治18（1943）年6月に事業部より提出された「東京芝浦電気株式会社総会ノ事」の中で，事業部の意見として，「同社ハ新タニ役員首脳部資格規定ヲ設ケ愈々外部ヨリ介入ノ途ヲ狭メツヽアリ，将来，三井系巨額投資ヲ代表シ同社経営ニ強力ニ参加スル為メ今ヨリ適当方法ヲ講ジ置キ度シ」（「東京芝浦電気株式会社（芝浦マツダ工業）」（三井文庫蔵　本社543））と，役員の就任が今後の課題として取り上げられている。

　このように，三井物産による三井財閥の一元管理より，重化学工業化が三井物産が主導していく形で促進されていることが指摘できよう。三井財閥が，積極的な工業支配を行っていく過程において，三井物産は取り纏めのかなめとしての機能を果たした。上記以外の企業においても，三井財閥の工業支配は及んでおり，これについてみていくことにしよう。

(5) トヨタ自動車

　昭和16（1941）年10月，査業部長から「日本内地自動車製造業合同問題」が取り上げられている（「トヨタ自動車」三井文庫蔵　本社577）。この合同問題とは，

第9章　三井物産のコーディネーションと三井財閥による工業支配　203

日産自動車（満業系），トヨタ自動車，ディーゼル自動車工業の3社についてである。これについて，「三井ニ於テ右満業系株ヲ一手ニ引受ケ此際内地ノ自動車製造業ニ乗リ出ス考ハナイカ，ソースルト三井ガ一番大株主トナル，考ヘテ置テ貰ヒタイ」（「トヨタ自動車」三井文庫蔵　本社577）と，合同問題に関心を示しており，株式支配による影響力強化の意図も選択肢として意見されている。

　昭和18（1943）年6月，トヨタ自動車と中央紡績株式会社（中央紡績と略する）の間で「合併契約書」（写）が交わされている。この合併により，三井財閥は，三井物産40,000株，東洋綿花206,925株，合計すると246,925株保有し，それはトヨタ自動車全体の13.4パーセントを占めるとあり，統合化に向かう中で，議決権を確保している（「トヨタ自動車」三井文庫蔵　本社577）。

(6) 豊田自動織機

　昭和17（1942）年3月，機械部長から「株式会社豊田自動織機製作所ニ株式投資許可申請ノ事」が，取り上げられている（「豊田自動織機製作所」（三井文庫蔵　本社574））。そこでは，出資金額150万円（3万株）の許可を申し出ている。その理由として，「今後同社其他対豊田関係ヲ一層緊密ニシ度キ為メニシテ豊田自動織機製作所ハ，トヨタ自動車，豊田製鋼等豊田系諸事業ノ母体ヲナスモノナル故豊田諸社トノ商内並ニ当社ガ機械工業，重工業方面へ進出スル意味ニ於テモ本投資ハ極メテ有意義ナリ」（「豊田自動織機製作所」（三井文庫蔵　本社574））とあり，重化学工業化の方針と符号することがあげられている。

(7) 丸善石油

　昭和16（1941）年11月，石油部長から査業部長に，「東洋石油株式会社ト丸善石油外三社ト合併ノ事」が差し出されている（「赤会議附属書類」（三井文庫蔵　物産2726））。これによると，石油企業の合併に備えて，三井物産としては，「丸善株式旧株六万株，新株四万株ハ去ル十月十三日買収手続終了先月末ノ丸善株主総会ニテ当社太田常務並ニ石油部山本彦太郎両名丸善取締役ニ就任決定致候」（「赤会議附属書類」（三井文庫蔵　物産2726））と，丸善石油株式会社（丸善石

油と略する）の株式保有と取締役就任の決定とある。このことから，意図して合併後に石油工業において主導権を握ろうとしていることが理解できる。その後，太田静男は辞任することになったが，取締役に大塚俊雄（常務取締役），山本彦太郎（石油部副部長）が丸善石油の役員に就任することについて，昭和17（1942）年4月の取締役会に提出されていて，役員としての影響力を継続的している ことが理解できる（「廻議箋」（三井文庫蔵 物産2718））。なお，合併内容の詳細は，史料9－8に示した。合併後の合併各社における戦略の相違に関しては，三井物産のコーディネーション能力により対応することが可能であった。

　この合併には，三井銀行も融資している。昭和16（1941）年10月の廻議に，丸善石油への株式買入金400万円（利率日歩1銭1厘5毛）を三井銀行より買入れる件が提出されている（「廻議箋」（三井文庫蔵 物産2718））。また，昭和16（1941）年11月の廻議には，丸善石油の新株（第2回払込金）のため，三井銀行へ50万円の借入（利率日歩1銭1厘5毛の予定）が提出されている（「廻議箋」（三井文庫蔵 物産2718））。資金的な側面は，三井財閥内の三井銀行に依存していたことが指摘できるだろう。このように石油企業各社の合併については，三井銀行を含めた三井物産のコーディネーション能力の如何が，業界の成り行きを左右した。

史料9－8

丸善石油　東洋石油等四社吸収合併ニ付

存続社　丸善石油株式会社（資本金二千五百万円内払込千七百五十万円）

被吸収社　東洋石油，山文石油，東邦石油，九州製油ノ各社（何レモ小規模会社）

合併事由　製油業界合同（丸善ハ日石，三菱，東亜燃料，早山各ブロックト並ンデ一ブロックヲ結成）

合併條件　一，丸善ハ被吸収会社ノ昭和十六年十月三十一日現在ノ貸借対照表，財産目録ヲ基礎トシ合併期日ニ於テ営業其ノ他一切ノ権利義務ヲ承継

　　　　　　　一，被吸収会社株式ニ対シ払込額同額ノ丸善社五十円払込済株式及プレミアム現金ヲ交付ス

（商工，大蔵両省協議ノ上右確定）

プレミアム　各社純資産ノ評価ニ依リ決定

（中略）

合併期日　昭和十七年三月一日

（後略）

（「会社合併関係資料」（三井文庫蔵　本社43））

(8) 小野田セメント

　次に，セメントの動きについてみてみよう。明治17（1942）年3月の廻議で，同年4月に小野田セメントと東北セメント株式会社が合併し，小野田セメント製造株式会社という名称とすることについて議決・施行されている。この合併により，三井物産の小野田セメントに対する持株は，8万5,200株，持株比率は9.9パーセントになる（「廻議箋」（三井文庫蔵　物産2718））。

　そして昭和17（1942）年3月の廻議で，哈爾賓セメントの端株約1,000株を約4万5,000円で買取ることが決議・施行されている。哈爾賓セメント株式の内，三井物産と小野田セメントが約18.3万株，持株比率91.6パーセントを占めているのに対し，株主数は12名で全体の3パーセントに過ぎないため，この関係を是正することが，理由としてあげられている（「廻議箋」（三井文庫蔵　物産2718））。いずれにしても，セメント工業における統合化の流れに関わっており，三井財閥の工業支配が及んでいる。

(9) 日本鋼鉱

　昭和18（1943）年7月の廻議によると，三井物産が日本鋼鉱株式会社（日本鋼鉱と略する）の株式8,000株について買受が施行されている。その理由として，日新製鋼社と日本鋼鉱の合併を予想していることがあげられている。その場合，日新製鋼社における三井物産の持分は58パーセントになると試算している（「廻議箋」（三井文庫蔵　物産2719））。このことから，製鋼分野において，合併を見込んだ三井財閥の工業支配が進められていることを指摘できるだろう。

206

(10) 日本鋼管株式会社

　昭和17 (1942) 年7月の廻議によれば，「他類ニ属セサル金属及其ノ半加工品（例ヘハ鉄，鋼，銅，亜鉛等)」の三井物産の登録商標「鶴印」を日本鋼管株式会社（日本鋼管と略する）への使用許諾が提出されている。鶴印の商標は，日本鋼管の大阪支店が亜鉛引鉄板に使用するものであり，登録商標における統合が図られている（「廻議箋」（三井文庫蔵　物産2718))。

(11) 日本ゴム工業

　昭和17 (1942) 年9月，営業部長から事業部長に宛てた「日本ゴム工業株式会社へ役員差入レノ事」によると，日本ゴム工業株式会社（日本ゴム工業と略する）の常務取締役に和歌山出張員・櫻庭久吉，取締役に営業部長・橋本忠司，監査役に事業部長・河村雅次郎が就任することについて，許可願いが提出されている。昭和17 (1942) 年9月の廻議によれば，三井物産は，日本ゴム工業の全株式のうち7千株すなわち5割4分の持株比率で株式過半数を取得し筆頭株主となることを見込んで，日本ゴム工業へ運転資金として，25万円（金利日歩1銭3厘）の融資に乗り出すとしている（「赤会議附属書類」（三井文庫蔵　物産2726))。

　株式購入の理由として，日本ゴム工業に経営支配を及ぼすことにより，ゴム工業を手中に収めようとしていることがあった。また他財閥もゴム工業への進出を計画中であることも，理由の一つにあげられている。さらに言えば，日本ゴム工業のメインバンクが三井銀行五反田支店になっており，三井物産とも取引関係があることも筆頭株主になる決め手の一つになったと考えられる（「赤会議附属書類」（三井文庫蔵　物産2726))。

　日本ゴム工業への経営参画にあたっては，事前に調査が実施されている。日本ゴム工業は，昭和9 (1934) 年1月，常務取締役・大村博により資本金48万円で設立された。護謨引防水布製造販売を営み，ゴム原料については，ゴム原料卸商業組合から仕入れていること，また大村博の人物についてもリサーチは及び，南満州鉄道総裁・大村卓一氏の長男であり，事業に熱心で人柄も良いと

評されている。メインバンクには，先述の通り三井銀行があり，支払方法は，ゴム原料は現金払い，生地については60日内外の手形により，薬品については月末勘定で支払いと，製品によって異なるとしている（「赤会議附属書類」（三井文庫蔵　物産2726））。

　日本ゴム工業側が三井物産にアプローチしてきたのには，三井物産繊維部が日本ゴム工業の製品を南満州鉄道に販売していることが，その理由として分析されている（「赤会議附属書類」（三井文庫蔵　物産2726））。それゆえ，ウイン・ウインの関係が構築されていたと言えるだろう。

　この投資にあたっては，総務部意見として「収益力，発展力等事業先行見込付キ居ルカラニハ値段ノ高イ安イハ第二義的，永イ将来カラ見レバ十円ヤ二十円ハ問題デハナイ，是非交渉成立努力可然ト思フ」（「赤会議附属書類」（三井文庫蔵　物産2726））とあり，三井物産では信用重視の商いを行っていたことによる信用調査のノウハウが蓄積されていたため，綿密な調査の上で，将来性を見越しての意思決定であることが指摘できるだろう。

(12) 森永

　昭和17（1942）年3月，食品部長から商事部長・事業部長に宛てて，「森永製菓株式会社株式取得ノ事」が差し出されている。三井物産は，森永製菓株式会社（森永と略する）に最高3万株を投資し，三井物産から取締役が一名就任するとある。この提携の目的としては，乳製品・酪農製品・製菓事業における濠州進出のためとしている（「赤会議附属書類」（三井文庫蔵　物産2726））。

　「当社対森永製菓社取引関係現状」によると，昭和17（1942）年ノ森永の取扱高は10万円（予想）で，三井物産が森永の製菓を取扱っているのは，①海南島向け，②仏印向けには，邦商Quotaが仏印三井物産と森永と契約，③泰向けには，三井物産経由の契約で森永が積出人，④印度・マニラ向けは，戦前までは三井物産経由の契約とある。また，現在計画中の事業として，全国菓子事業への進出，濠州における三井物産と森永の共同事業といったことが計画中とされている（「赤会議附属書類」（三井文庫蔵　物産2726））。

なお，史料9－9によると，造船企業の名称を玉造船所から三井へ変更することが提案されており，昭和17（1942）年1月，三井造船株式会社に改称された。生産を強化していくためには，造船もふくめたコーディネーションであったと理解できる。

史料9－9

（前略）現称玉造船所ニテハ地方的小規模ノ造船鐵工場ト誤ラレ三井ノ事業ナル事周知サレズ名声モ揚ラズ為メニ過去ニ於テ優秀人材ヲ得ルニ多大ノ不利アリタルガ今日尚此点ニ遺憾アルコト大学，専門学校教授ノ異口同音スル処ナリ若シ之ヲ改メテ三井ノ名ヲ冠セバ社内人心ヲ作興スルニ足リ三井ノ名ノ下ニ働ク事ヲ栄願トシテ職員工員共ニ安定シ奮起シ能率ニモ好影響ヲ及ボスベシ（後略）

（「三井造船ノ件」（三井文庫蔵　本社221））

以上，多種多様な製造企業を造船も巻き込んだ形で三井財閥に取り込んでいったわけであるが，三井財閥内の戦略適合は，三井物産のコーディネーション能力により対応が可能であった。三井物産主導の組織体制では，三井財閥の製造企業をコーディネーションして，組織内共存を図ることがソリューションとなったのである。

第5節　三井化学の設立

三井物産と三井鉱山は，合併により組織上のパワーバランスに変化が生じたわけであるが，三井鉱山においても，三井物産の方針に従い，重化学工業化を積極的に推し進めていった。

この時期，三井鉱山に生じた課題の一つに，鉱山業と化学工業という性質が異なるビジネスを1つの企業内で取り組むことの難しさがあった。そこで，昭和16（1941）年4月，三井化学工業株式会社（三井化学と略する）が，東京市日

本橋区室町二丁目に，資本金8,000万円で設立された[8]。取締役会長・常務取締役に三井高修が就任し，三井家が経営支配権を握る。常務取締役には，高島基江，金子堅次郎，荘原和作，林俊香が任に着いた。「三井化学工業株式会社定款」第二條に事業の目的が示されており，「当会社ハ左記化学工業品ノ製造，販売及ヒ之ニ附帯関聯スル事業ヲ営ミ各種化学工業ニ関スル研究ヲナスヲ以テ目的トス」(「昭和十六年四月三井化学設立関係」(三井文庫蔵　鉱50稿本573))とあり，化学工業に特化して営んでいることが理解できる。具体的には，同じく第二條に，(1) コークス及び其の副産物，(2) 染料，工業薬品，医薬品，発火物，(3) 人造石油，(4) 樹脂，ゴム其他各種の化学工業品があげられている(「昭和十六年四月三井化学設立関係」(三井文庫蔵　鉱50稿本573))。

　また，史料9－10をみても，技術の研究開発や製造を三井化学に集約していることがわかる。

　史料9－10
　実行方法
　(a) 三池染料ヲ以テ先ツ新会社ノ主体トシ之ニ専属研究機関トシテ目黒研究所及三池石油合成試験工場ヲ附属セシム
　(b) 玉名新工場ヲ経営ス
　(c) 東洋高圧，北海曹達，東洋レーヨンノ諸会社ニ対シ投資経営ヲナス
　(d) 石油合成工場(二ケ所)ニ投資経営ス
　(e) 有機合成，医薬品製造等ニ対シ投資経営ヲナス
　右ノ内 (c)，(d)，(e) ハ，逐次実行スルモノトス
　(「昭和十六年四月三井化学設立関係」(三井文庫蔵　鉱50稿本573))

　表9－4にみられるように，出資比率は，三井鉱山60パーセント，三井物産20パーセント，三井家20パーセントのウェイトになっていた。三井家は，20パーセントの議決権を保有しており，株式においても三井家の支配が及んでいる。

表9－4　三井化学における株式引受数内訳

株式引受人	引受株式数
三井高公	73,500
三井高長	36,800
三井高遂	36,800
三井高大	36,800
三井高陽	36,800
三井高修	36,800
三井高遂	12,480
三井高篤	12,480
三井高昶	12,480
三井弁蔵	12,480
三井高光	12,480
三井鉱山	959,700
三井物産	319,900
南條金雄	100
太田静男	100
林新作	100
荘原和作	100
高島基江	100
合　計	1,600,000

（出所）「昭和十六年四月三井化学設立関係」（三井文庫蔵　鉱50稿本573）より作成。

　「事業計画明細書」によると，三井化学は，三井鉱山から三池染料工業所と目黒研究所を譲受することによって成立している。三池染料工業所の譲受により，染料，化学薬品，コークス等の製造のノウハウを活用した（「昭和十六年四月三井化学設立関係」（三井文庫蔵　鉱50稿本573））。目黒研究所の業務概要は，史料9－11に示した通りである。史料9－11から，目黒研究所の業務として，分析法，染料や染色，触媒や薬品，一般化学，燃料，選鉱，製煉，金属材料，光学試験，材料試験等，とりわけ試験研究が中心となっており，譲受によりこれらの製造技術やノウハウを引き継いでいった。このように三井化学の設立は，三井財閥による重化学工業支配に拍車をかけた。

第9章　三井物産のコーディネーションと三井財閥による工業支配　211

史料9－11

目黒研究所業務概要

当所ハ広ク化学工業及鉱業ニ関スル試験研究並ニ調査ヲ行ヒ本邦産業ノ発達
ニ資セントスルモノニシテ其ノ業務概要左記ノ如シ

一，分析ニ関スルモノ

　有機無機物質ノ分析試験検定並ニ其等方法ノ研究

　微量分析法ニヨル分析並ニ之レニ関スル研究

二，染料及染色ニ関スルモノ

　各種染料並ニ中間体ノ製造法試験研究

　各種染料ノ染色ニ関スル試験研究

三，触媒及薬品ニ関スルモノ

　化学反応ニ対スル各種触媒作用ノ試験研究並ニ薬品製造試験研究

四，一般化学ニ関スルモノ

　一般有機無機化学工業ニ関スル試験研究

五，燃料ニ関スルモノ

　各種燃料ノ製造加工ニ関スル試験研究

　鉱山保安関係ノ試験研究

　フイッシヤー式其他ノ人造石油製造法並ニ同生成物加工ニ関スル試験研究

六，選鉱ニ関スルモノ

　各種鉱石ノ選鉱ニ関スル試験研究

七，製煉ニ関スルモノ

　各種鉱石ノ製煉ニ関スル試験研究

八，金属材料ニ関スルモノ

　各種金属材料ニ関スル試験研究

九，光学試験ニ関スルモノ

鉱物金属材料其他無機有機化合物ノ「スペクトル」分析並ニ応用Ｘ線工学ニ
関スル試験研究

十，材料試験ニ関スルモノ

金属材料其他ノ強弱試験

（「昭和十六年四月三井化学設立関係」（三井文庫蔵　鉱50稿本573））

　昭和15（1940）年8月，三井合名と三井物産が合併することによって，三井
物産が主導する組織が三井財閥において構築されたわけであるが，昭和19
（1944）年3月，株式会社三井本社，三井物産株式会社が設立させることになる。
だが，この間，三井物産が三井財閥の中で果たした役割は，多大なものがあっ
た。

第6節　三井財閥による工業支配と日本の優位性

　江戸時代に三井高利が開業した三井越後屋が，マネジメントを通じて積み上
げてきた丸に井桁三に象徴される暖簾の信用は，三井財閥の工業支配の過程の
中で活用され，日本において，大規模製造企業が成立・発展することに貢献し
た。三井家の閉鎖的所有の中で専門経営者による戦略的意思決定が行われたこ
とは，三井財閥の安定化をもたらした。
　また，三井物産のコーディネーション機能も，三井財閥の工業支配に効果を
もたらした。工業分野によっては，製造企業による合併や統合の動きが見られ
たが，企業間のコーディネーション機能の発揮によって経営資源の最適配分を
可能にした。合併や統合により特定の企業に生産が集中したことは，三井財閥
の市場における影響力を一層高めることになった。そのことは，三井財閥の流
儀の大規模製造企業へのさらなる浸透を意味していた。そして，三井物産を組
織の主軸にすえ三井財閥による工業支配を進めたことは，三井財閥としてのマ
ネジメントの均衡が期待されたわけであり，「高付加価値商品を規格通りに大
量に安定して生産する」ことによって，三井財閥全体としての競争力向上に寄
与した。
　このように日本優越史観に立脚して三井財閥の工業支配のプロセスを考察す
ると，ヨーロッパ優位，アメリカ優位とは必ずしも言えず，三井越後屋の組織

第9章　三井物産のコーディネーションと三井財閥による工業支配　213

文化を継承した三井財閥では，独自のマネジメントで市場支配力を高めていたことが理解しうる。日本の工業化は後進性ゆえの対抗戦略として推し進められていったのではなく，日本的優位性を発揮したプロセスの中から形成されていった。近代化が進展していく中において，日本経済は，ヨーロッパ，アメリカとは異なるプロセスの中で，独自の発展を遂げていった。戦後，「ものづくり日本」と称され大規模製造企業はグローバルに活躍し，工業立国日本としての国力の高さを世界に示すことになるわけであるが，その原点は，江戸時代の大商人・三井越後屋に遡れる。

(1) 三井物産の部制度については，武居（2017）を参照。
(2) 綿花部のビジネスの詳細については，武居（2017）を参照。
(3) 共通計算制度の詳細は，武居（2017），pp.42-46を参照。
(4) 武居（2017），pp.96-100。
(5) 本書で，三井合名と三井物産の合併については，日本経営史研究所編（1978），三井文庫編（2001）に基づいている。
(6) 昭和15（1940）年8月の金額は，その後三井合名と三井物産の合併の結果生じた自己株式の消却により，3億44万9,500円になる（三井物産編（1965），p.27）。
(7) 三井物産常務取締役・伊藤与三郎から三井家財務に関する委員会へ提案された内容の詳細は，三井文庫編（2001），pp.166-170。
(8) 三井化学については，「昭和十六年四月三井化学設立関係」（三井文庫蔵　鉱50稿本573），三井東圧化学社史編纂委員会（1994）に基づいている。

参考文献

秋田茂・桃木至朗編（2008）『歴史学のフロンティア―地域から問い直す国民国家史観―』大阪大学出版会。

秋田茂・桃木至朗編（2013）『グローバルヒストリーと帝国』大阪大学出版会。

浅井良夫（1977）「1920年代における三井銀行と三井財閥」『三井文庫論叢』第11号。

天野雅敏（2009）「戦前における三井物産の豪州進出について」『国民経済雑誌』第199巻第2号。

アルフレッド・D.チャンドラー Jr.（三菱経済研究所訳）（1967）『経営戦略と組織―米国企業の事業部制成立史―』実業之日本社。

井形浩治（2011）『コーポレート・ガバナンスと経営者の新たな役割』（大阪経済大学研究叢書第74冊），角川学芸出版。

井形浩治（2023）『「個」と「グループ」のマネジメント―20世紀のスイス時計産業の事例から―』（大阪経済大学研究叢書第95冊），中央経済社。

池上重康（2020）「【資料紹介】三井鉱山株式会社山野鉱業所の社宅について」『エネルギー史研究』第35号。

池上重康・崎山俊雄（2019）「戦前期三井鉱山関連会社の福利施策の研究―三井文庫所蔵三井鉱山旧蔵資料を基礎資料に―」『住総研　研究論文集・実践研究報告集』46号。

石井寛治（2003）『日本流通史』有斐閣。

今井幹夫（2006）『富岡製糸場の歴史と文化』みやま文庫。

A.A.バーリ，G.C.ミーンズ（森杲訳）（2014）『現代株式会社と私有財産』北海道大学出版会。

NHK「偉人の年収How much?」制作班監修（2024）『偉人の年収How much?―年収でわかる!? 歴史のヒーロー偉業伝―』KADOKAWA。

岡崎哲二（1993）『日本の工業化と鉄鋼産業―経済発展の比較制度分析―』東京大学出版会。

岡崎哲二（1997）『工業化の軌跡―経済大国前史―』読売新聞社。

岡崎哲二（1999）『江戸の市場経済―歴史制度分析からみた株仲間―』講談社。

岡崎哲二編（2001）『取引制度の経済史』東京大学出版会。

岡崎哲二・奥野正寛編（1993）『現代日本経済システムの源流』日本経済新聞社。

岡崎哲二・奥野正寛・植田和男・石井晋・堀宣昭（2002）『戦後日本の資金配分―産業政策と民間銀行―』東京大学出版会。

岡崎哲二・大石直樹編（2023）『戦前期日本の総合商社―三井物産と三菱商事の組織とネットワーク―』東京大学出版会。

岡本幸雄・今津健治編（1983）『明治前期　官営工場沿革―千住製絨所，新町紡績所，愛知紡績所―』東洋文化社。

賀川隆行（1985）『近世三井経営史の研究』吉川弘文館。

賀川隆行（2022）『江戸呉服問屋の研究』吉川弘文館。

春日豊（1979）「三井合名会社の成立過程―財閥独占体成立過程の実証分析―」『三井文庫論叢』第13号。

春日豊（1980）「三池炭礦における「合理化」の過程―反動恐慌から昭和恐慌－」『三井文庫論叢』第14号。

春日豊（2010）『帝国日本と財閥本社―恐慌・戦争下の三井物産―』名古屋大学出版会。

粕谷誠（1989）「財閥の銀行に対する統轄―三井銀行の事例―」『経営史学』第24巻第4号。

粕谷誠（1995）「明治前期の三井物産」『社会経済史学』第61巻第3号。

粕谷誠（2019）『コア・テキスト経営史』新世社。

粕谷誠（2012）『ものづくり日本経営史』名古屋大学出版会。

鐘淵紡績編（1914）『故中上川彦次郎氏伝記』鐘淵紡績営業部。

鐘紡社史編纂室編（1988）『鐘紡百年史』鐘紡。

北山米吉編（1927）『中上川彦次郎君傳記資料』北山米吉。

木村安一編（1940）『芝浦製作所六十五年史』東京芝浦電気。

木山実（2009）『近代日本と三井物産―総合商社の起源―』ミネルヴァ書房。

桐生織物史編纂会編（1935）『桐生織物史』上巻，桐生織物同業組合。

K. ポメランツ（川北稔監訳）（2015）『大分岐―中国，ヨーロッパ，そして近代世界経済の形成―』名古屋大学出版会。

小西一彦（2022）「戦略経営としてのビジネスモデルについて」『関西ベンチャー学会誌』第14号。

小林正彬（1977）『日本の工業化と官業払下げ』東洋経済新報社。

斎藤修（1985）『プロト工業化の時代』日本評論社。

三友新聞社（2009）『MITSUI GROUP 2009―三井グループ　プロフィール―』三友新聞社。

J. ヒルシュマイヤー・由井常彦（1977）『日本の経営発展―近代化と企業経営―』東洋経済新報社。

下崎千代子・武居奈緒子・辺見佳奈子（2023）「テレワークにおける形式知と暗黙知―人材育成の課題を探る―」『日本テレワーク学会誌』第20巻第1号。

下向井紀彦（2012）「天明年間における三井越後屋の伯州木綿仕入活動」『三井文庫論叢』第46号。

下向井紀彦（2013）「寛政年間における三井越後屋の木綿仕入状況とその特質」『三井文

庫論叢』第47号。

社史編集委員会編（1954）『東洋レーヨン社史—1926-1953—』東洋レーヨン。

杉山和雄（1980）「三井銀行の株式会社化に関する一考察」『三井文庫論叢』第14号。

鈴木邦夫（1981）「見込商売についての覚書—1890年代後半～1910年代の三井物産—」『三井文庫論叢』第15号。

鈴木邦夫（2015）「三井物産における独立採算制の精緻化と商品部での運用の内実」『三井文庫論叢』第49号。

高橋亀吉（1930）『日本財閥の解剖』中央公論社。

武居奈緒子（2013）「三井物産の支店長諮問会議制度—日本的取引慣行の萌芽的形態—」『経営情報研究』第20巻第2号。

武居奈緒子（2014）『大規模呉服商の流通革新と進化—三井越後屋における商品仕入体制の変遷—』千倉書房。

武居奈緒子（2015）『三井越後屋のビジネス・モデル—日本的取引慣行の競争力—』幻冬舎メディアコンサルティング。

武居奈緒子（2017）『三井物産の組織デザイン—総合商社の国際競争力—』日本評論社。

武居奈緒子（2020）「三井物産の経営戦略と組織—事業部制組織のイノベーション—」『実践経営』57号。

武居奈緒子（2020）『消費行動』第3版，晃洋書房。

武居奈緒子（2022）「三井工業部が果たした役割と日本の工業化」『関西ベンチャー学会誌』第14号。

武居奈緒子・井形浩治（2023a）『三越のイノベーションとガバナンス—三井財閥と三越のインターフェイス—』第2版，五絃舎。

武居奈緒子・井形浩治（2023b）「日本的経営の経営史」『実践経営学研究』第15号。

武居奈緒子（2023）「書評　賀川隆行著『江戸呉服問屋の研究』」『日本歴史』第901号。

武居奈緒子（2024）「書評　岡崎哲二・大石直樹編著『戦前期日本の総合商社—三井物産と三菱商事の組織とネットワーク—』」『歴史と経済』第265号。

武居奈緒子（2024）「書評　井形浩治著『「個」と「グループ」のマネジメント—20世紀のスイス時計産業の事例から—』」『大阪経大論集』第75巻4号。

武田晴人（2019）『日本経済史』有斐閣。

武田晴人（2020）『日本経済の発展と財閥本社—持株会社と内部資本市場』東京大学出版会。

栂井義雄（1974）『三井物産会社の経営史的研究—「元」三井物産会社の定着・発展・解散—』東洋経済新報社。

富岡製糸場誌編さん委員会編（1977）『富岡製糸場誌』上，富岡市教育委員会。

トヨタ自動車工業社史編集委員会編（1967）『トヨタ自動車30年史』トヨタ自動車工業。

トヨタ自動車75年史編纂委員会編（2013）『トヨタ自動車75年史―もっといいクルマを
　つくろうよ―』トヨタ自動車。

豊田自動織機製作所社史編集委員会編（1967）『四十年史』豊田自動織機製作所。

中川敬一郎（1967）「日本の工業化過程における「組織化された企業者活動」」『経営史学』
　第2巻第3号。

中川敬一郎（1969）「第二次大戦前の日本における産業構造と企業者活動―間接金融体制
　と綜合商社を中心に―」『三井文庫論叢』第3号。

中村尚史（2004）「戦前期日本のファミリービジネス―寡占化・多角化・ネットワーク化―」
　星野妙子編『ファミリービジネスの経営と革新―アジアとラテンアメリカ―』アジア経
　済研究所。

日本経営史研究所編（1976）『挑戦と創造―三井物産100年のあゆみ―』三井物産。

日本経営史研究所編（1978）『稿本三井物産株式会社100年史』。

日本経営史研究所編（1981）『小野田セメント百年史』小野田セメント。

温井眞一編（2015）『新町屑糸紡績所資料集―設立の経緯とその後の経営概観―』よみが
　えれ！新町紡績所の会。

橋本哲哉（1971）「1900～1910年代の三池炭鉱―石炭産業の産業資本確立をめぐって―」
　『三井文庫論叢』第5号。

松元宏（1973）「日本資本主義確立期における三井物産会社の発展」『三井文庫論叢』第7
　号。

松元宏（1979）『三井財閥の研究』吉川弘文館。

三井銀行八十年史編纂委員会編（1957）『三井銀行八十年史』三井銀行。

三井鉱山編（1990）『男たちの世紀―三井鉱山の百年―』三井鉱山。

三井造船株式会社50年史編纂委員会編（1968）『三井造船株式会社50年史』三井造船。

三井東圧化学社史編纂委員会（1994）『三井東圧化学社史』三井東圧化学。

三井物産編（1965）『三井物産小史』三井物産。

三井文庫編（1973）『三井事業史』資料篇1，三井文庫。

三井文庫編（1977）『三井事業史』資料篇2，三井文庫。

三井文庫編（1974）『三井事業史』資料篇3，三井文庫。

三井文庫編（1971）『三井事業史』資料篇4上，三井文庫。

三井文庫編（1972）『三井事業史』資料篇4下，三井文庫。

三井文庫編（1980a）『三井事業史』本篇第1巻，三井文庫。

三井文庫編（1980b）『三井事業史』本篇第2巻，三井文庫。

三井文庫編（1980c）『三井事業史』本篇第3巻上，三井文庫。

三井文庫編（1994）『三井事業史』本篇第3巻中，三井文庫。

三井文庫編（2001）『三井事業史』本篇第3巻下，三井文庫。

三井文庫編（2015）『史料が語る三井のあゆみ—越後屋から三井財閥—』吉川弘文館。

三井文庫・米国国立公文書館原本所蔵「三井物産事業報告書」各年版（丸善　2007年）。

三越本社編（2005）『株式会社三越100年の記録』三越。

宮本又郎・阿部武司・宇田川勝・沢井実・橘川武郎（1995）『日本経営史—日本型企業経営の発展・江戸から平成へ』有斐閣。

三和良一・原朗編（2010）『近現代日本経済史要覧』補訂版，東京大学出版会。

桃木至朗（2023）『「近世」としての「東アジア近代」—地域のいまを問い直す—』かもがわ出版。

森川英正（1972）「明治期三井物産の経営組織—共通計算制度を中心に—」『経営志林』第9巻第1号。

森川英正（1980）『財閥の経営史的研究』東洋経済新報社。

森田貴子（2011）『三野村利左衛門と益田孝—三井財閥の礎を築いた人びと—』山川出版社。

安岡重明（1970）『財閥形成史の研究』ミネルヴァ書房。

安岡重明（1970）『財閥形成史の研究』ミネルヴァ書房。

山崎広明（1987）「日本商社史の論理」『社会科学研究』第39巻第4号。

由井常彦（1963）「わが国会社企業の先駆的諸形態」『経営論集』第10巻第4号。

由井常彦（2000）「三井物産と豊田佐吉および豊田式織機の研究（上）—名古屋支店と井桁商会および豊田商会について—」『三井文庫論叢』第34号。

由井常彦（2001）「三井物産と豊田佐吉および豊田式織機の研究（中）—名古屋織布設立と豊田式織機の支援について—」『三井文庫論叢』第35号。

由井常彦（2002）「三井物産と豊田佐吉および豊田式織機の研究（下）—豊田紡織工場から豊田紡織株式会社の支援—」『三井文庫論叢』第36号。

【著者紹介】

武居 奈緒子（たけすえ なおこ）

愛媛県松山市生まれ
神戸大学大学院経営学研究科博士後期課程単位取得
現在　摂南大学教授　博士（商学）

主要著書

『大規模呉服商の流通革新と進化―三井越後屋における商品仕入体制の変遷―』千倉書房（2014年刊行）

『三井越後屋のビジネス・モデル―日本的取引慣行の競争力―』幻冬舎メディアコンサルティング（2015年刊行）

『三井物産の組織デザイン―総合商社の国際競争力―』日本評論社（2017年刊行）

『消費行動』第3版，晃洋書房（2020年刊行）

武居奈緒子・井形浩治『三越のイノベーションとガバナンス―三井財閥と三越のインターフェイス―』第2版，五絃舎（2023年刊行）

三井財閥による工業支配
―日本優越史観からみた商人の競争力―

2024年12月15日　初版発行

著　　者：武居　奈緒子
発行者：長谷　雅春
発行所：株式会社 五絃舎
　　　　　〒173-0025　東京都板橋区熊野町46-7-402
　　　　　Tel & Fax：03-3957-5587
　　　　　e-mail：gogensya@db3.so-net.ne.jp
組　　版：Studio Mo
印刷・製本：モリモト印刷
ISBN978-4-86434-194-3
Printed in Japan　検印省略　ⓒ 2024

落丁本・乱丁本はお取り替えいたします。
本書より無断転載を禁ず。